LA FORCE
DES ÉMOTIONS

FRANÇOIS LELORD
CHRISTOPHE ANDRÉ

LA FORCE
DES ÉMOTIONS

Amour, colère, joie...

DES MÊMES AUTEURS
aux Éditions Odile Jacob

Comment gérer les personnalités difficiles, 1996, Poches Odile Jacob, 2000.
L'Estime de soi, 1999.

Ouvrages de François Lelord :
Les contes d'un psychiatre ordinaire, 1993, Poches Odile Jacob, 2000.
Liberté pour les Insensés, 2000.

Ouvrage de Christophe André (avec Patrick Légeron) :
La peur des autres, 1995, 2ᵉ édition 2000.

© ÉDITIONS ODILE JACOB, MARS 2001
15, RUE SOUFFLOT, 75005 PARIS

www.odilejacob.fr

ISBN : 2-7381-0954-3

Le Code de la propriété intellectuelle n'autorisant, aux termes de l'article L. 122-5, 2° et 3° a, d'une part, que les « copies ou reproductions strictement réservées à l'usage privé du copiste et non destinées à une utilisation collective » et, d'autre part, que les analyses et les courtes citations dans un but d'exemple et d'illustration, « toute représentation ou reproduction intégrale ou partielle faite sans le consentement de l'auteur ou de ses ayants droit ou ayants cause est illicite » (art. L. 122-4). Cette représentation ou reproduction, par quelque procédé que ce soit, constituerait donc une contrefaçon sanctionnée par les articles L. 335-2 et suivants du Code de la propriété intellectuelle.

Introduction

— Les émotions sont une gêne, un fardeau...
— Pas du tout ! Les émotions, c'est la vie !
— Ah oui ? Avoir la gorge nouée, le cœur battant, les mains moites...
— Se sentir joyeux, amoureux...
— Ruminer sa colère, être rongé d'envie...
— Enthousiaste, tendre...
— Soucieux, déprimé, abattu...
— Excité, plein d'énergie...
— Paralysé, incapable de penser rationnellement...
— Inspiré, plein d'intuition...

Le débat peut continuer longtemps : les interlocuteurs ont tous les deux raison.

Que serait un bonheur sans émotions ? Quand nous cherchons à être heureux, ne s'agit-il pas avant tout de trouver un certain état émotionnel ? À l'inverse, être malheureux, n'est-ce pas se trouver tourmenté ou abattu par de sombres émotions ?

Et puis, combien d'erreurs commises « sous le coup de l'émotion » !

Mais aussi combien d'autres évitées parce que nous avons su être attentifs à notre émotion ou à celle de l'autre...

Elles nous plongent dans la détresse ou dans l'extase, accompagnent et parfois provoquent nos succès comme nos échecs.

Nous ne pouvons nier leur *force*, et leur influence sur nos choix, nos relations aux autres ou notre santé.

Comment apprivoiser cette force : voilà l'objet de ce livre.

Le premier chapitre, « émotions, émotions » raconte comment les chercheurs de différentes approches considèrent aujourd'hui les émotions, et les premiers conseils que l'on peut en tirer pour mieux comprendre ses émotions.

Ensuite, chaque grande émotion est traitée chapitre par chapitre : colère, envie, joie, tristesse, honte, jalousie, peur, et finalement amour. Chacun des chapitres traite d'une émotion principale, mais aussi des émotions voisines ou des états apparentés : la joie nous amènera à parler aussi de la bonne humeur, du contentement, et finalement du bonheur.

Pour chacune de ces émotions fondamentales nous vous proposons :
- de vous aider à reconnaître cette émotion, en montrant les formes qu'elle peut prendre ;
- de vous expliquer son utilité, en particulier dans nos relations avec les autres ;
- d'analyser la manière dont elle peut renforcer ou au contraire obscurcir notre jugement ;
- de vous donner plusieurs conseils pour mieux vivre avec cette émotion, mieux la reconnaître, mieux l'utiliser.

Quant à l'amour, bien qu'il ne soit pas considéré lui-même comme une émotion fondamentale (nous verrons pourquoi), nous lui avons consacré le chapitre qu'il nous semble mériter, tant il est la source intarissable des émotions les plus intenses.

Chapitre 1

Émotions, émotions

« Mais dites donc, comme vous avez l'air morose ! Ce qu'il vous faut c'est un gramme de soma *». Plongeant la main dans la poche droite de son pantalon, Benito en tira une fiole. Avec un centicube, guéris dix sentiments.*

Dans *Le Meilleur des mondes*, Aldous Huxley ne décrit pas seulement un univers de clones et de bébés-éprouvette, mais aussi un monde où l'on cherche à bannir toute émotion désagréable ou trop intense, y compris l'amour.

Si, malgré tout, il arrivait que vous vous sentiez un peu troublé, amer, frustré, jaloux ou vaguement amoureux — car même dans ce monde parfait, de bonnes vieilles émotions humaines resurgissent —, la solution est à la portée de tous : le *soma*, drogue qui vous met aussitôt de bonne humeur, et ce, sans diminuer vos capacités. Vous pouvez continuer à animer efficacement une réunion ou à piloter un hélicoptère.

Si on vous proposait du *soma*, que décideriez-vous ? Seriez-vous prêt à en avaler une gélule pour vous débarrasser de toutes vos émotions perturbantes ? Bien sûr, votre réponse dépendra de la manière dont vous considérez vos émotions : des ennemies qui vous handicapent ou bien des alliées qui vous donnent de l'énergie.

Trop d'émotions

À votre avis, Anne ne serait-elle pas tentée d'essayer de prendre du *soma* ?

> *J'ai toujours été trop émotive. Je sursaute trop facilement et, quand j'étais enfant, les autres en jouaient : mes frères et sœurs s'amusaient à me surprendre pour me voir sursauter ou pousser un cri. À l'école, j'avais un trac terrible si je devais passer au tableau, alors que j'étais plutôt bonne élève (mon anxiété me poussait à travailler beaucoup). En amitié, cet excès d'émotivité m'a fait souffrir dès l'enfance : je prenais comme une blessure la moindre moquerie, vivais toute prise de distance comme un abandon. Je me sentais sans défense devant les petits jeux et les intrigues de cet âge. Heureusement, je me suis tout de même fait quelques amies. Vous imaginez ce qu'a été ensuite ma vie sentimentale : je ne peux m'empêcher de tomber amoureuse dès les premiers moments d'une relation. Ensuite, je vis dans la peur constante d'être quittée, mon cœur se tord dès que je vois l'homme que j'aime parler à une autre, et mes moments d'extase sont quelques pics au milieu d'un paysage général de dégringolades. Des amies me disent que j'ai de la chance d'être aussi passionnée ; au moins, je vis intensément. Elles ont sans doute raison, mais par moments, je trouve que je souffre trop. Et puis, je me méfie non seulement de mon anxiété, mais aussi de mes colères. Car j'ai remarqué que, quand je suis très stressée, je peux aussi m'emporter pour des broutilles, ce que je regrette évidemment beaucoup par la suite. Même dans les moments heureux, cet excès d'émotions me gêne : j'ai la*

larme beaucoup trop facile et je dois sans cesse me surveiller pour éviter de me mettre à pleurer dans les instants de tendresse ou lors de retrouvailles ! Il me suffit même de parler d'un film qui m'a émue pour que mes yeux se mouillent. Résultat : j'évite quantité de sujets et je me demande si ça ne rend pas ma conversation moins intéressante.

Anne représente un bon exemple de ce qu'on appelle un « tempérament hypersensible »[1]. Toutes les émotions s'agitent en elle avec intensité. Pour d'autres personnes, une seule émotion principale domine leur personnalité : elles peuvent ainsi être perçues par les autres ou se considérer elles-mêmes comme peureuses, coléreuses, jalouses, tristes, honteuses... Ce qui les conduit parfois à chercher de l'aide auprès des professionnels de santé.

À toutes ces victimes d'un excès d'émotions, un peu de *soma* ne serait-il pas utile ? Et même à nous tous, car qui peut dire qu'il n'a jamais souffert d'une émotion qu'il ne pouvait maîtriser : peur, colère, honte, tristesse, jalousie ?

Imaginez un instant que l'on vous propose un médicament qui supprimerait ces émotions incontrôlables. À quoi ressemblerait votre nouvelle vie ? Représentez-vous tous les avantages immédiats.

— Fini le trac avant de prendre la parole en public ou de déclarer votre flamme ! Vous aborderiez ces situations le front serein, avec un calme qui émerveillerait les autres.
— Disparues ces colères explosives qui vous poussent à dire des choses irréparables ou ces colères rentrées qui vous rongent.
— Face à l'échec, ni tristesse ni découragement, vous resteriez imperturbable.
— Vous pourriez regarder la réussite des autres sans envie, et vivre une relation sans jalousie.
— Plus d'embarras après un faux pas, ni de honte pour vos faiblesses visibles ou cachées.

— Enfuis palpitations, larmes, maux de ventre et de tête, rougissement, pâleur, mains moites ou tremblantes et autres manifestations de votre corps ému.
— Vous ne seriez plus aveuglé par l'amour ou la joie, et ne commettriez plus d'erreurs « sous le coup de l'émotion ».

Après l'énumération de tous ces bénéfices, seriez-vous prêt à avaler ce médicament ? Réfléchissez bien. Car s'il était commercialisé avec l'accord des autorités sanitaires, voici ce que comporterait sans doute la rubrique « effets secondaires en cas d'usage prolongé » :

— indifférence, désintérêt, inactivité ;
— comportements à risques pour soi-même ou pour autrui ;
— troubles de la mémoire et du jugement ;
— difficultés relationnelles, comportements inappropriés en société.

Finalement, ce médicament du futur paraît soudain moins sympathique. Mais comment pouvons-nous être aussi certains qu'il aurait de tels inconvénients ?

Pas assez d'émotions

Naguère, Eliott était bon mari et bon père de famille. C'était aussi un homme d'affaires apprécié dans sa profession. Mais Eliott a changé. Il reste toujours courtois et souriant, même si on lui pose des questions embarrassantes. Ce perpétuel sourire est un peu troublant, d'autant plus que la vie d'Eliott est devenue une catastrophe. Sa femme l'a quitté et on ne veut plus de lui à son travail. Pourtant, ses résultats aux tests d'intelligence ou de mémoire sont excellents. Reste qu'Eliott ne se met plus spontanément au travail, il faut l'y pousser. Et une fois qu'il commence une tâche, comme d'examiner et de classer des dossiers, il ne semble plus capable de s'organiser : il peut s'arrêter en plein milieu de son programme pour passer la journée sur un dossier, ou changer de mode de classement sans tenir compte du travail qu'il a déjà fait, le tout sans veiller aux horaires. Dans sa vie sociale, Eliott se lie facilement, mais sans discernement, et il s'est retrouvé avec des gens qui ont profité de lui. Quand on lui fait remarquer tous ces problèmes, Eliott les admet, mais sans se départir de son calme souriant. Il n'est pas tourmenté par un excès d'émotions : il n'en éprouve plus. Ce n'est pas un abus de *soma* qui a provoqué son état, c'est une minuscule lésion de son cortex frontal. Eliott est l'un des patients décrits par Antonio Damasio[2], neurologue de renommée internationale, dans *L'Erreur de Descartes*. À la suite de lésions isolées de leur système nerveux, ces infortunées personnes ont perdu la capacité de ressentir des émotions, tout en conservant intact le reste de leurs facultés. La plupart sont d'une humeur remarquablement égale, souvent d'une compagnie agréable, mais elles n'arrivent plus à construire ou à respecter un emploi du temps, à savoir ce qu'elles préfèrent, à choisir entre différentes solutions à un problème simple, à se sentir motivées par un projet. Sur le plan affectif, elles peuvent se désintéresser des relations avec les autres, ou bien se montrer exagérément familières ou entreprenantes, avec des résultats dommageables dans les deux cas. Car elles éprouvent aussi de grandes difficultés à reconnaître l'état émotionnel des autres, ce qui leur fait commettre fautes de tact et erreurs de jugement.

Ces patients sont des exemples extrêmes et permanents de ce qui nous arrive à tous de temps en temps : commettre des erreurs parce que nous n'avons pas été attentifs à certaines de nos émotions ou parce que nous n'avons pas su comprendre celles des autres. « La capacité d'exprimer et de ressentir des émotions [fait] partie de notre raison, pour le meilleur et pour le pire », conclut Antonio Damasio. Les émotions, même désagréables, nous sont nécessaires !

Alors qu'est-ce qu'une émotion ?

Une première définition

Définir ce qu'est une émotion n'est pas facile. Quand nous avons commencé à écrire ce livre, nous posions souvent la question autour de nous. La plupart des personnes que nous interrogions finissaient par contourner la difficulté en essayant de dénombrer les différentes émotions. Elles reconnaissaient vite que la joie est une émotion, la tristesse sûrement, la peur, la colère... Mais l'amour ? Est-ce une émotion ? La honte ? L'ennui ? La jalousie ? Certains tentaient alors de définir une émotion en cherchant à la différencier d'un *sentiment*, d'une *humeur*, d'une *passion*.

Voici ce que nous dit de l'émotion le *Dictionnaire* de Furetière (1690), un des premiers dictionnaires de la langue française[3] :

> *Émotion : mouvement extraordinaire qui agite le corps ou l'esprit, et qui en trouble le tempérament ou l'assiette. La fièvre commence et finit par une petite émotion du pouls. Quand on fait quelque exercice violent, on se sent de l'émotion dans tout le corps. Un amant sent de l'émotion à la vue de sa maîtresse, un lâche à la vue de son ennemi.*

Si nous avons retenu cette définition si ancienne, c'est parce qu'elle contient paradoxalement les caractéristiques essentielles par lesquelles la science moderne définit aujourd'hui une émotion.

— Une émotion est un *mouvement*, c'est-à-dire un changement par rapport à un état immobile initial. Nous n'étions pas émus, et soudain nous le sommes.
— Une émotion comprend des phénomènes physiques « dans tout le corps », en particulier notre cœur s'accélère (ou parfois, nous le verrons, ralentit). Les dictionnaires modernes retiennent surtout cette *composante physiologique* des émotions.
— L'émotion agite aussi l'esprit, elle nous fait penser différemment, ce que les chercheurs appellent la *compo-

sante cognitive de l'émotion. Elle trouble la raison ou au contraire la soutient.
— L'émotion est une *réaction* à un événement. Furetière donne comme exemple l'émotion qui nous agite lors de la rencontre de la femme aimée ou de l'ennemi, mais nous verrons que quantité de situations sont propices à déclencher nos émotions.
— Enfin, même si la définition ne le dit pas, on peut supposer que, face à une femme aimée, l'émotion nous pousse à nous en rapprocher et, face à un ennemi, à le combattre ou, si nous ne sommes pas braves, à le fuir. L'émotion nous prépare et souvent nous pousse à l'action : c'est la *composante comportementale* de l'émotion.

Pour résumer, on peut dire que l'émotion est donc une réaction soudaine de tout notre organisme, avec des composantes physiologiques (notre corps), cognitives (notre esprit) et comportementale (nos actions).

La définition ne dit rien du nombre des émotions : combien en existe-t-il ? Six, comme le pensait Charles Darwin en 1872 ? Seize, comme le suggère le chercheur contemporain Paul Ekman[4] ? Une infinité, comme le pensent d'autres ? Ce nombre d'émotions ne varie-t-il pas selon la société où l'on est né ? Ressent-on les mêmes émotions à Paris, à Kuala Lumpur, sur la banquise ou dans la forêt amazonienne ?

Avant de dénombrer les émotions, il est nécessaire d'aborder les quatre grandes théories qui cherchent à les expliquer.

Quatre points de vue

Chacune de ces théories a ses précurseurs, ses défenseurs modernes, mais aussi ses applications pratiques pour mieux vivre avec ses émotions. Nous allons les examiner à partir de leur hypothèse de base.

Première hypothèse :
« *Nous sommes émus parce que c'est dans nos gènes* »

Ce point de vue est celui des disciples modernes de Darwin, les *psychologues évolutionnistes*. Si nous éprouvons colère, joie, tristesse, peur et d'autres émotions, c'est parce que, comme notre capacité à nous tenir debout ou à saisir des objets, ces émotions nous ont permis de mieux survivre et de mieux nous reproduire dans notre environnement naturel. Elles ont été sélectionnées au cours de l'évolution de notre espèce, comme de véritables « organes mentaux », et continuent de se transmettre par l'hérédité. Voici quelques-uns des arguments des évolutionnistes.

— **Les émotions nous sauvent :** les émotions fondamentales se déclenchent dans des situations qui représentent un enjeu vital pour nous en termes de survie ou de statut. Par exemple, la peur nous aide à fuir le danger, la colère à triompher de nos rivaux, le désir nous pousse à trouver un partenaire pour nous reproduire. Les émotions ont donc été favorables à la survie et à la reproduction de tous les ancêtres de notre espèce, ce qui expliquerait leur transmission jusqu'à nous.
— **Nos cousins ont des émotions :** on retrouve des comportements très évocateurs de ces émotions chez nos cousins les singes. Les primatologues ont fourni de nombreuses observations de ce qui ressemble fort à une vie émotionnelle intense chez ceux qui sont les plus proches de nous comme les chimpanzés[5]. L'observation de leur vie en groupe, avec ses alliances, ses conflits, ses rivalités, et aussi ses réconciliations, nous offre un troublant miroir de nos émotions quotidiennes.
— **Bébé éprouve des émotions :** des réactions émotionnelles comme la colère ou la peur apparaissent chez le bébé humain à un âge très précoce (la joie à trois mois, la colère entre quatre et six mois), ce qui plaide

en faveur d'une « programmation » de ses émotions dans son capital génétique, lui-même sélectionné au cours de l'évolution.

CHARLES DARWIN (1809-1882)

Naturaliste anglais de l'ère victorienne, Charles Darwin n'est pas le découvreur de l'évolution des espèces, comme on le croit généralement : notre compatriote Lamarck, un an avant la naissance de Darwin, avait déjà imaginé ce phénomène[6].

Darwin n'a pas découvert l'évolution, mais son mécanisme : la sélection naturelle. Des mutations spontanées font que les animaux d'une même espèce n'arrêtent pas de varier en taille, poids, apparence, métabolisme. Dans un environnement donné, certaines de ces mutations héréditaires vont être favorables à la survie ou à la reproduction de l'individu, et ceux qui en sont pourvus vont donc laisser plus de descendants, qui à terme vont représenter toute l'espèce dans cet environnement.

Par exemple, lors de l'apparition progressive de la dernière ère glaciaire, les mammouths laineux ont fini par devenir les seuls représentants de l'espèce car l'accumulation de mutations progressives contribuant à épaissir leur fourrure permettait de mieux s'adapter à un climat qui se refroidissait, tandis que les lignées d'individus dépourvus ou moins pourvus de cette mutation disparaissaient. Darwin avait eu l'intuition que la nature fait involontairement et sur des durées immenses un travail similaire à celui des éleveurs ou des horticulteurs quand ils essaient de sélectionner une espèce selon certains critères. Cela ne veut pas dire qu'il approuvait *moralement* la sélection naturelle, de même qu'un spécialiste du vieillissement ne se réjouit pas de nous voir (et de se voir) décliner.

La nature n'est pas morale, la sélection naturelle encore moins, mais cela ne veut pas dire que les chercheurs qui l'étudient sont immoraux.

Pour expliquer les théories évolutionnistes, nous ferons souvent appel au mode de vie des chasseurs-cueilleurs, avec une insistance qui pourra surprendre. Mais il faut comprendre, comme l'explique Jared Diamond[7], que nous avons été primates et chasseurs-cueilleurs pendant huit millions d'années. Nous ne sommes devenus *Homo sapiens* que depuis cent mille ans et nous n'avons commencé à pratiquer l'agriculture que depuis dix mille ans, et seulement en certains endroits du monde. La vie de chasseur-cueilleur représente donc 99 % de notre histoire, et quantité de nos caractéristiques physiques et psychologiques sont des adaptations aux exigences de ce mode de vie, aujourd'hui presque disparu.

Deuxième hypothèse :
« Nous sommes émus parce que notre corps est ému »

William James (1842-1910), psychologue et philosophe américain, est le précurseur d'une théorie que l'on pourrait résumer par un slogan publicitaire : « L'émotion, c'est la sensation. » Nous avons tendance à croire que nous tremblons parce que nous avons peur ou que nous pleurons parce que nous sommes tristes. Pour James, c'est l'inverse qui se produit : c'est le fait de nous sentir trembler qui nous amène à ressentir la peur ou celui de pleurer qui nous rend tristes.

À première vue, cette hypothèse heurte le sens commun, mais la recherche a accumulé de nombreuses observations en sa faveur. Par exemple, dans certaines situations, notre réaction physique se déclenche avant que nous ayons une expérience émotionnelle complète, par exemple lorsque nous évitons de justesse une collision en voiture : nous ressentons souvent la peur *après* l'événement, alors que notre corps, lui, a réagi dès la première fraction de seconde par une giclée d'adrénaline et une accélération de notre cœur.

DARWIN, MARX ET FREUD

Marx écrivit à Engels : « Bien que cela soit exposé dans le style rude des Anglais, c'est le livre qui contient les principes d'histoire naturelle adaptés à nos vues[8]. »
Freud aussi a lu Darwin, et l'évoque à plusieurs reprises[9]. En particulier dans *Totem et tabou*, il cite longuement la description darwinienne de la horde originelle où le mâle dominant empêche jalousement ses descendants de s'approcher des femelles (ce qui les amène à le tuer, puis à définir une loi, et c'est le début de la culture). Un livre serait à écrire sur la parenté ou sur les différences de leurs points de vue sur la nature humaine. On trouvera en particulier une véritable description évolutionniste du développement et de la transmission héréditaire de la prédisposition à l'altruisme dans les *Cinq essais de psychanalyse*[10].
Malgré la distance qui sépare aujourd'hui leurs adeptes, Freud et Darwin ont suscité le rejet pour des raisons similaires : ils nous dévoilent que nous sommes mus à *notre insu* par des mécanismes involontaires et hérités d'un lointain passé, alors que nous aimerions croire que nous sommes des êtres libres et raisonnables. Ces deux penseurs ne se réjouissaient pas de ce qu'ils avaient découvert : ils ont mené eux-mêmes des vies privées très morales et ont recommandé à leurs contemporains de faire de même.
Nous verrons que cet héritage animal est aussi une richesse : le point de vue darwinien nous rappelle en particulier que nos émotions nous ont toujours été *utiles* et qu'il faut donc y être attentif.

Par ailleurs, nos émotions seraient vides de contenu sans les sensations en provenance de notre corps. Antonio Damasio parle ainsi de *marqueurs somatiques* qui informent notre esprit de la présence d'une émotion et nous aident à décider plus vite : par exemple, les sensations physiques désagréables associées à la peur vont nous aider à éviter très vite les situations de danger.

Les patients qui ne perçoivent plus ces marqueurs n'ont plus peur, ce qui peut être un avantage, mais aussi un grand risque.

La mine fait l'humeur

Une des illustrations les plus frappantes de cette théorie est donnée par le *feed-back facial*. Mimer volontairement l'expression faciale des différentes émotions provoque les réactions physiologiques et même les humeurs correspondantes[11]. Les yogi qui recommandent de conserver toujours un léger sourire ont donc raison : sourire donne meilleure humeur ! Mais il s'agit d'une influence modeste et transitoire : on ne peut prétendre soigner une tristesse intense ou, pire, une dépression par un sourire béat.

Troisième hypothèse :
« *Nous sommes émus parce que nous pensons* »

Par exemple, si un ami ne rappelle pas alors que j'ai laissé un message sur son répondeur, mon émotion ne sera pas la même si je pense qu'il ne souhaite plus me voir (tristesse), si je pense qu'il est très amoureux en ce moment (joie pour lui ou envie) ou si je pense qu'il lui est peut-être arrivé un accident (inquiétude).

L'hypothèse « nous sommes émus parce que nous pensons » est certainement la plus rassurante pour nous qui aimons nous considérer comme des êtres rationnels. Les partisans de cette approche dite *cognitive* des émotions pensent que nous n'arrêtons pas de classer très vite les événements selon un arbre de décision : agréable/désagréable, prévu/imprévu, contrôlable/non contrôlable, causé par nous/causé par un autre. Selon la combinaison obtenue, telle ou telle émotion apparaîtrait. Par exemple :

Imprévu-désagréable-contrôlable-dû à un autre = colère.
Prévu-désagréable-contrôlable = anxiété.

Une application de ces théories a vu le jour sous différentes formes de psychothérapies, en particulier les psychothérapies *cognitives*[12], qui aident le patient à penser différemment. Par exemple, un patient déprimé a tendance à classer les événements défavorables comme « non contrôlables » et « causés par lui ». Une analyse de ces mécanismes de pensée peut l'aider à penser de manière moins stéréotypée et à diminuer ses émotions tristes et anxieuses.

Les précurseurs de cette approche se trouvent parmi les philosophes, en particulier les stoïciens de l'Antiquité, comme Épictète : « Ce ne sont pas les événements qui affectent les hommes, mais l'idée qu'ils en ont. »

Quatrième hypothèse :
« Nous sommes émus parce que c'est culturel »

Si nous ressentons de la tristesse quand notre club sportif favori se fait battre, ou de la colère quand nous n'avons pas obtenu d'augmentation, c'est parce que nous avons appris ces deux rôles émotionnels adaptés à des situations propres à notre société. Personne dans notre entourage ne sera surpris que nous éprouvions ces émotions, ni par la manière dont nous les exprimerons en arrivant au bureau la mine abattue ou l'air indigné, puisque les autres ont appris ces mêmes rôles et savent les reconnaître.

Pour les partisans de l'approche dite parfois *culturaliste*, une émotion est avant tout un *rôle social*, que nous avons appris justement en grandissant dans un certain type de société, ce qui suppose que d'autres personnes élevées ailleurs ressentiront et exprimeront des émotions différentes. D'un continent à l'autre, les émotions humaines seraient aussi variées que les langues des différents peuples. En poussant cette hypothèse à l'extrême, on pourrait imaginer que certaines ethnies ignorent certaines de nos émotions comme, par exemple, la jalousie sexuelle ou la tristesse. Nous verrons que les observations méthodiques ont déçu cet espoir de découvrir un « bon sauvage ».

Un éminent psychologue culturaliste, James Averill[13], fait aussi remarquer que ce rôle social de l'émotion nous permet de faire accepter certains comportements qui, autrement, seraient inacceptables : on nous pardonnera plus volontiers des paroles désagréables si nous les avons prononcées « sous le coup de la colère » ; on tolérera certains de nos comportements si nous nous déclarons « amoureux » (ennuyer ses amis avec le récit répété des aléas d'une relation ou au contraire les négliger, danser de joie ou éclater en sanglots). Bien sûr, dans d'autres sociétés, ces comportements resteraient de toute façon choquants ou incompréhensibles.

L'approche culturaliste des émotions nous rappelle que nous devons être attentifs au milieu dans lequel nous nous trouvons avant d'exprimer une émotion ou d'interpréter celle des autres. Par exemple, dans certains groupes humains, pleurer en public provoque attention et sympathie ; dans d'autres, c'est un signe de manque de virilité ou de *self-control*.

> ### AMÉRICAINS ET JAPONAIS
>
> Une expérience célèbre en psychologie[14] donne un exemple de ces variantes culturelles de l'expression des émotions : on projette un film montrant une opération chirurgicale majeure à des étudiants américains et japonais. Les étudiants des deux nationalités manifestent de manière similaire des expressions d'anxiété et de dégoût. On répète l'expérience avec deux autres groupes d'étudiants, mais cette fois-ci se trouve dans l'assistance un professeur plus âgé. Les mimiques des étudiants américains sont tout aussi expressives en présence de leur aîné, tandis que les étudiants japonais deviennent plus impassibles, ou même sourient.

Un exemple illustre de l'approche culturaliste est celui de Margaret Mead qui, en 1928, décrivit dans un livre célèbre la vie de plusieurs tribus d'Océanie et en tira des conclusions sur l'influence de la culture sur nos mécanismes psychologiques, en particulier nos mœurs sexuelles et nos névroses[15].

Mais les observations modernes et les progrès des trois autres approches des émotions ont remis en question la longue prédominance de l'approche culturaliste : nous verrons qu'il devient de plus en plus difficile de prétendre que toutes nos émotions sont culturelles.

Les quatre grandes théories des émotions

Courant théorique	Devise	Fondateur ou grand représentant	Conseil de vie
Évolutionniste	Nous sommes émus parce que c'est dans nos gènes.	Charles Darwin (1809-1882)	Soyons attentifs aux émotions : elles nous sont utiles.
Physiologiste	Nous sommes émus parce que notre corps est ému.	William James (1842-1910)	Contrôlons notre corps, nous contrôlerons nos émotions.
Cognitiviste	Nous sommes émus parce que nous pensons.	Épictète (55-135 apr. J.-C.)	Pensons différemment : nous contrôlerons nos émotions.
Culturaliste	Nous sommes émus parce que c'est culturel.	Margaret Mead (1901-1978)	Soyons attentifs au milieu avant d'exprimer ou d'interpréter une émotion.

La meilleure des théories

Tout le monde a gagné et tout le monde mérite un prix.
Lewis CARROLL, *Alice au pays des merveilles.*

On pourrait penser que ces quatre théories des émotions sont contradictoires et que leurs partisans respectifs poursuivent leurs travaux chacun de son côté. Au contraire, ils se rencontrent régulièrement dans des colloques consacrés aux émotions et se partagent même les différents chapitres d'ouvrages collectifs, où chacun apporte son point de vue, comme dans les deux gros traités que nous citons à la fin de cet ouvrage.

En fait, chacune de ces théories se distingue des autres par l'*importance* qu'elle accorde à un aspect particulier des émotions, mais sans nier l'intérêt des autres.

— Même le psychologue évolutionniste (« nous sommes émus parce que c'est dans nos gènes ») le plus convaincu considère que les situations déclenchantes et les règles d'expression des émotions peuvent varier selon les cultures. À l'inverse, certains « culturalistes » modernes ne rejettent pas l'idée qu'il existe quelques émotions universelles.
— Les cognitivistes (« nous sommes émus parce que nous pensons ») admettent que certaines réactions émotionnelles se déclenchent sans véritable pensée.
— Les défenseurs de la vision physiologique (« nous sommes émus parce que notre corps est ému ») reconnaissent volontiers que, face à certaines situations complexes, notre émotion dépend d'abord de ce que nous pensons.

C'est pourquoi, dans ce livre, nous nous efforcerons de rappeler pour chaque émotion l'intérêt de ces quatre points de vue, non par volonté œcuménique, mais parce qu'ils ont tous leur intérêt pour explorer un phénomène aussi complexe qu'une émotion.

Nous accorderons parfois plus d'attention à la dernière-née, la théorie évolutionniste, car, en raison de son mode de pensée moins connu, elle nécessite souvent plus d'explications ou de précautions.

COMMENT RECONNAÎTRE UNE ÉMOTION FONDAMENTALE ?

Pour mériter le titre de « fondamentale ou élémentaire », une émotion doit répondre à différents critères[15].

— *Débuter soudainement :* une émotion est une *réaction* à un événement ou à une pensée.

— *Durer peu :* un état prolongé de tristesse n'est plus considéré comme une émotion, mais plutôt comme une *humeur* ou un *sentiment*.

— *Se distinguer des autres émotions :* comme le rouge se distingue parfaitement du bleu. Colère et peur peuvent être mêlées, mais elles sont deux émotions bien distinctes. En revanche, peur, anxiété, angoisse font partie de la même famille.

— *Apparaître chez le bébé :* de manière également bien distincte des autres émotions.

— *Agiter le corps à sa manière :* chaque émotion fondamentale doit se manifester par des réactions physiologiques bien distinctes : par exemple, la peur et la colère provoquent toutes les deux une accélération du cœur, mais la colère augmente la température cutanée des doigts, tandis que la peur les refroidit. Les moyens d'exploration modernes comme le scanner à positrons ou l'imagerie par résonance magnétique permettent d'observer ces différences au niveau même du cerveau : des zones cérébrales différentes s'activent en cas de tristesse ou de joie par exemple. Les psychologues évolutionnistes tiennent à trois autres critères.

— *Avoir une expression faciale universelle chez tous les humains*, et nous verrons que ce critère a été l'objet d'un long débat.

— *Être déclenchée par des situations universelles :* par exemple un gros objet qui fonce sur vous est un déclencheur universel de la peur, la perte d'un être cher provoque universellement la tristesse.

— *Être observable chez nos cousins primates :* même si on ne peut les interviewer, quand deux chimpanzés qui se retrouvent s'enlacent, s'embrassent et font des cabrioles il ne paraît pas insensé de penser qu'ils éprouvent de la joie.

Des émotions fondamentales

Même si les couleurs d'un ciel ou d'un paysage peuvent varier à l'infini, on sait depuis longtemps que toute couleur est le mélange en parts variables de trois couleurs fondamentales : rouge, bleu et jaune. Peut-on dire la même chose de notre paysage émotionnel ? N'existerait-il pas des émotions fondamentales, dont l'association, comme pour les couleurs, produirait les subtiles nuances de notre humeur ? La plupart des chercheurs le pensent, et ils cherchent à définir ces émotions fondamentales.

S'il existe des émotions fondamentales, il doit être possible de les dénombrer. Charles Darwin (1872) considère comme fondamentales : la joie, la surprise, la tristesse, la peur, le dégoût, la colère, appelés parfois les *big six* de Darwin (à ne pas confondre avec les « six passions simples et primitives » de Descartes : admiration, amour, haine, désir, joie, tristesse). Paul Ekman propose d'étendre la liste à seize émotions : amusement, mépris, contentement, embarras, excitation, culpabilité, fierté, satisfaction, plaisir sensoriel, honte. Mais il considère que tous les critères ne sont pas encore satisfaits pour chacune d'entre elles (y a-t-il une expression faciale universelle du mépris ?), et la recherche continue...

Dans ce livre, nous avons tenté de traiter de toutes ces émotions, en insistant plus particulièrement sur celles qui nous semblent avoir une influence déterminante sur notre bien-être et notre adaptation au monde.

Chapitre 2

La colère

Arrivant à l'aéroport pour partir en vacances et apprenant que les vols de la journée sont annulés en raison d'une grève du personnel navigant, Robert, un père de famille, se met à insulter les hôtesses au sol. Sa femme essaie de le calmer, tandis que tous les regards se portent sur eux et que ses filles aimeraient disparaître.

Juste au moment où Catherine, après avoir cherché pendant dix minutes, repérait enfin une place de parking libre, un automobiliste la double et lui prend la place. Furieuse, elle percute volontairement l'arrière de la voiture de l'intrus.

Ne parvenant pas à assembler les pièces de son nouveau robot, cadeau d'anniversaire espéré depuis des semaines, Adrien, huit ans, finit par les piétiner en hurlant.

Comment des personnes habituellement raisonnables (même Adrien, qui est un petit garçon fort réfléchi) peuvent-elles commettre ainsi des actes qui ont souvent des conséquences fâcheuses ?

Que dire maintenant de la colère du père de Véronique, un monsieur pourtant tout à fait calme d'habitude ?

Le visage de la colère : de Papa au Papou

> *Je me souviens, lorsque j'étais petite fille, je devais avoir six ans, mon père m'a un jour emmenée avec lui à la pêche. J'étais tout excitée, car c'était la première fois, et je considérais cela comme un privilège, puisque ma mère ne l'accompagnait jamais. Au bout d'une heure qui commençait à me paraître longue, il a eu une touche, très forte, et puis la ligne s'est tendue. J'ai vu mon père concentré, jouant du moulinet, tirant sur la ligne. À travers l'eau verdâtre, on devinait les mouvements d'un gros poisson. Mon père a réussi à le sortir en s'aidant de l'épuisette — c'était un très beau sandre — et il l'a jeté encore gigotant dans une grande cuvette en plastique. Moi, je me suis penchée pour voir la bête, j'ai glissé, j'ai renversé la cuvette qui est tombée dans l'eau avec le poisson, lequel a aussitôt disparu. J'ai regardé mon père, et je n'oublierai jamais son expression. Rouge de fureur, le visage contracté, les yeux fixes, les dents serrées, il crispait le poing en se retenant visiblement pour ne pas me frapper. J'ai poussé un cri en me cachant la tête dans les bras. Rien ne s'est passé. Quand j'ai rouvert les yeux, il m'avait tourné le dos et il donnait de grands coups de pied dans les buissons.*
> *Je m'en souviens bien car mon père était un homme très calme qui ne se mettait presque jamais en colère.*

Une telle scène conduit à se poser plusieurs questions. Pourquoi le père, être raisonnable, se met-il ainsi en colère puisque le poisson est de toute façon perdu et que sa petite fille ne l'a pas fait exprès ? Pourquoi piétine-t-il les buissons, qui ne lui ont pourtant fait aucun mal ? Et pourquoi

ce visage grimaçant, cette rougeur, que Véronique, même à six ans, n'a aucun mal à interpréter ?
Cette colère est-elle bien une émotion universelle ? Un Papou ou un Chinois, témoin de cette scène, aurait-il compris et reconnu l'émotion du papa frustré de sa pêche ? Nos lointains ancêtres, qui vivaient de chasse et de cueillette (et de pêche) il y a quinze mille ans, auraient-ils compris cette colère ?

La rogne du chasseur-cueilleur

Comme la technologie ne lui permettait pas de remonter quinze mille ans plus tôt, l'anthropologue Paul Ekman[1] s'est déplacé de quinze mille kilomètres : à la fin des années 1960, il est allé vivre parmi l'une des dernières tribus de Papous encore peu en contact avec la civilisation occidentale. Ces indigènes vivaient comme des chasseurs-cueilleurs de l'âge de pierre, retirés dans une région montagneuse de Nouvelle-Guinée. Comme ils n'avaient eu que très peu de relations avec les Blancs, Ekman s'attendait à ce que leurs émotions et leurs expressions faciales soient très différentes des nôtres. En effet, les théories culturalistes en vogue à l'époque — soutenues en particulier par la célèbre anthropologue Margaret Mead — affirmaient que les émotions et leur expression étaient apprises par l'éducation et variaient selon les cultures.

Avec l'aide d'un traducteur, Ekman demanda à un Papou de mimer devant l'objectif l'émotion qu'il ressentirait dans le scénario suivant : « Vous êtes en colère et prêt à vous battre. » Le Papou fronça les sourcils, serra les mâchoires et crispa les lèvres dans une moue menaçante.

Pour éviter des difficultés de traduction, Ekman utilisa des scénarios en demandant à son sujet d'expérience de mimer des expressions faciales correspondant aux émotions provoquées par « Un ami est arrivé et vous vous sentez content », « Vous trouvez sur le chemin le cadavre d'un cochon sauvage mort depuis longtemps », « Votre enfant est mort ».

De retour aux États-Unis, Ekman montra ces photographies à des Américains complètement ignorants des us et coutumes des Papous. Une grande majorité identifia aussitôt son expression de colère. Ekman fit l'expérience inverse : il montra à ses nouveaux amis papous des portraits d'Occidentaux en colère, et ceux-ci reconnurent aussitôt cette émotion sur les visages des Blancs. Les Papous reconnurent également, avec un pourcentage de succès élevé, la joie, la tristesse, la peur, le dégoût.

Ekman et d'autres chercheurs répétèrent cette expérience dans vingt et une cultures différentes réparties sur les cinq continents[2]. Les résultats furent très nets : la majorité des Papous reconnurent les émotions des Estoniens, qui reconnurent les émotions des Japonais, qui eux-mêmes reconnurent celles des Turcs, qui reconnurent celles des Malais, et ainsi de suite... Ces résultats semblent attester le caractère universel des émotions et leur expression faciale.

Cette universalité de l'expression faciale de la colère n'a pas qu'un intérêt anecdotique : elle laisse penser que notre capacité à nous mettre en colère (et d'éprouver les autres émotions fondamentales) est inscrite dans notre patrimoine génétique. Pour prendre une analogie, la manière de s'habiller varie selon les pays et les classes sociales : elle est donc transmise par la culture. En revanche, tous les humains, quelle que soit leur culture d'origine, ont cinq doigts à chaque main, car cela fait partie du patrimoine génétique commun à l'espèce humaine.

Bien sûr, nous verrons que les culturalistes ont également un point de vue défendable : la culture et le milieu vont influencer les règles d'expression de la colère, ainsi que ses motifs de déclenchement. Mais l'émotion demeure universelle.

EXPRESSION FACIALE ET COLONIALISME

Un siècle avant les études d'Ekman, à l'apogée de l'Empire britannique, Charles Darwin s'intéressa aux émotions chez l'homme[3]. Comme il était de santé délicate

et ne pouvait plus voyager, Darwin interrogea ses compatriotes voyageurs, explorateurs, marins, missionnaires. Sa méthode n'était pas très rigoureuse, mais il en déduisit quand même que six grandes émotions étaient universelles, ainsi que leur expression faciale.
Cette hypothèse déplut profondément à certains contemporains. Darwin s'était déjà fait mal voir en affirmant que l'homme descendait du singe, et voilà qu'il aggravait son cas en prétendant que les mêmes grandes émotions agitaient les Dayaks, les Zoulous et les anciens élèves d'Eton. *How Shocking !*
Les anciens élèves d'Eton furent sans doute d'autant plus contrariés par *The Expression of Emotions in Man and Animals* qu'ils avaient reçu une éducation censée leur apprendre à contrôler l'expression de leurs émotions, en particulier au niveau facial : le fameux *stiff upper lipp* (lèvre supérieure « raide ») valorisé dans les classes supérieures.
Pour Darwin et ses successeurs les psychologues évolutionnistes, si une émotion comme la colère a survécu à la sélection naturelle dans notre espèce depuis des milliers de générations, c'est qu'elle a été utile à la survie et au succès reproductif de tous les ancêtres qui nous ont précédés.

Admettons que la colère soit une émotion universelle et qu'elle ait été sélectionnée par l'évolution. Dans ce cas, à quoi sert-elle ? Un des moyens de comprendre la fonction d'une émotion consiste à observer les modifications physiques qu'elle provoque.

Le corps en colère

Dans plusieurs sondages menés dans différents pays, on a demandé aux gens de décrire leurs symptômes de la colère. Voici les réponses les plus fréquentes qui ont été obtenues :

— une sensation de tension musculaire,
— le cœur qui bat plus vite,
— une sensation de chaleur.

Les termes « chaud » et « chaleur » reviennent souvent dans les réponses, avec la métaphore d'un liquide en ébullition. On « bout de colère ». (Dans la bande dessinée, un des signes conventionnels de la colère est d'ailleurs une petite fumée noire qui s'élève au-dessus de la tête du personnage.)

Ces mêmes symptômes sont cités par des sujets interrogés dans trente et un pays sur les cinq continents, ce qui plaide encore en faveur du caractère universel de la colère et de ses symptômes[4].

Les réponses des gens décrivant leur colère correspondent aux modifications de l'organisme observées par les chercheurs.

— La colère provoque une augmentation du tonus musculaire, en particulier dans les bras. Elle amène d'ailleurs souvent à serrer les poings.
— Les vaisseaux périphériques se dilatent, ce qui correspond à la sensation de chaleur (à l'inverse de la peur). La colère se manifeste souvent par une rougeur de la face, là encore bien observée par les auteurs de bande dessinée, et particulièrement visible chez les jeunes enfants. La température cutanée des doigts augmente, alors qu'elle baisse en cas de peur.
— Augmentation du rythme respiratoire, de la fréquence cardiaque et de la tension artérielle accompagne aussi la colère. En colère, nous pompons plus de sang et nous l'oxygénons mieux. Nous verrons que cet impact cardiovasculaire de la colère n'est pas anodin sur la santé.

Les deux fonctions de la colère

Écoutons Jean-Jacques, un grand coléreux qui se méfie lui-même de ses accès de colère.

J'avais donné ma voiture au garage pour une révision, en insistant pour qu'elle soit prête le lendemain à l'heure du déjeuner, car j'en avais besoin pour aller voir un client. J'avais pris rendez-vous longtemps à l'avance, pour leur laisser le temps de s'organiser. Quand je suis arrivé au garage, j'aperçois ma voiture à l'endroit où je l'avais laissée. Je m'adresse à un mécanicien qui me répond sans me regarder qu'il faut « demander au chef ». Commençant à m'énerver, je vais voir le chef d'atelier dans son bureau. Il me répond que non, la révision n'a pas été faite, mais qu'elle le sera dans l'après-midi. Je lui fais remarquer que ce n'était pas ce qui était convenu, que j'ai besoin de ma voiture immédiatement. Il me répond en bougonnant qu'« on ne fait pas toujours ce qu'on veut, et que je n'ai qu'à la rapporter un autre jour ». J'ai eu l'impression que mon cœur avait un raté. J'ai senti mon visage se figer, mes bras se crisper, ma poitrine se gonfler, en même temps que j'avais envie de cogner sur cette tête d'abruti. Ma femme me dit que, quand elle me voit comme ça, je lui fais peur. C'est ce qui a dû arriver au chef d'atelier, car il a brusquement changé d'attitude : il s'est excusé en bredouillant et m'a dit qu'on allait faire la révision tout de suite, et que j'aurais la voiture dans une demi-heure.

Si le rôle des émotions est de nous préparer à l'action, il n'est pas difficile de deviner celle que précède la colère, en observant les variables physiologiques d'individus que l'on met (légèrement) en colère dans le cadre d'expériences : le tonus des muscles servant à frapper augmente, tandis que les modifications cardio-respiratoires permettent de mieux les irriguer en oxygène.

D'ailleurs, chez nous comme dans toutes les autres cultures, la colère (émotion) conduit parfois à agresser son interlocuteur (comportement).

Dans notre exemple automobile, Jean-Jacques n'a toutefois pas frappé le garagiste, heureusement pour tous les deux.

L'expression, même sans parole, de la colère de Jean-Jacques a suffi à provoquer un changement d'attitude de son interlocuteur. Parce qu'il a remarqué l'apparition de la colère de Jean-Jacques et a voulu aussitôt y échapper en proposant une solution. On peut parier que le garagiste a éprouvé une autre émotion : la peur.

La colère a donc deux fonctions : nous préparer au combat mais aussi le rendre inutile en intimidant l'autre. Nous retrouverons cette double fonction — préparation à l'action et communication — pour pratiquement toutes les émotions.

La colère comme intimidation

Cette fonction d'intimidation est essentielle : elle permet d'éviter le combat, procédé risqué et coûteux en énergie dans toutes les espèces. Si l'homme a survécu, c'est en partie parce que, dans les petites tribus de nos ancêtres comme dans tous les groupes d'animaux sociaux, la plupart des conflits peuvent se régler par une soumission de l'un face à une attitude de colère intimidante de l'autre.

Ce phénomène se retrouve chez nos cousins les chimpanzés. Les conflits sont fréquents (comme nous, les chimpanzés entrent en conflit pour des histoires de statut, de partage des ressources ou de jalousie sexuelle), mais ils aboutissent rarement à un vrai combat. Heureusement, car ceux-ci peuvent être mortels (comme nous, les chimpanzés savent s'entre-tuer)[5].

Écoutons Agnès, professeur dans un collège, nous parler d'une de ses colères.

> *Dans les réunions pédagogiques, Monique a tendance à monopoliser le temps de parole et à interrompre les autres. En fait, elle cherche à dominer la réunion et à se rendre intéressante aux yeux de notre proviseur. Quand je suis arrivée, les autres collègues m'avaient prévenue de son comportement. J'avais beau être avertie, chaque fois que j'exposais des idées pour un projet pédagogique, elle me coupait la parole, je sentais ma colère monter, mais je me contentais de continuer à parler, pour aller jusqu'au bout de ma phrase. Je ne voulais pas faire d'esclandre devant tout le monde.*
> *La semaine dernière, lors de la réunion, quand Monique m'a coupé la parole pour la deuxième fois, j'ai vu rouge.*

QUELQUES COLÈRES AU CINÉMA

Une des plus spectaculaires colères de cinéma : dans *Midnigth Express*, (1978) d'Alan Parker, le héros, un jeune Américain, se retrouve dans une prison turque pour avoir inconsidérément tenté de rapporter du haschich aux États-Unis. Avec un autre compatriote, il est accablé de mauvais traitements et d'humiliation, quand il découvre qu'un de ses compagnons de cellule les a trahis en révélant leur projet d'évasion à leurs gardiens. Dans une des plus belles rages de cinéma, il poursuit le traître terrifié à travers la prison en bousculant tout sur son passage. Après l'avoir à moitié assommé, il finit par lui infliger une punition épouvantable pour avoir parlé : il lui coupe la langue avec ses dents !

Dans les films de Martin Scorsese, en particulier dans *Les Affranchis* (1990) et dans *Casino* (1995), Joe Pesci joue souvent le rôle d'un petit truand très inquiétant par sa capacité à passer brusquement d'une humeur joviale à des colères aussi imprévisibles que meurtrières, sans aucun signe d'avertissement. Cette capacité le fait craindre et respecter, mais, dans les deux films, elle lui sera fatale : la hiérarchie ordonnera son exécution. Même dans la mafia, un certain *self-control* est apprécié.

Dans la plupart de ses films, Louis de Funès offre de beaux exemples de colères très expressives, mais qui vont rarement jusqu'à la violence. Jean Gabin se mit beaucoup en colère au cinéma, du jeune ouvrier costaud dans *Le Jour se lève* (1939) au partriarche des *Grandes Familles* (1958).

Dans la bande dessinée *Objectif Lune* (1953) d'Hergé, le professeur Tournesol, d'habitude d'une placidité inaltérable, se met en colère quand il croit comprendre (ce bon Tryphon est un peu dur d'oreille) que le capitaine Haddock ne prend pas au sérieux son projet d'aller sur la Lune. Sourcils froncés, cheveux hérissés, ce personnage inoffensif laisse soudain entrevoir un aspect plus inquiétant.

J'ai frappé la table avec mon poing, ce qui a fait sursauter tout le monde, et je lui ai dit (ou plutôt crié) que «j'en avais ras le bol» qu'elle me coupe la parole, et que mes

idées étaient aussi intéressantes que les siennes. Elle n'avait pas « à toujours la ramener ». Il y eut un grand silence, et tout le monde m'a regardée, l'air interloqué.
J'étais tellement gênée de m'être mise en colère que je n'ai plus ouvert la bouche jusqu'à la fin de la réunion. D'un autre côté, il faut dire que, depuis, elle ne m'a plus jamais coupé la parole.

Agnès a frappé du poing sur la table, ce qui traduisait à la fois son excès de tension musculaire, son désir d'agression, et constituait aussi un geste d'intimidation. Sans vouloir vexer Agnès, les chimpanzés en colère pratiquent la même gestuelle pour intimider un adversaire : ils frappent le sol ou les branches alentour.

Nous verrons plus tard pourquoi elle s'est sentie si gênée.

Les raisons de la colère

Pourquoi se met-on en colère ? Pour les psychologues cognitivistes[6] (« nous sommes émus parce que nous pensons »), notre colère est le résultat d'une série d'évaluations psychologiques presque instantanées, qui nous font apprécier si l'événement est à la fois :

— indésirable,
— intentionnel (au sens où il a été provoqué par une volonté différente de la nôtre),
— contraire à notre système de valeurs,
— contrôlable par notre réaction de colère.

L'événement déclencheur de colère est indésirable

Nous souhaitions obtenir ce que nous avions prévu, être traité avec respect, acquérir ou conserver un bien, préserver notre temps et notre espace, et voilà que cela ne se passe pas comme prévu. La colère naît de cette frustration. Malheureusement, notre vie est remplie d'événements frustrants.

Il nous paraît commis intentionnellement

Si quelqu'un vous marche sur le pied, votre réaction ne sera pas la même selon que vous penserez que c'est par maladresse ou pour vous faire mal intentionnellement. Cette notion d'intentionnalité est cependant assez délicate. Nous sommes sensibles à plus de nuances que simplement « volontaire » ou « involontaire », comme le montre le tableau suivant.

Les raisons de la colère

Niveau 1. Complètement involontaire	Un automobiliste freine un peu tard et emboutit l'aile de votre voiture. Un collègue venu vous aider dans un travail renverse son café sur votre clavier d'ordinateur.
Niveau 2. Volontaire mais sans conscience de vous nuire	Alors que vous attendez qu'une place de parking se libère, un autre automobiliste la prend sans avoir remarqué votre présence. Un collègue monopolise la parole en réunion, complètement centré sur son problème.
Niveau 3. Volontaire avec conscience de vous nuire	L'automobiliste a vu que vous attendiez, mais il décide de prendre cette place quand même. Le collègue se rend compte qu'il monopolise la parole, mais il pense que ses idées sont plus intéressantes que les vôtres.
Niveau 4. Volontaire avec volonté de vous nuire	Furieux que vous ayez pris la place qu'il considérait comme la sienne, l'automobiliste revient rayer votre carosserie. Le collègue fait exprès de restreindre votre temps de parole pour vous dominer en public.

Lorsque nous sommes en colère, nous avons tendance à attribuer au comportement de l'autre un « niveau » plus élevé qu'il ne l'est. Dans l'exemple du collègue, un comportement de niveau 2 (il monopolise la parole sans s'en rendre compte) peut vite être interprété comme 3 (il le sait mais s'en moque) ou 4 (il veut vous humilier).

Par ailleurs, quand notre conjoint ou notre patron modifie l'emploi du temps commun sans penser à nous prévenir, cela nous met en colère bien qu'il l'ait fait sans conscience de nous nuire (niveau 2). En effet, ce manque d'attention implique une baisse de notre statut dans le regard de l'autre : l'importance d'une personne dans une famille ou une réunion se mesure au degré d'attention qu'on a pour elle. Le maintien de son statut dans le groupe est un enjeu vital dans toute vie sociale humaine ou animale.

L'événement déclencheur de colère heurte notre système de valeur

Nous possédons tous un système de valeurs ou de règles qui nous fait juger qu'une action est acceptable, « normale » ou scandaleuse. Ce système se développe dès l'enfance et varie d'une culture à l'autre, voire d'une famille à l'autre. Dans le cas de la grève des navigants, selon que votre système de valeurs comprendra « Le droit de grève est sacré et les salariés ont toujours raison de se défendre contre leur direction » ou « La grève est un procédé scandaleux quand on est déjà privilégié », votre réaction ne sera bien sûr pas la même.

Une valeur assez universellement partagée est la *réciprocité* : nous attendons des autres, en tout cas de nos égaux, qu'ils se comportent avec nous comme nous nous comportons avec eux. Un manque de réciprocité nous met facilement en colère. La difficulté, en particulier dans un couple, c'est que chacun a sa propre vision de la réciprocité en ayant l'impression de faire plus d'efforts que l'autre.

Ce système de valeurs s'exprime aussi sous une autre forme : ce que les thérapeutes cognitifs appellent « les croyances de base ». Ces croyances de base sont des règles plus ou moins inconscientes, qui font partie de notre personnalité, et qui nous font décider de ce qui est « normal »

LA COLÈRE AU TRAVAIL

Qu'est-ce qui vous met en colère ? Une chercheuse australienne[7] a posé cette question à 158 salariés en leur demandant de décrire un événement au travail qui a provoqué leur colère. En écoutant leurs récits, elle a réparti les événements qui sont causes de colère en quatre catégories :

— *Être injustement traité* (cause citée par 44 % des personnes interrogées) : être critiqué à tort, non reconnu ou non récompensé, surchargé(e) par rapport aux autres, sanctionné pour une faute dont on n'est pas responsable.

— *Constater un comportement amoral* (23 %) : être témoin de mensonges, négligence, vol, favoritisme, paresse au travail, mauvais traitements, harcèlement.

— *Être confronté à de l'incompétence au travail* (15 %) : voir le travail mal fait, ou trop lentement, avec des erreurs, un mauvais respect des procédures, surtout si ceci retentit sur son propre travail.

— *Être l'objet d'un manque de respect* (11 %) : être traité avec désinvolture, arrogance, ironie ou mépris (le plus souvent du supérieur).

— *Subir une humiliation publique* (7 %) : être la cible de critiques dévalorisantes ou aggressives devant des collègues ou des clients.

Les gens ont-ils exprimé leur colère ? Oui, quand c'est un subordonné qui les a contrariés, 77 % des personnes ont manifesté leur colère, mais elles ne sont plus que 58 % si c'est un collègue qui a causé leur courroux, et 45 % seulement s'expriment si c'est un supérieur qui les a mises en rogne.

Quand elle a été exprimée, la colère n'a pas empêché de résoudre la situation de manière positive, en exprimant son point de vue et en arrivant à la résolution du problème (en tout cas, c'est ce que pensent les gens qui ont exprimé leur colère à un subordonné).

Mais face à un supérieur, la vengeance représente 30 % des stratégies utilisées. (L'étude cite un exemple de serveurs d'un restaurant qui avouent se venger du chef cuisinier en versant trop de sel dans les plats des clients !) Cela peut s'expliquer : près de la moitié des événements qui sont

> causes de colère impliquant un supérieur étaient perçus comme accompagnés d'*humiliation*, et celle-ci provoque non seulement de la colère, mais de la haine. Patrons, critiquez vos subordonnés, mais ne les humiliez pas !

et de ce qui ne l'est pas. Lorsqu'en thérapie on parvient à les faire exprimer au patient, elles prennent la forme de phrases comprenant souvent le verbe « devoir ».

Exemples de phrases exprimant des croyances de base : « Je dois réussir parfaitement tout ce que j'entreprends », « Je dois me faire aimer de tout le monde », « Les gens devraient se comporter avec moi comme je me comporte avec eux », « Le monde devrait être juste ». Quand nos croyances sont heurtées par la réalité, il s'ensuit une forte émotion, souvent colère ou tristesse.

Personnalités difficiles, colère et croyances de base

Type de personnalité	Croyance fréquente	Ce qui provoque sa colère
Narcissique	Je suis un être supérieur et les autres me doivent des égards particuliers.	Lui donner l'impression qu'on ne fait pas attention à lui, le traiter « comme tout le monde ». Lui exprimer ouvertement un désaccord.
Paranoïaque	Je dois toujours rester sur mes gardes car les gens vont chercher à abuser de moi.	Faire de l'humour ou une critique qui seront vécus comme malintentionnés.
Obsessionnel	Je dois faire parfaitement tout ce que j'entreprends.	Déranger ses plans, interrompre sa séquence de travail, ironiser sur sa minutie.
Borderline	On doit s'occuper de moi et répondre à mes besoins. Je dois m'en tirer tout seul.	Lui donner une sensation d'abandon. Établir une trop grande proximité affective ou vouloir trop le contrôler.

L'événement nous paraît contrôlable ou évitable par notre réaction de colère

On se met plus volontiers en colère contre un subordonné que contre un chef, contre un petit malingre que contre un grand costaud. Face à une situation frustrante, notre système nerveux évalue très vite si l'option « soumission » est préférable à l'option « intimidation ». Selon les psychologues évolutionnistes, ce bon réglage a été sélectionné au cours de l'évolution ceux qui savaient mal choisir entre soumission et intimidation ont eu des vies plus brèves ou moins de descendants. (Un mâle trop agressif a une vie plus courte, un mâle trop soumis ne trouve pas de partenaire sexuelle.)

Appliquons cette théorie aux situations déjà décrites.

Personnalités difficiles et en colère

Événement déclencheur de colère	Jean-Jacques et le garagiste	Agnès et sa collègue Monique
Frustrant	Ne pas obtenir sa voiture. Ne pas obtenir d'excuses.	Être interrompue.
Intentionnel	Le chef d'atelier est malpoli.	Monique tire la couverture à elle.
Contraire à notre système de valeur	Le client doit être bien traité. On doit faire ce qu'on a promis.	On doit être poli. Les autres doivent me traiter comme je les traite (réciprocité).
Contrôlable par la colère	Je sais que je fais peur.	Je peux mater une collègue.

L'explication de la colère par le principe « nous sommes émus parce que nous pensons » semble assez efficace. De plus, elle fournit de bonnes pistes aux thérapeutes pour nous apprendre à contrôler notre colère, comme nous le verrons. Mais cette théorie souffre aussi de quelques exceptions : nous nous mettons parfois en colère contre des actions involontaires des autres (Véronique n'a pas fait exprès de relâcher le poisson pêché par son père) et parfois face à des situations incontrôlables (Arnaud face à la grève des pilotes). Et ne vous est-il jamais arrivé de vous sentir en colère après vous être cogné contre un placard ? Pourtant, le placard ne l'a pas fait « exprès ». (Vous pouvez toutefois rager contre le concepteur de la cuisine, ou contre vous-même pour être si maladroit.)

On pourrait presque dire que parfois nous nous mettons en colère non pas parce que nous pensons, mais parce que nous ne pensons pas assez ou « de travers ». Il existe sans doute différents « programmes d'évaluation » selon l'importance ou la soudaineté de l'événement déclencheur.

LES DIFFÉRENTES VOIES DE LA COLÈRE

Lorsque quelqu'un vous bouscule brutalement dans la rue, votre première réaction de colère est pratiquement instantanée. Elle est très différente de la colère qui vous prend peu à peu en réalisant que votre conjoint, contrairement à ses promesses, est encore en retard. Dans le premier cas, il s'agit d'une colère presque instinctive face à une situation « primitive » : une atteinte à notre espace personnel. Dans le second, c'est tout un rappel de souvenirs, et l'évaluation du degré de réciprocité dans le couple, qui peut faire naître votre colère.

Pour les biologistes, la première colère suit une voie courte, presque réflexe, située dans les parties les plus primitives de notre cerveau — le rhinencéphale, cerveau primitif que nous partageons avec des espèces animales moins sophistiquées —, tandis que la seconde colère fait un détour par notre cerveau le plus récent dans l'évolution — le cortex préfrontal, et plus précisément médio-ventral. Cette partie du cerveau va d'ailleurs nous servir aussi à contrôler notre colère selon la complexité de la situation[9]. C'est en utilisant notre cortex que nous allons par exemple nous calmer, si la personne qui vient de nous heurter nous fait des excuses embarrassées, preuve d'un geste involontaire.

Dans une étude récente[10], on demandait aux sujets d'expérience (huit hommes et sept femmes) d'imaginer qu'ils étaient en compagnie de leur mère, que celle-ci était soudain agressée par deux hommes inconnus, et qu'ils réagissaient en les agressant à leur tour. Sur les images cérébrales obtenues en temps réel avec la caméra à émission de positrons, on observe alors une diminution soudaine du flux sanguin (et donc du métabolisme) dans certaines zones du cortex médio-ventral comme si celui-ci était « déconnecté » pour permettre une riposte agressive débridée. En revanche, si on demande aux mêmes sujets d'imaginer qu'ils assistent à la scène en se retenant de réagir, l'activité de cette zone du cortex augmente, preuve qu'elle est impliquée dans le contrôle de nos réactions émotionnelles.

Contrôler sa colère : le déplacement... et autres mécanismes de défense

Quand le père de Véronique piétine les buissons, il est évident qu'il n'a nulle animosité contre ces inoffensifs végétaux, mais ce geste lui permet de décharger sa tension physique et émotionnelle. Réalisant qu'on ne peut punir une enfant de six ans pour une simple maladresse (en tout cas dans son système de valeurs) il déplace sa colère vers les buissons.

Un autre magnifique exemple de déplacement nous est d'ailleurs donné dans une scène de *la Recherche du temps perdu*. Le narrateur accompagne son ami Robert de Saint-Loup dans les coulisses d'un théâtre pour y rencontrer une actrice, Rachel, dont Saint-Loup est désespérément amoureux. Malheureusement, elle le reçoit fort mal : elle s'amuse à exciter sa jalousie en flirtant ouvertement avec un acteur habillé en arlequin. Pendant ce temps, notre narrateur, asthmatique, est incommodé par la fumée d'un cigare que fume un journaliste non loin de là. En ami attentionné, Saint-Loup s'en aperçoit.

> *Il toucha légèrement son chapeau et dit au journaliste :*
> *— Monsieur, est-ce que vous voudriez bien jeter votre cigare, la fumée fait du mal à mon ami.*
> *[Pendant ce temps, Rachel continue de flirter impudemment avec Arlequin.]*
> *— Il n'est pas défendu de fumer, que je sache. Quand on est malade on n'a qu'à rester chez soi, dit le journaliste. [...]*
> *— En tout cas, Monsieur, vous n'êtes pas très aimable, dit Saint-Loup au journaliste, toujours sur un ton poli et doux, avec l'air de constatation de quelqu'un qui vient de juger rétrospectivement un incident terminé.*
> *À ce moment, je vis Saint-Loup lever son bras verticalement, au-dessus de sa tête comme s'il faisait signe à quelqu'un que je ne voyais pas ou comme un chef d'orchestre, et en effet [...] après les paroles courtoises qu'il venait de dire, il abattit sa main, en une gifle retentissante, sur la joue du journaliste[11].*

La colère de Saint-Loup s'élève d'abord contre Rachel, mais l'exprimer risquerait d'avoir des conséquences encore plus fâcheuses, comme une rupture. Cette colère se détourne alors contre une cause de frustration à risque moindre : le journaliste grossier. (D'ailleurs tellement déconcerté par cette violence soudaine et inattendue qu'il déguerpit sans demander son reste.)

Un beaucoup plus triste exemple de déplacement apparaît dans « Contreparties », une nouvelle extraite de *Gens de Dublin* de James Joyce[12]. Farrington, un employé de bureau trop costaud et forte tête, qui se sent emprisonné par la vie de bureau, « répond » un jour à son chef en le ridiculisant devant tous les collègues. Celui-ci lui demande agressivement : « Croyez-vous que je sois complètement idiot ? » Il répond : « Je ne crois pas, Monsieur, que ce soit une question à me poser. » Il est licencié instantanément et va calmer sa colère dans les pubs voisins où il dépense à boire la maigre paye qu'il lui reste. Il revient chez lui, dégrisé, réalisant qu'il n'a plus ni travail ni argent. De retour à son domicile misérable, il constate que son petit garçon, Charlie, a laissé le poêle s'éteindre. Toute la colère de Farrington contre cette journée, son patron et lui-même se déplace alors vers son fils qu'il se prépare à battre à coups de ceinture. La nouvelle se termine sur les supplications déchirantes du petit Charlie : « Oh P'a, ne me bats pas ! Je dirai un Je vous salue Marie pour toi ! Oh P'a, ne me bats pas ! »

COLÈRE ET MÉCANISMES DE DÉFENSE

Le déplacement, transfert d'une émotion sur un autre objet que celui qui l'a provoquée, est un des mécanismes que Freud a été l'un des premiers à décrire. (C'est un des fondements de sa théorie des pulsions.)
Mais les éthologues ont observé des phénomènes similaires chez les animaux. Par exemple, face à un rival trop impressionnant pour être combattu, un pigeon se met à picorer furieusement le sol, et si Proust, si friand de comparaisons animales, avait eu connaissance de ces faits, nul doute qu'il se serait plu à introduire cette comparaison dans ses descriptions[13]. L'animal peut aussi inhiber complètement son comportement agressif, et se lancer dans un autre type de comportement, comme se lisser les plumes, ou régresser en adoptant un comportement typique d'un animal plus jeune, pour inhiber l'agression de l'autre.
Ces réactions semblent les précurseurs des mécanismes évidemment plus complexes par lesquels nous gérons nos émotions, en particulier ceux que les psychanalystes appellent les mécanismes de défense dont la fille de Freud, Anna, a dressé une description magistrale[14] et qui servent à protéger la conscience d'une émotion douloureuse ou inacceptable, ou à éviter de s'y exposer.
Voici un exemple de quelques mécanismes de défense appliqués à la colère.
— *Situation* : votre patron fait irruption dans votre bureau pour vous dire de vous secouer et d'aller plus vite, alors que vous êtes déjà débordé de travail.
— *Passage à l'acte* : vous l'insultez.
— *Déplacement* : après son départ, vous passez votre rage sur votre assistant(e).

— *Régression* : après son départ, vous filez au distributeur dévorer goulûment une barre chocolatée.
— *Rêverie* : vous rêvez à une scène ou vous êtes vous-même son patron en train de l'humilier.
— *Somatisation* : plus tard, vous avez mal à la tête ou au ventre.
— *Isolation* : vous vivez toute la scène dans un état d'indifférence émotionnelle (vous vous coupez de votre émotion réelle qui risquerait de resurgir).
— *Formation réactionnelle* : vous adoptez le rôle du collaborateur respectueux et soumis.
— *Rationalisation* : plus tard, vous justifiez à vos propres yeux votre attitude soumise par une série d'arguments rationnels.
— *Dissociation* : vous vous sentez étouffer de rage et vous vous évanouissez.
— *Projection* : vous pensez qu'il vous hait (vous lui attribuez votre propre haine à son égard).
Les trois mécanismes de défense suivants sont considérés comme « adultes », c'est-à-dire ceux qu'utilise quelqu'un parvenu à une bonne maturité psychologique. Ils ont l'avantage de vous permettre de mieux vous adapter à la situation sans nier la réalité, et même de pouvoir contribuer au bien commun.
— *Sublimation* : le soir, vous allez militer dans une association syndicale.
— *Supression* : vous trouvez cette scène bien pénible, mais vous décidez de ne plus y penser.
— *Humour* : vous vous amusez de sa tendance à se soucier du travail des autres alors que lui-même n'est pas un foudre d'activité.
Cet exemple est toutefois plus simple que la vie : la plupart du temps, nos mécanismes de défense se mêlent au point d'être très difficiles à distinguer, même par des chercheurs expérimentés[15].

La colère et ses variantes socioculturelles

Souvenons-nous de la gêne d'Agnès après sa colère en réunion pédagogique.

> *Je me suis sentie très gênée parce que j'ai montré que je perdais le contrôle de moi, ce qui n'est pas ce qu'on attend d'une enseignante. Et puis, je me suis imaginée rouge, véhémente, gesticulant comme une « poissarde », tout ça pas très gracieux pour une femme. En un mot, je me suis sentie vulgaire, moche.*

Agnès exprime deux idées : sa colère ne correspondait pas aux règles de son milieu professionnel — elle est enseignante, elle doit savoir « se contrôler » — ni à ce qu'on attend d'une femme. Même si Agnès est « libérée », il lui reste plus ou moins consciemment des modèles éducatifs qui recommandent que les femmes doivent se montrer plus gracieuses et diplomates que les garçons.

Les psychologues ont confirmé ces hypothèses : la colère n'est pas considérée comme une émotion « légitime pour tout le monde », ce qui reflète l'influence de la culture sur les règles d'expression de la colère.

Colère au clubhouse ou dans la cité

Imaginons que, pendant que vous cherchez une place assise dans un café pour vous y asseoir avec des amis, un inconnu vous bouscule sans s'excuser. Comme vous le lui faites remarquer, il vous répond assez brusquement que vous n'aviez qu'à ne pas être sur le passage. Comment allez-vous réagir ?

Cela dépendra de nombreux facteurs (votre âge, votre sexe, votre forme physique, votre état d'irritation, votre

> ## COLÈRE ET LEADERSHIP : BON POUR LES HOMMES, PAS POUR LES FEMMES
>
> En demandant à 368 sujets d'évaluer la crédibilité d'un patron qui annonce à ses collaborateurs, sur différents registres émotionnels, de mauvais résultats annuels pour l'entreprise, une équipe de chercheurs a obtenu des résultats qui attristeront les féministes[16].
> Le patron masculin n'est pas moins crédible quand il exprime de la colère, mais sa crédibilité s'effondre s'il exprime de la tristesse.
> Le patron féminin voit sa crédibilité s'effondrer si elle exprime de la colère, en revanche la tristesse nuit moins à son image de chef qu'à celle de son collègue masculin.
> Dans tous les cas, et pour les deux sexes, le leader à expression neutre (ni colère ni tristesse) est le plus crédible. Les chercheurs admettent par ailleurs qu'ils n'ont mesuré que l'impact de l'expression émotionnelle au cours d'une circonstance particulière, et que la crédibilité d'un leader dépend aussi de ses autres compétences, mais ces résultats laissent perplexe... d'autant plus que les sujets observateurs étaient des étudiants en psychologie américains, nés dans une société plutôt féministe qui encourage la similitude des comportements entre hommes et femmes.

expérience antérieure de la bagarre et aussi votre alcoolémie), mais également de votre milieu social d'origine.

Écoutons le sociologue David Lepoutre qui a vécu trois ans à la cité des Quatre Mille et décrit les mœurs des jeunes qui y vivent[17].

> *Les adolescents se montrent ainsi généralement — ou font mine d'être — forts sensibles ou chatouilleux en matière d'offense verbale. Pour avoir sa place et tenir son rang au sein du groupe de pairs, il importe de savoir réagir à la fois promptement et violemment — tout au moins quand le rapport de force le permet — à toute mauvaise parole. Il*

faut savoir prendre la mouche, jouer l'emportement, monter sur ses grands chevaux et, en levant vivement et haut le menton, enjoindre l'offenseur à « parler meilleur », à « calmer ses mots », à « corriger ses phrases » éventuellement lui faire répéter alors qu'on a très bien entendu (« Répète! Répète! Quoi? Quoi? »), le menacer ouvertement, le taper au besoin.

Les sociologues ont observé depuis longtemps que la « culture populaire » valorise pour l'homme les notions d'honneur et de force physique. Aussi bien dans les banlieues défavorisées aujourd'hui que dans celles des années 1930, un homme doit être prêt à répondre à une insulte verbale par la force ou en tout cas par la menace de l'utiliser, autrement son honneur risque d'être remis en question, surtout si d'autres membres de son groupe social assistent à la scène. Revenons à la cité des Quatre Mille.

Toute atteinte à l'honneur individuel ou collectif ne peut être compensée que par une contre-offense, seule manière de réparer l'honneur perdu. C'est dans cet exercice que la violence vindicatoire prend toute sa valeur (pour la réputation masculine).
L'élément le plus déterminant est cette capacité considérée comme essentielle à ne pas se laisser faire, à se faire respecter, à toujours riposter aux offenses[18].

À l'inverse, dans les classes favorisées, les normes éducatives recommandent plutôt de résoudre les conflits par la diplomatie et d'éviter les situations ou l'on aurait à se battre « comme des chiffonniers ». La colère n'est pas interdite, mais elle doit être contrôlée et s'exprimer dans le langage de la classe : « jeu de mains, jeu de vilains ».

Ridiculiser son adversaire par des propos cruels est peut-être un idéal de distinction, mais peut vite amener à une confrontation plus musclée, même chez les Anglais *upper-class* comme le héros des *Nouvelles Confessions* de William Boyd.

Dans les années 1930, le narrateur rencontre par hasard dans la salle d'embarquement d'un aéroport un ancien

UNE COLÈRE ULTRA-CHIC : LE BARON DE CHARLUS

Dans le deuxième tome de *la Recherche du Temps perdu*, *Le côté de Guermantes*, le jeune narrateur a blessé sans le savoir l'orgueil du baron en déclinant à deux reprises ses invitations, alors que celui-ci (qui porte aussi les titres de duc de Brabant, prince d'Oléron, de Carency, de Viareggio et des Dunes) est l'homme le plus brillant et le plus craint de tout le faubourg Saint-Germain.

— *Monsieur, je vous jure que je n'ai rien dit qui pût vous offenser.*
— *Et qui vous dit que j'en suis offensé ? s'écria-t-il avec fureur en se redressant violemment sur sa chaise longue où il était jusque-là resté immobile, cependant que [...] sa voix devenait tour à tour aïgue et grave comme une tempête assourdissante et déchaînée. [...] Pensez-vous qu'il soit à votre portée de m'offenser ? Vous ne savez donc pas à qui vous parlez ? Croyez-vous que la salive envenimée de cinq cents petits bonshommes de vos amis, juchés les uns sur les autres, arriverait à baver seulement jusqu'à mes augustes orteils ?*

Pendant ce long monologue accusateur, le narrateur entre à son tour en fureur et nous donne encore un magnifique exemple de *déplacement*.

D'un mouvement impulsif je voulus frapper quelque chose, et un reste de discernement me faisant respecter un homme tellement plus âgé que moi, et même, à cause de leur dignité artistique, les porcelaines allemandes placées autour de lui, je me précipitai sur le chapeau haute forme neuf du baron, je le jetai par terre, je le piétinai, je m'acharnai à le disloquer entièrement, j'arrachai la coiffe, déchirai en deux la couronne, sans écouter les vociférations de M. de Charlus qui continuaient[19].

compagnon de guerre, Druce, avec qui il est brouillé. Celui-ci vient le provoquer en lui rappelant la manière un peu ridicule dont il avait été fait prisonnier par les Allemands : son ballon d'observation avait été emporté par un vent contraire derrière les lignes ennemies. Mais le narrateur réplique de manière encore plus offensante en l'accusant de s'être tiré volontairement une balle dans la jambe pour éviter de monter à l'assaut.

Le choc dans son regard me confirma la justesse de mon sarcasme.
Il me gifla.
« Espèce de sale lâche. »
On m'a raconté que le hurlement que je poussai en sautant sur lui fut tout à fait inhumain. Je fus maîtrisé assez vite par les employés de la TWA, mais pas avant que mes poings brandis en matraque n'aient opéré leur jonction avec cette gueule satisfaite de poltron malhonnête. Je lui avais fermé un œil ou ouvert la lèvre supérieure. Je sentis un cri de triomphe silencieux et primitif résonner dans mon corps tandis que les compagnons de Druce l'emmenaient plié en deux, gémissant, vers les toilettes[20].

Avec l'intuition du romancier, W. Boyd utilise les termes d'*inhumain* et de *primitif* : il pressent que nous partageons la colère avec nos cousins primates.

La colère apparaît donc à la fois comme une émotion utile, qui nous permet de « ne pas nous laisser faire », mais aussi comme un péché, un manque de sagesse, une atteinte aux règles sociales, un signe de manque d'éducation et de perte de *self-control*. L'idéal serait d'adapter sa colère au milieu dans lequel on se trouve, mais rares sont les gens capables d'une telle virtuosité émotionnelle.

LA COLÈRE SUR LA BANQUISE

Au début des années 1960, Jean Briggs, une anthropologue canadienne, alla vivre parmi les Inuits (appelés par les Blancs Eskimos) des territoires du Nord-Ouest canadien. Elle en rapporta des observations dans un livre qui est devenu un des classiques de l'anthropologie, *Never in Anger*[21] (Jamais en colère). Ce titre décrit la caractéristique la plus remarquable qu'elle observa chez ses hôtes : ils ne se mettaient jamais de colère, même dans des circonstances qui auraient fait trépigner un Blanc (y compris Jean Briggs). Ce livre, qui se lit comme un roman, est parfois cité comme argument par les partisans des approches « culturalistes » pour soutenir que les émotions ne sont pas universelles : la preuve, la colère n'existe pas chez les Inuits Utkuhikhalingmiut. En fait, Jean Briggs considère que les Eskimos contrôlent leur colère, mais pas qu'ils ne l'éprouvent jamais. « Le contrôle émotionnel est hautement valorisé ches les Eskimos, le maintien de l'équanimité dans les circonstances les plus éprouvantes est considéré comme le signe essentiel de maturité, d'attitude adulte. » Lorsque quelqu'un se met facilement en colère, ils le considèrent comme *nutaraqpaluktuq*, ce qui signifie « comportement d'enfant », qualificatif dont Jean Briggs se trouve d'ailleurs bientôt désignée, comme la plupart des Blancs que les Eskimos ont l'occasion de rencontrer. Ce terme laisse d'ailleurs entendre que les Inuits observent la colère *chez leurs propres enfants*, autre critère d'une émotion fondamentale.

Pourquoi cette extraordinaire valorisation du calme et du *self-control* ? On peut penser que, dans un milieu aussi hostile que le Grand Nord (des famines ont parfois décimé des tribus eskimos jusque dans les années 1950) la survie des Inuits traditionnels reposait sur une solidarité sans faille du groupe, et la colère, avec tous ces risques de scission du groupe ou d'ostracisme, était trop dangereuse pour être tolérée.

Déceler à temps la colère de l'autre

Dans son roman *La Honte* (une autre émotion fondamentale !), Annie Ernaux décrit un de ses souvenirs d'enfance : une dispute qui tourne mal entre ses parents.

> *La dispute qu'elle avait entreprise avec mon père sitôt assis n'a pas cessé pendant tout le repas. La vaisselle débarrassée, la toile cirée essuyée, elle a continué d'adresser des reproches à mon père en tournant dans la cuisine, minuscule [...] comme à chaque fois qu'elle était contrariée. Mon père était resté assis à table sans répondre, la tête tournée vers la fenêtre. D'un seul coup, il s'est mis à trembler convulsivement et à souffler. Il s'est levé et je l'ai vu empoigner ma mère, la traîner dans le café en criant avec une voix rauque inconnue*[22].

Quelques secondes plus tard la narratrice retrouve ses parents à la cave :

> *Dans la cave mal éclairée mon père agrippait ma mère par les épaules, le cou. Dans son autre main, il tenait la serpe à couper le bois qu'il avait arrachée du billot où elle était ordinairement plantée. Je ne me souviens plus ici que de sanglots et de cris.*

Heureusement, le père reprend le contrôle de lui-même, mais sa colère laissera des traces. La narratrice décrit dans les jours suivants un état qui ressemble fort à un état de stress post-traumatique (le simple fait d'entendre à la radio une chanson « western » qui inclut le bruitage d'une bagarre lui produit à chaque fois un accès d'angoisse). Pourquoi le père s'est-il mis dans une telle colère ? Sa fille elle-même ne le sait ou ne s'en souvient plus, sinon qu'il avait dû être mis hors de lui par des récriminations de son épouse peut-être plus prolongées ou plus virulentes qu'à l'accoutumée.

Cette scène de ménage est typique de ce que Mordechai Gottman, un chercheur de renommée internationale, a observé sur le couple. La femme harcèle l'homme de récriminations et de critiques (*nagging*), tandis que celui-ci ne répond pas et regarde ailleurs (*stonewalling*)[23]. La femme prend le silence de son compagnon pour de l'inattention ou de l'indifférence, alors qu'il s'agit d'un procédé typiquement masculin pour contrôler les émotions qui l'agitent et qui agitaient probablement le père d'Annie Ernaux puisqu'il se met brusquement à « trembler et à souffler ».

Comme les femmes expriment plus ouvertement leurs émotions que les hommes[24], elles ont tendance à interpréter l'apparente impassibilité de ceux-ci (le *stonewalling*) comme de l'indifférence. Attention ! Ce n'est pas toujours le cas. Nous reparlerons de la violence conjugale (c'est-à-dire, dans la plupart des cas, des femmes battues), à propos de la jalousie.

Cette scène nous rappelle que la colère nous prépare à la violence, et souvent nous y amène. On comprend pourquoi toutes les religions l'ont toujours désapprouvée : la colère est une menace pour la cohésion du groupe, et les plus faibles en sont souvent la cible.

LA COLÈRE EST-ELLE TOUJOURS UN PÉCHÉ ?

Il y a une sainte colère excitée par le zèle qui nous pousse à reprendre avec force ceux que notre douceur n'a pu corriger.

Doctrine chrétienne en forme de lecture de piété. 1858

Dans la tradition judéo-chrétienne, seule la colère de Dieu, la Sainte Colère, est légitime ainsi que celle de quelques justes comme Moïse. « Les dieux sont des autocrates, ils ont confisqué l'immortalité et la colère », comme le dit Jean-Pierre Dufreigne dans son essai sur la colère[25].

Le Dieu de l'Ancien Testament est plutôt coléreux, il est vrai que l'homme peut se montrer assez insupportable. Mais, sous l'effet de la colère, le Créateur recourt à des mesures extrêmes : expulsion du Paradis terrestre, destruction par des pluies de feu de Sodome et de Gomorrhe, enterrement vivant des partisans de Coré, et même menace d'extermination du peuple juif, quand celui-ci recommence à adorer des idoles. Heureusement, Moïse, parvient à Le dissuader d'une solution aussi radicale (que serait-il advenu du monothéisme ?), mais il se charge ensuite lui-même de cette colère divine, et quand il redescend du Sinaï, il renverse le Veau d'or et brise les tables de la Loi.

Mais, à part ces exceptions divines, la colère est désapprouvée à de nombreuses reprises : « Que tout homme soit

prompt à écouter, mais lent à parler et lent à se mettre en colère, car la colère de l'homme n'accomplit pas la justice de Dieu » Épître de Jacques, I, 19-20.
La longanimité, mot un peu tombé en désuétude, désigne justement la vertu de l'homme lent à se mettre en colère. La colère du Christ contre les marchands du temple est souvent évoquée, mais on peut remarquer qu'elle semble plus réfléchie qu'impulsive, puisque le Christ prend le temps de tresser un fouet avec des cordelettes, et qu'il délivre en même temps que ses coups un discours pédagogique très maîtrisé : « Il est écrit : ma maison sera appelée une maison de prière, mais vous, vous en avez fait une caverne de voleurs. » Matthieu, XXI, 13.
Colère brillamment réinterprétée dans *Jésus de Montréal* (1989), de Denys Arcand. Dans ce film, une troupe d'acteurs joue la passion du Christ sur la colline de Mont-Royal qui domine Montréal, mais, dans leur vie quotidienne, ils vont involontairement se retrouver dans les situations similaires à celles qu'ont vécues le Christ et les Apôtres. La comédienne qui joue Marie-Madeleine (Catherine Wilkening) participe à une séance de casting pour une publicité assez dévêtue. Sous prétexte de mieux évaluer ses talents d'actrice, les publicitaires présents lui demandent de se mettre entièrement nue. Elle se sent humiliée, hésite, mais elle a besoin de ce rôle, et commence à se dévêtir, les larmes aux yeux. Arrive à cet instant le comédien qui habituellement joue Jésus (Lothaire Bluteau). Révolté par cette scène d'humiliation, il se met dans une violente colère, dévaste le studio et fait fuir les publicitaires et leur clients. Plus tard, un conseiller en communication charmeur lui proposera de se bâtir un « plan média » pour augmenter sa célébrité, proposition qu'il refusera...
La colère fait partie des sept péchés capitaux définis par saint Grégoire (avec l'orgueil, l'avarice, la paresse, la luxure, l'envie, la gourmandise) tandis que, pour Bouddha, la colère est l'un des cinq obstacles sur la Voie (avec la convoitise, l'agitation, le doute, la torpeur).

Les maladies de la colère

L'incroyable Hulk

> *Ne me mettez pas en colère,*
> *vous n'allez pas m'aimer quand je suis en colère.*
>
> HULK

Vous souvenez-vous de *L'Incroyable Hulk*, série télévisée qui fit les bonheurs de beaucoup d'adolescents ? David Banner, un gentil savant atomique (joué par Bill Bixby), après avoir été exposé accidentellement à trop de radiations nucléaires, se trouvait affecté d'un symptôme gênant : chaque fois qu'on le mettait en colère (et pourtant le bon docteur faisait tout pour éviter de se fâcher, même avec les gens les plus odieux), notre héros se transformait en un énorme culturiste tout vert dont les muscles faisaient exploser ses vêtements. Puis il cassait tout autour de lui en mettant hors de combat les méchants qui l'avaient contrarié. Il revenait ensuite à son apparence et à sa personnalité normales, avec une certaine honte de cette perte de contrôle et sa garde-robe à renouveler.

Comme souvent, la fiction n'est pas si loin de la réalité. Certaines personnes souffrent d'un trouble *Hulk-like* : le trouble explosif intermittent[26]. La majorité sont des hommes, qui, à la suite d'accès de colère dévastateurs, se retrouvent souvent en prison ou en hôpital psychiatrique. Contrairement aux délinquants violents habituels, dont l'agressivité fait partie de la personnalité, ces explosifs sont tout à fait calmes, voire un peu timide, dans leur état habituel. Après leur accès de rage, ils expriment une honte et une culpabilité réelle, les colères sont d'une intensité disproportionnée par rapport à la frustration déclenchante.

Les causes de ce trouble sont encore mal connues : comme souvent en psychiatrie, il existerait à la fois des facteurs de risques éducatifs — avoir été un entant maltraité par un parent violent —, mais aussi biologiques — anomalies cérébrales mineures observées par résonance magnétique nucléaire, perturbations de l'électro-encéphalogramme. Le trouble explosif intermittent serait d'ailleurs voisin de certaines formes d'épilepsie qui peuvent aussi donner lieu à des accès subits de rage incontrôlés (épilepsie partielle complexe). Les traitements proposés utilisent à la fois psychothérapie individuelle ou en groupe[27] et des médicaments antidépresseurs et antiépileptiques.

Le cœur en colère

Depuis les années 1980, toute une série d'études épidémiologiques ont montré de manière de plus en plus certaine que les coléreux augmentent leur risque de faire un accident cardio-vasculaire[28]. Deux informations capitales, toutefois.

— Il s'agit d'un facteur de risque statistique et non d'une certitude absolue pour chaque individu. Cependant, le risque devient d'autant plus grand si vous avez d'autres facteurs de risques cardiaques associés, comme tabagisme, surpoids, tension artérielle trop élevée, cholestérol et, il faut bien le dire, hérédité cardio-vasculaire de votre famille.

— Les colères explosives augmentent le risque de faire un infarctus, mais les colères rentrées, le ressentiment, l'hostilité chronique sembleraient tout aussi toxiques pour vos coronaires[29]. Pour préserver son cœur, il ne s'agit donc pas simplement de « retenir » sa colère, mais d'arriver à se calmer réellement.

Nous avons vu que la colère est donc une émotion fondamentale, universelle, nécessaire à notre adaptation en société, mais aussi souvent nuisible, voire catastrophique. Comment mieux la gérer ?

Mieux gérer sa colère

On pourrait dire qu'il y a deux grandes manières de *mal* gérer sa colère :

— *L'explosion* : la laisser exploser de manière incontrôlée, ou pour des motifs futiles. C'est le cas des colères que l'on regrette, qui entraînent des brouilles inutiles, laissent des rancunes tenaces, ou même vous rendent ridicule. Ce « trop de colère » vous permet parfois d'obtenir ce que vous souhaitez à court terme, mais au prix de conséquences néfastes à long terme sur vos relations avec les autres. Votre rhinencéphale s'emballe, et votre cortex est court-circuité : c'est bien la peine d'en avoir un !

— *L'inhibition* : « rentrer » complètement sa colère en la dissimulant à l'autre, et parfois à soi-même. Vous risquez alors d'accumuler une colère rentrée, mauvaise pour vos coronaires, tout en passant pour un individu qu'on peut contrarier sans crainte. Cette retenue excessive (« pas assez de colère ») risque un jour de vous faire brutalement basculer dans la situation précédente car, à force de colères rentrées, on finit un jour par exploser et souvent au plus mauvais moment.

Les recherches sur la résolution des conflits confirment ces constatations : il semble que les gens aboutissent mieux à une résolution quand ils sont à un niveau d'émotion moyen[30]. La colère violente diminue la perception de solutions alternatives au problème, et fait que l'on n'utilise plus ses talents relationnels habituels. Effectivement, la colère aveugle.

Mieux gérer trop de colère : Aristote avec nous !

> *La colère, en effet, semble bien porter jusqu'à un certain point l'oreille à la raison, mais elle entend de travers, à la façon de ces serviteurs pressés qui sortent en courant avant d'avoir écouté jusqu'au bout ce qu'on leur dit, et puis se trompent dans l'exécution de l'ordre.*
> ARISTOTE, *Éthique à Nicomaque*, VII, 7.

Nous faisons appel à Aristote, élève de Platon, précepteur du futur Alexandre le Grand, car, non content de s'intéresser à la métaphysique et aux sciences naturelles, cet esprit unique a aussi cherché à déterminer les conditions de « la bonne vie », qu'il a décrites dans l'*Éthique à Nicomaque*.

Écoutons Jean-Jacques, ce grand coléreux qui a fait peur à son garagiste et qui s'éloigne de la bonne vie par trop de colère.

> *Plus je vieillis, plus j'ai du mal à supporter mes propres colères. D'abord, elles me fatiguent beaucoup plus que lorsque j'étais jeune. Ensuite, j'ai l'impression d'être épuisé, et comme j'ai parfois des douleurs dans la région cardiaque, je me fais faire des électrocardiogrammes qui, pour l'instant, sont toujours normaux. Ensuite, j'ai grandi dans un milieu assez populaire, je faisais partie d'une bande où ma capacité à me mettre en rogne inspirait le respect. Aujourd'hui, j'ai réussi socialement, je suis entouré de collaborateurs plus jeunes et souvent plus diplômés que moi. Je sens bien que si mes colères me font respecter par certains, d'autres pensent que « je ne tourne pas rond ». Il est vrai que parfois je dis des choses que je regrette, je me suis même fâché avec un ami pour ce que je considère aujourd'hui comme une broutille. En gros, je crois que mes*

> *colères m'ont peut-être servi dans la première partie de ma vie, mais qu'aujourd'hui elles me font plus de mal que de bien. Même chose avec les enfants. Quand ils étaient petits, ils me craignaient ; aujourd'hui, ils se liguent avec ma femme pour me reprocher mon mauvais caractère et ma tendance à gâcher les bons moments. (Ils me rappellent leurs souvenirs d'enfance de mes colères en vacances.)*

Jean-Jacques est arrivé à une bonne prise de conscience, et il n'est clairement pas une personnalité narcissique qui trouverait ses colères tout à fait justifiées. (« S'ils ne veulent pas de ma colère, les autres n'ont qu'à pas m'énerver. »)

Voici les conseils qu'on pourrait lui donner, ainsi qu'à tous les coléreux.

Diminuez vos causes d'irritation

Ce conseil peut paraître simplet, mais c'est pourtant un moyen fondamental de prévenir la colère.

Souvenez-vous d'Agnès, qui s'est mise en colère en pleine réunion pédagogique contre sa collègue Monique :

> *J'étais déjà arrivée assez énervée, parce que les enfants avaient été particulièrement lents à s'habiller et que mon mari m'avait fait remarquer que je n'avais pas d'autorité sur eux. Plus tard, il y a eu un embouteillage sur la route de l'école. Résultat : j'ai stressé pendant tout le trajet ensuite en craignant d'arriver en retard à la réunion, ce que je ne supporte pas.*

On peut dire qu'en entrant dans la salle de réunion, Agnès était déjà à un certain niveau d'irritation, et que les interruptions de Monique ont été la fameuse « goutte qui fait déborder le vase », même si les « gouttes » précédentes n'étaient en rien dues à Monique.

Certains chercheurs ont montré que, si on irrite volontairement des personnes participant à une expérience de psychologie (en les faisant attendre, en leur faisant remplir des questionnaires trop longs, en les confrontant à un expérimentateur volontairement antipathique), celles-ci manifestent plus de réactions hostiles ou agressives quand on leur fait ensuite passer un test émotionnellement neutre[31].

Konrad Lorenz en a fait lui-même l'expérience, en constatant combien la promiscuité et les frustrations variées de la vie dans un camp de prisonniers prédisposent à des colères disproportionnées : « *On réagit contre les plus petits mouvements de nos meilleurs amis (leur façon de se racler la gorge ou de se moucher), comme si l'on avait reçu une gifle d'une brute ivre*[32]. »

Le rôle de l'irritabilité dans la colère se retrouve dans le fameux « Ce n'est pas le moment d'en parler au patron » que connaissent bien tous les collaborateurs de patrons irascibles, et devenus experts à repérer le niveau d'irritation de leur chef. Un des inconvénients d'être un chef coléreux : on finira par vous cacher les informations dérangeantes (et plus tard le juge d'instruction ne croira pas forcément à votre innocence).

Par conséquent, travaillez à vous rendre la vie plus agréable, même dans les détails (par exemple, si vous en avez les moyens, remplacez les appareils qui tombent en panne, cause d'irritation chronique plus facile à modifier qu'un conjoint énervant), et veillez à préserver autant que possible des moments agréables, bons pare-chocs contre les causes d'irritation.

Réfléchissez à vos priorités, et parlez-vous à vous-même

De la théorie cognitive de la colère (« Nous nous mettons en colère parce que nous pensons ») découle naturellement : « Pensez différemment et vous vous mettrez moins souvent en colère. »

Écoutons Robert, chef de chantier.

> *J'ai toujours été coléreux. Quand les choses ne vont pas comme je veux, quand les gens lambinent, quand je trouve qu'on travaille mal, je vois rouge. Dans mon métier, je*

COLÈRE DANS LE PACIFIQUE

Les Ifaluks, habitants d'un atoll coralien de Micronésie, dans le sud du Pacifique, ont une grande richesse de vocabulaire pour désigner la colère : *lingeringer*, pour la colère qui monte lentement à la suite d'une succession d'incidents contrariants, *nguch*, le ressentiment éprouvé quand votre famille ne vous a pas aidé comme vous l'attendiez, *tipmochmoch*, qui désigne l'irritabilité éprouvée quand on est malade, et enfin *song* qui est la colère mêlée d'indignation contre quelqu'un qui a commis un acte moralement répréhensible.

Catherine Lutz, une anthropologue, décrit toutes ces émotions dans un livre fameux, intitulé *Unnatural Emotions*[33] qui défend une approche culturaliste « radicale » : selon elle, il n'y a pas d'émotions universelles, et nos tentatives de les étudier scientifiquement (par exemple en analysant les expressions faciales) est déjà un biais culturel occidental.

Paradoxalement, toutes les émotions qu'elle décrit nous semblent tout à fait compréhensibles et familières, y compris le respect et l'admiration des Ifaluks pour celui qui est *maluwelu*, c'est-à-dire calme et gentil, et non pas *sigsig*, de mauvais caractère, ce qui peut se comprendre dans une société où l'on vit à plusieurs centaines massés sur une étroite bande de territoire.

Sur les photos qui accompagnent le livre, on reconnaît d'ailleurs sans peine à son expression qu'un petit garçon ifaluk a peur (ce que nous confirme la légende : il croit que le photographe va lui faire une piqûre), et le rire attendri de sa mère devant sa méprise nous paraît également assez universel.

crois que cela m'a plutôt réussi : les gars savent qu'avec moi il faut faire attention. Et on m'a confié des chantiers de plus en plus importants, avec le salaire qui va avec. Mais ma femme m'a toujours reproché de me mettre en colère pour des riens : le serveur qui tarde à venir, la voiture qui se traîne devant nous, ou quand on ne respecte pas l'emploi du temps même en vacances.

L'année dernière, j'ai fait un malaise cardiaque. J'ai cru y passer, et ça m'a fait réfléchir. Dans la clinique où j'étais hospitalisé, il y avait une psychologue qui animait un groupe pour les gens comme moi, les toujours pressés, les coléreux. J'y ai appris pas mal de choses, et surtout dans la partie qui s'appelle « penser différemment ». Depuis, j'essaie (je n'y arrive pas toujours) de ne plus me mettre en colère pour des choses qui n'en valent pas la peine. Je me dis à moi-même : « Cool, Robert, cool, ce n'est pas vraiment important. »

La thérapeute a appris à Robert une technique utilisée en thérapie comportementale : utiliser un *discours intérieur (self-talk)* pour contrôler sa colère à son début[34].

Même sans l'aide d'un thérapeute, vous pouvez déjà établir une liste de situations habituelles à propos desquelles vous décidez de ne plus vous mettre en colère, et préparer quelques phrases modératrices qui vous serviront de calmants quand la moutarde commencera à vous monter au nez.

Un thérapeute vous aidera à découvrir et à réfléchir à vos croyances de base, non pas dans le but de les changer complètement, mais pour les rendre moins rigides, comme dans les exemples suivants.

Les schémas de la colère : quel est le vôtre ?

Expression d'une croyance déclencheuse de colère	Expression d'une croyance plus flexible
Les gens doivent se comporter avec moi comme je me comporte avec eux, autrement c'est insupportable, scandaleux, et ils méritent ma colère.	Je n'aime pas que les gens ne se comportent pas avec moi comme je me comporte avec eux, mais je peux le supporter (tout en leur donnant mon point de vue).
Je dois me mettre en colère, pour obtenir ce que je veux, autrement les gens s'en moquent.	Je peux me mettre en colère pour donner du poids à mon point de vue, mais ça n'est pas toujours le meilleur moyen.
Je dois me mettre en colère, autrement je passerai pour un faible.	J'aime me faire respecter, mais la colère n'est pas le seul moyen.

Assouplir vos schémas n'a pas pour but de vous supprimer toute colère, ce qui ne serait pas souhaitable, mais de vous éviter des colères inutiles ou trop intenses. Pour Ellis, un des fondateurs des thérapies cognitives, la colère peut être légitime, mais la rage ou la fureur sont souvent inutiles et nuisibles[35].

Considérez le point de vue de l'autre

Ne vous est-il jamais arrivé d'être surpris par une colère dirigée contre vous ? Et d'entendre l'autre vous dire par exemple : « Il ne faut quand même pas me prendre pour un idiot » ou « Pour qui te prends-tu ? » Et vous d'être surpris par ces accusations, parce que vous ne vous étiez pas rendu compte que ce que vous étiez en train de faire ou de dire pouvait mettre l'autre en colère.

C'est ce qui arrive au narrateur du *Côté de Guermantes* face à Charlus : il est surpris par la colère du baron parce qu'il n'avait même pas eu conscience de l'offenser en déclinant ses invitations pour des raisons tout à fait légitimes.

Il nous arrive à tous de commettre l'erreur du baron de Charlus : quand nous sommes en colère contre quelqu'un, c'est souvent parce que nous pensons qu'il ou elle « se moque de nous » et cherche volontairement à nous exaspérer. Nous percevons dans le comportement des autres plus de mauvaises intentions qu'il n'y en a réellement. Quand des autres commettent des actes frustrants pour nous, il est donc parfois utile de considérer leur point de vue, comme le raconte Jacques, universitaire de renom :

> *Je me souviens, lorsque j'étais plus jeune, je m'indignais facilement quand des gens « importants » ne répondaient pas ou avec retard à mes appels téléphoniques, à mes courriers. J'y voyais du mépris et de la suffisance. Depuis, j'ai grandi, et je suis devenu moi-même quelqu'un d'« important » dans mon domaine. Et j'ai réalisé que cela implique d'être sollicité de toutes parts, et souvent dans un climat de bousculade. Je m'efforce de répondre à tous et à temps, mais il m'arrive aussi d'oublier ou de laisser traîner, et je*

réalise combien je me trompais sur la cause de ces retards à me répondre quand j'étais jeune. Bien sûr, il existe de vrais méprisant, parmi les « importants », mais moins souvent qu'on ne le pense quand on est « pas important ». Si j'avais compris cela plus tôt, je me serais épargné pas mal de colère et de ressentiment.

Laissez passer une nuit de réflexion

Ce conseil concerne surtout les colères contre des gens importants pour vous : conjoints, amis, collègues.
Ce délai vous permettra :

— de réévaluer la situation (l'autre a-t-il agi volontairement, en ayant conscience de vous nuire ?) ;
— de prendre conseil : d'où l'importance de bénéficier de l'avis d'un proche non impliqué dans la situation ;
— de formuler précisément les motifs de votre ressentiment, et de vous préparer à ce que vous allez dire exactement à l'autre.

Attention, toutes les colères ne méritent pas de telles précautions. Inversement, trop attendre peut avoir deux inconvénients :

— votre colère retombe tellement que vous n'en parlez plus à l'autre, ce qui ne lui apprend donc rien, et il recommencera à vous contrarier ;
— évoquer après coup un incident qu'il aurait mieux valu traiter sur-le-champ, et vous faire passer pour quelqu'un qui « rumine » dans son coin.

Laissez un temps à l'autre pour donner son point de vue

Cela vous évitera de vous embarquer dans un monologue, sans vous apercevoir que l'autre aussi avait peut-être des raisons de vous en vouloir.

En arrivant au bureau, mon assistante m'a appris que Dupond, mon rival et collègue, avait réussi à faire changer

> *l'ordre du jour d'une réunion avec le patron, pour pouvoir présenter un projet, ce qui remettait le mien à plus tard. J'étais furieux contre lui d'autant plus que ce n'est pas la première fois qu'il essaie de me mettre des bâtons dans les roues, de manière assez minable d'ailleurs, sans que je réagisse. J'ai foncé vers son bureau, plein de colère, et prêt à lui mettre les points sur les i à propos de son attitude de ces derniers mois : il a été surpris de me voir entrer sans frapper, et je ne lui ai pas laissé le temps de réagir, j'ai parlé vite et fort : « Tu m'as fait un coup en douce, tu t'es comporté comme un nul, je te préviens que je t'en veux, et beaucoup ! » Après quoi, je l'ai regardé balbutier, rougir. Et puis, il s'est mis en colère lui aussi et il a commencé à me débiter tous ses griefs contre moi. Je ne pensais qu'à moi, c'est moi qui avais toujours tous les beaux projets, je me croyais plus fort que tout le monde, etc.*
> *Brusquement, j'ai réalisé que j'avais dû le froisser bien des fois sans m'en rendre compte. C'est vrai que j'ai la parole assez facile, que j'ai été vite apprécié par la hiérarchie, que j'ai peut-être un peu tendance à monopoliser la parole en réunion, et qu'au fond, je n'avais pas fait beaucoup attention à lui. Derrière ce changement d'ordre du jour, il y avait tout un ressentiment contre moi, et j'y avais contribué par un manque de précautions envers lui. De plus, ce n'est pas mon intérêt de m'en faire un ennemi, il a quand même une certaine influence. Je lui ai dit que nous reparlerions de tout ça, et je suis sorti du bureau.*

Robert montre ici un bon exemple d'intelligence émotionnelle : capacité à exprimer sa colère, mais aussi à comprendre l'émotion de l'autre (en lui laissant le temps de s'exprimer), et à adapter rapidement sa conduite en conséquence.

En revanche, il a sans doute eu tort de ne pas réagir aux premières petites perfidies (ou maladresses ?) de Dupond. De petits rappels à l'ordre précoces lui auraient permis de faire l'économie de sa colère cette fois-ci.

Restez centré sur le comportement cause de votre colère, n'attaquez pas la personne

Lorsqu'on est coléreux, on a vite tendance à proférer des accusations, voire des insultes. Là encore, cela peut endommager durablement une relation, et aboutir à des résultats que l'on regrettera.

Restez centré sur le comportement	... au lieu de proférer des accusations
« Arrête de m'interrompre »	« Tu ne laisses jamais parler les autres ! »
« Tu as tout dérangé ! »	« Tu te moques que ça soit les autres qui rangent ! »
« Tu as fait ça sans m'en parler »	« Tu m'as fait un coup en douce »
« Tu m'énerves en disant ça ! »	« Tu n'es qu'un pauvre abruti ! »

L'accusation met l'autre en position défensive, elle l'incite à riposter agressivement, et elle lui laissera du ressentiment contre vous. C'est en particulier vrai dans la relation de couple.

Comme disait une de nos grand-mères à propos des disputes conjugales : « Même quand on est en colère, il ne faut jamais "se parler mal". »

D'ailleurs, de nombreux chercheurs ont étudié avec intérêt les disputes conjugales. Ils ont constaté qu'en cas de conflit et de colère, les accusations ont tendance à monter en intensité, comme dans l'exemple suivant :

— *Tu es encore en retard !*
— *J'avais du boulot*
— *Tu as toujours des excuses.*
— *Ce n'est pas une excuse.*

> — *Dis plutôt que tu t'en moques de faire attendre les autres !*
> — *Non, mais on ne fait pas toujours ce qu'on veut.*
> — *Au fond, tu ne penses qu'à toi !*
> — *(Ricanant) Ça te va bien de dire ça !*
> — *Comment, avec tout ce que je fais pour toi, pour les enfants...*
> — *Finalement, tu es comme ta mère, toujours à te plaindre !*
> — *Ça ne peut plus durer comme ça !*
> *(Elle quitte la pièce en claquant la porte.)*

Ce couple vient de franchir en une rapide escalade trois premiers niveaux de la critique, décrits par les psychologues du couple[36].

L'expérience montre que plus vous faites des critiques de niveau élevé, plus vous exprimez votre colère, mais plus vous risquez de blesser durablement l'autre et de rendre plus difficile une réconciliation. D'où ce conseil : exprimez votre colère en restant centré sur le comportement de l'autre, non sur sa personne (à moins que vous ne souhaitiez réellement aboutir à la rupture).

Interrompez l'entrevue si vous sentez que vous perdez votre *self-control*

Écoutons Damien, cadre infirmier dans un grand hôpital.

> *Nous avions une réunion pour discuter de la répartition des jours de gardes et de congés. Comme je suis surveillant c'est moi qui ai la charge de vérifier que tout le monde est à peu près satisfait, que certains ne sont pas désavantagés, et je suis amené à régler quelques conflits. C'est un rôle plutôt fatigant, on doit résoudre des problèmes face à des gens centrés sur leur intérêt, ce qui est bien sûr inévitable. À un moment, comme une infirmière m'expliquait qu'il fallait absolument qu'elle s'absente pour Noël, Robert, un infirmier, a déclaré à mi-voix : « Regardez-le, face à une femme, il se dégonfle. »*

LES QUATRE NIVEAUX DE LA CRITIQUE : L'ESCALADE CONJUGALE

— *Niveau 1* : critique centrée sur un comportement précis : « Tu es en retard », « Tu ne m'écoutes pas », « Tu m'empêche de parler ».
— *Niveau 2* : critique centrée sur la personne. Deux variantes :
— Un comportement accompagné de « encore », « toujours », « jamais », « une fois de plus ».
« Tu es *encore* en retard, » « Tu te plains *toujours* », « Tu ne penses *jamais* aux autres. »
— Un adjectif dévalorisant :
« Tu es *égoïste* », « Tu est *mal organisé* », « Tu es *geignarde* ».
— *Niveau 3* : critique comportant une menace pour la relation.
Il s'agit de remarque impliquant que la relation risque de s'interrompre.
« Ça ne peut plus durer comme ça », « On ne peut pas te faire confiance », « Si j'avais su que ce serait comme ça... » Sont aussi considérées comme niveau 3, les accusations dévalorisantes impliquant la famille ou l'origine sociale de l'autre conjoint : « Tu es comme ta mère, tu te plains toujours », « C'est vrai que c'est pas chez toi que tu as pu apprendre les bonnes manières... », « Je comprends pourquoi ton père s'est barré ».
— *Le niveau 4* est hélas atteint quand on en arrive à la violence physique.
Ces niveaux peuvent être observés aussi au travail. Selon votre état de colère, voici comment vous pouvez accueillir un collègue qui a omis de vous prévenir d'une réunion importante pour vous : tu ne m'as pas prévenu de la réunion (niveau 1), tu fais toujours tout en solo, tu n'as pas l'esprit d'équipe (niveau 2), on ne peut pas te faire confiance, on ne peut pas travailler avec toi (niveau 3). Échange de coups autour de la machine à café (niveau 4).

Sans même m'en rendre compte je me suis retrouvé debout et j'ai marché sur lui. J'ai vu la peur sur son visage. J'ai réussi à dire : « Je préfère partir plutôt que d'entendre des c... pareilles. » Et je suis sorti. Le lendemain, j'ai retrouvé sur mon bureau un plan des congés parfaitement au point. J'ai bien fait de sortir, car je ne sais pas ce que j'aurais fait à Robert, qui depuis des mois essaie de saper mon autorité dès que nous sommes en présence des infirmières.

Mieux vaut donc partir quand vous sentez que vous « perdez les pédales » ou que vous « voyez rouge » au point de commettre des actes irréparables ou même de prononcer des paroles que vous regretteriez. Toutefois, comme Damien, annoncez votre sortie pour que la raison en soit bien claire, et ne paraisse pas une fuite. Variante : « Je suis trop en colère pour continuer à vous parler. Salut ! »

Sachez tourner la page

Parmi toutes les émotions négatives, la colère est l'une de celles qui peut continuer de nous agiter sous les formes atténuées du ressentiment, de l'animosité, voire de la haine. Tout cela n'est pas bon pour la santé mentale ou physique.

Notre conseil peut donc se lire de deux manières.

— Sachez tourner la page sur la situation qui vous a mis en colère. Vous le ferez d'ailleurs d'autant plus facilement que vous aurez exprimé votre colère, car alors une certaine *réciprocité* aura été rétablie : l'autre vous a nui, mais vous l'avez sanctionné par votre colère. La relation peut repartir sur des bases plus saines.

— Sachez tourner la page sur certaines relations. Lorsqu'une personne vous met fréquemment en colère, et que vous ne parvenez pas à modifier la situation, réfléchissez. Ne vaudrait-il pas mieux vous en éloigner définitivement ?

Mieux gérer trop de colère

Faites	Ne faites pas
Diminuez vos causes d'énervement	Laisser s'accumuler les petites contrariétés
Réfléchissez souvent à vos priorités	Considérer tout comme important
Considérez le point de vue de l'autre	Penser qu'il le fait exprès
Laissez passer une nuit de réflexion	Réagir sur-le-champ
Restez centré sur la cause de votre colère	Rappeler les griefs passés
Laissez un temps à l'autre pour donner son point de vue	Ne jamais laisser la parole à ceux qui ont excité votre colère
Interrompez l'entrevue si vous sentez que vous perdez votre *self-control*	Aller jusqu'à la violence verbale ou physique
Sachez tourner la page	Ruminer et récidiver

Mieux gérer pas assez de colère

> *Car ceux qui ne s'irritent pas pour les choses*
> *où il se doit sont regardés comme des niais,*
> *ainsi que ceux qui ne s'irritent pas de la façon qu'il faut,*
> *ni quand il faut, ni avec les personnes qu'il faut.*
> ARISTOTE, *Éthique à Nicomaque* IV, 11.

Écoutons Jean-Marc, jeune collaborateur dans un grand cabinet de notaire.

> *Je crois que je ne me suis jamais mis en colère de ma vie, sauf peut-être enfant, quand je m'énervais contre mon Meccano, mais là, tout de suite, mes parents intervenaient pour me dire qu'« on ne se met pas en colère contre les choses ». Et, de leur point de vue, pas contre les gens non plus, car à l'adolescence, dès que je manifestais ne fût-ce que de*

la mauvaise humeur, aussitôt ils me culpabilisaient sur le thème « on n'ennuie pas les autres avec son humeur, on garde le contrôle de soi ». Mes sœurs étaient encore plus soumises que moi, sauf Alice, la plus jeune, qui s'est d'ailleurs fiancé avec un type plutôt fort en gueule. Mes parents pratiquaient ce qu'ils prêchaient : en s'efforçant d'être toujours très courtois, souriants, d'une humeur égale même dans l'adversité. Mais quand j'y pense aujourd'hui, je me souviens quand même d'avoir vu mon père piquer de grosses colères en voiture contre des gens qui lui faisaient des queues-de-poisson (il respectait scrupuleusement le code de la route). Dans la vie, cette inaptitude à me mettre en colère n'a pas tardé à me poser des problèmes. Je n'arrivais pas à réagir quand des adolescents de mon âge me provoquaient, ce qui m'a amené à trouver souvent refuge auprès des filles dont j'étais le confident. J'étais bon élève, et j'ai trouvé facilement une place parce que j'ai le profil qui plaît à un employeur, calme, poli et gros travailleur. Mais à l'étude je souffre, je me fais souvent marcher sur les pieds par des collègues plus ambitieux ou plus agressifs que moi. Et je me dis que s'ils prennent ces libertés c'est parce qu'ils ne craignent pas de réactions de ma part. Il m'arrive de passer la soirée à ruminer du ressentiment contre un collègue qui m'a piqué un dossier intéressant ou qui a fait une plaisanterie un peu ironique à mon égard. Mais dès que je me trouve face à lui, mon rôle de garçon « bien élevé » prend le dessus, je reste courtois, simplement un peu plus distant. Ma femme me le reproche souvent, d'ailleurs elle m'a déjà vu ne pas réagir face à une remarque offensante, et ça l'énerve beaucoup. Cette incapacité à me mettre en colère me pèse de plus en plus et j'ai décidé d'aller voir un psychothérapeute pour en parler. Ce n'est pas tellement que j'aie peur de la réaction de l'autre, mais simplement quand on m'agresse, je ressens comme une sorte de retrait intérieur, je reste impassible, et je m'énerve après coup. Mes parents m'ont trop bien élevé !

Jean-Marc décrit bien les inconvénients de ne pas exprimer sa colère sur-le-champ :

— les autres prennent des libertés excessives à votre égard ;
— vous risquez de ruminer souvent du ressentiment ;
— pour un homme, ce manque de colère peut apparaître comme de la soumission, ce qui n'est pas très « sexy » vis-à-vis de la gent féminine.

Mais les femmes aussi peuvent être concernées par ce problème, écoutons Céline, vingt-cinq ans, attachée de presse d'une maison d'édition.

Dans mon métier, c'est important d'être toujours courtoise puisqu'il faut intéresser des journalistes déjà saturés d'information, et en même temps rassurer des auteurs qui ont toujours l'impression qu'on n'en fait pas assez pour eux. Donc je sais que je suis appréciée pour cela, les gens ont plaisir à voir quelqu'un toujours de bonne humeur. Finalement, je m'aperçois que, par rapport à mes collègues, les auteurs me harcèlent beaucoup plus, et que souvent des journalistes ne tiennent pas parole en n'écrivant pas l'article promis. J'ai l'impression qu'il me faut travailler plus dur pour arriver aux mêmes résultats que mes collègues. En fait, j'ai compris que j'éprouve beaucoup de difficultés non seulement à me mettre en colère, mais même à exprimer du mécontentement. L'année dernière on m'a découvert une hypertension, et je me demande si cela n'a pas un rapport. En fait, je suis assez émotive, et je crois que ma difficulté à me mettre en colère vient de la peur de perdre mes moyens si je déclenche un conflit avec quelqu'un.

La « bonne éducation » qui enseigne que la colère est « mal élevée » semble avoir été conçue pour un monde où il importerait avant tout de garder de bonnes relations avec les autres, au risque de ne pas obtenir d'eux ce qu'on souhaite. Souci de ne pas montrer tout ce qui peut évoquer l'animalité ? Culpabilité vis-à-vis d'un péché capital ? Crainte de la brouille avec les gens de son milieu ? Mais la répression de la colère n'est pas le propre de l'éducation catholique, puisqu'elle semble également absente chez les derniers Inuits traditionnels étudiés par Jean Briggs dans les années 1970, qui a même fait de cette caractéristique remarquable le titre de son livre (p. 54). Il est vrai que, dans les milieux extrêmement hostiles de la banquise, la solidarité au sein du groupe est vitale, et la colère, et sa conséquence de ruptures, trop risquée pour n'être pas contrôlée.

Voyons donc comment mieux gérer votre colère, c'est-à-dire dans votre cas, savoir l'exprimer.

Établissez vos priorités

Les gens qui ne se mettent pas en colère essaient parfois de se justifier à leurs propres yeux en se disant : « Après tout, ce n'est pas très important, ça ne vaut pas le coup de s'énerver pour cela. » Ils peuvent être confortés dans ce point de vue par les principes des grandes religions qui tendent à vous faire considérer la vie matérielle comme peu digne d'intérêt, les vraies valeurs étant spirituelles, et la colère, un péché. Mais c'est oublier que ces religions avaient alors pour mission de réguler la colère et la rapacité des plus agressifs, régulation nécessaire pour construire une société complexe.

Il n'y a pas que les coléreux qui ont des schémas assez rigides. Les personnes qui refrènent trop leur colère peuvent aussi souffrir de règles inappropriées.

Les schémas de la non-colère : quel est le vôtre ?

Schéma inhibant trop la colère	Schéma plus flexible
Je dois toujours garder mon *self-control*, autrement je m'avilis.	C'est mieux de garder mon *self-control*, mais je ne peux pas y arriver tout le temps.
Je ne dois jamais blesser les gens, autrement je me sentirai coupable.	Je préfère ne pas blesser les gens, mais si cela m'arrive je peux le supporter.
Je ne dois me mettre en colère que si je suis absolument sûr que j'ai raison.	Il vaut mieux me mettre en colère pour une bonne raison, mais j'ai le droit de faire parfois une erreur.
Je dois me montrer toujours agréable, autrement les gens ne m'accepteront pas.	J'aime être accepté(e), mais je ne peux pas plaire à tout le monde.

Acceptez les conséquences

Ne nous voilons pas la face, une belle colère peut parfois nous faire un ennemi, ou au moins quelqu'un qui vous en voudra assez pour s'éloigner de nous ou chercher à prendre sa revanche.

Mais cette crainte est parfois exagérée chez les personnes qui ne se mettent pas en colère.

Écoutons Marie, trente-deux ans, entrée en thérapie pour dépression, et qui a fini par mettre au jour les raisons de sa difficulté à se mettre en colère.

> *J'ai, comme tout le monde je crois, des raisons de me mettre en colère : une amie qui ne tient pas une promesse, un collègue qui agit derrière mon dos, quelqu'un qui me fait une critique que je trouve blessante. Mais, au lieu de me mettre en colère, « j'encaisse », et, éventuellement par la suite, je me contente d'espacer les contacts, et de rester très froide avec la personne qui m'a offensée, mais ça ne dure pas, et je ne sais même pas si les autres s'en aperçoivent. En fait, j'ai réfléchi à cette difficulté à me mettre en colère : je crois que c'est la crainte de provoquer des ruptures. J'ai l'impression que, si je me fâche, les autres me rejetteront. Ma psy me dit que je n'ai pas une assez bonne estime de moi.*

Marie partage une crainte assez répandue : si l'on se met en colère contre les autres, ils vont vous rejeter et vous vous retrouverez tout(e) seul(e). Or la réalité est en général tout autre. La colère attire l'attention sur vous, et vous fait souvent apparaître aux autres comme plus important qu'ils ne vous considéraient auparavant. Bien sûr, il peut arriver que des gens particulièrement susceptibles, ou qui ne vous appréciaient qu'entièrement soumis(e), décident de rompre avec vous. Mais cela valait-il la peine de les fréquenter plus longtemps ?

Préparez et répétez vos colères

Ce conseil ne surprendrait pas des Américains, qui pensent que tout peut s'apprendre ou se perfectionner (des bonnes manières à l'écriture de poèmes), mais il peut faire sourire en France, où nous valorisons plus l'inspiration et le « naturel ». Mais si vous avez du mal à vous mettre en colère, il est très probable que votre gêne vienne aussi d'un sentiment d'incompétence à exprimer cette émotion. Après tout, la colère est un acte de communication, c'est un rôle social transitoire face à un public : celui qui vous a contrarié et que vous voulez impressionner. Si votre « jeu » est mauvais, vous risquez d'obtenir l'effet inverse : apparaître comme encore plus inoffensif qu'on ne le pensait.

Commencez à travailler votre non-verbal : dans une communication entre deux personnes, le non-verbal est tout ce qui ne passe pas par les mots : expression du visage, posture du corps, hauteur et intensité de la voix, etc. Dans une communication émotionnelle, le non-verbal est un message plus efficace que les mots (souvenez-vous de la réaction du garagiste face à la colère encore muette de Jean-Jacques). Voici déjà une consigne simple pour communiquer de la colère : froncez les sourcils et parlez plus fort que d'habitude.

Cet effort conscient de modifier votre expression aura un autre avantage : grâce au *feed-back* facial, froncer les sourcils vous amènera à ressentir plus intensément votre mécontentement.

Pour la partie verbale de votre communication, reportez-vous aux conseils de « Comment gérer trop de colère » ou procurez-vous un ouvrage d'affirmation de soi.

Acceptez la réconciliation, mais pas trop vite

Dans la plupart des cas, votre colère n'aura pas pour but de vous brouiller définitivement avec quelqu'un, mais de l'amener à vous considérer avec plus de respect et d'attention. Il est donc assez naturel que survienne une réconciliation, implicite ou annoncée.

Mais si vous voulez que votre colère garde un impact, il est important de ne pas vous réconcilier dans la même entrevue. Autrement, vous risquez de passer pour quelqu'un d'instable ou de trop facilement influençable. « Il (ou elle) se met en colère, mais ça retombe tout de suite. » Dans la plupart des cas, nous vous conseillons donc d'arrêter l'entrevue et de laisser l'autre réfléchir à votre colère avant d'accepter trop vite ses excuses ou de revenir à une communication apaisée.

Une exception bien sûr : si l'autre réagit à votre colère par une détresse émotionnelle disproportionnée, avec désespoir et sanglots (mais méfiez-vous des manipulatrices — heu, manipulateurs) ou si la sincérité émue des excuses qu'on vous présente ne laisse aucun doute.

> ### LA RÉCONCILIATION, SUITE SOUHAITABLE DE LA COLÈRE
>
> La réconciliation vient de loin : les primatologues considèrent que l'aptitude à la réconciliation a permis à nos ancêtres humanoïdes et cousins, chimpanzés et bonobos, de former des groupes durables et coopératifs. Avantage évolutif décisif dans la lutte pour la survie, car, sans aptitude à la réconciliation, les conflits provoqueraient peu à peu un éclatement du groupe, et un primate isolé est très vulnérable. Les éthologistes ont constaté que les stratégies de réconciliation utilisées par les enfants de maternelle après un conflit — offrir un objet, tendre la main, proposer une activité commune, désigner un centre d'intérêt, s'intéresser de concert à un troisième petit camarade — sont à peu près les mêmes que celles des chimpanzés adultes[37].

Vous avez le droit de vous mettre en colère

Ce dernier conseil nous ramène au premier : votre vision de la colère et de sa légitimité. En effet, il peut arriver qu'après avoir enfin réussi à exprimer votre colère vous ayez à nouveau le réflexe de vous sentir coupable, ou de craindre d'avoir été mal jugé par les autres. Réfléchissez alors à celle de vos croyances qui a été heurtée. La crainte de s'avilir ? D'être rejeté ? D'avoir eu tort ? Au besoin, allez vous confier à un proche en qui vous avez confiance, racontez-lui la situation, votre colère, et demandez-lui son point de vue.

Mieux gérer pas assez de colère

Faites	Ne faites pas
Établissez vos priorités	Considérer que rien n'est si important
Acceptez les risques de la colère	Redouter la moindre brouille
Préparez et répétez vos colères	Tenter une colère, puis s'interrompre, embarrassé
N'acceptez pas trop vite la réconciliation	S'apaiser immédiatement
Considérez votre colère comme légitime	Se culpabiliser de s'être mis en colère

Chapitre 3

L'envie

La morsure de l'envie est l'envie tout entière.
Francesco ALBERONI, *Les Envieux.*

DANS la Genèse, on raconte que Joseph est le préféré de son père Jacob car « celui-ci l'avait eu dans la vieillesse ». Ce favoritisme provoque quelque amertume chez ses onze frères. Joseph jouit d'autres avantages : tout d'abord, il est « beau à voir ». (La femme de son futur maître Potiphar sera sans doute du même avis, puisque à force de voir ce bel Israélite dans sa maison elle lui ordonnera en toute simplicité : « couche avec moi ! ».) Ensuite, Joseph est brillant et sait se faire remarquer des puissants, comme le montrera la suite. Enfin, il a des pouvoirs divinatoires dont il fait d'ailleurs un peu trop état, en ne cachant pas à ses frères que ses rêves lui prédisent toujours un avenir beaucoup plus brillant que le leur. Résultat de toutes ces supériorités un peu trop étalées : « Ses frères le prirent en haine et ne pouvaient plus lui parler amicalement. »

Les frères de Joseph éprouvent une émotion universelle : l'envie, cette émotion mêlée d'irritation et de haine contre quelqu'un qui possède un ou plusieurs avantages dont nous sommes dépourvus. Elle finira par leur faire former le projet de mettre leur frère à mort. Mais l'un d'eux, Ruben, les en dissuadera tandis qu'un autre, Judas, trouvera la bonne idée : vendre Joseph comme esclave à une caravane qui passait par là (à l'insu du bon Ruben).

Mais, dira-t-on, quelle différence avec la jalousie ? Les frères de Joseph n'étaient-ils pas jaloux de l'affection que lui portait son père ? La distinction est d'autant plus délicate qu'aujourd'hui, en français, le mot jalousie est souvent employé au sens d'envie.

Avant d'éclaircir cette question, examinons un exemple d'envie encore plus pur chez Bertrand, cadre supérieur dans une grande entreprise, qui parle de ses rapports de longue date avec l'envie.

> *Je crois que l'envie m'a toujours rongé, mais je n'arrive vraiment à en prendre conscience que depuis peu. Enfant, je me souviens qu'à l'école je souffrais de sentir que mes petits camarades appartenaient à un milieu plus favorisé que le mien. Pourtant, je ne manquais de rien, comme on dit, et mes parents étaient de bons parents. Mais quand j'étais invité à des goûters et que je découvrais que d'autres habitaient dans des maisons plus cossues que celle de ma famille, cela me gâchait l'après-midi. Mes parents ne comprenaient pas que je revienne maussade de réunions qui auraient dû être agréables. Je crois que j'étais plus envieux que la moyenne, car je me souviens de camarades guère plus favorisés que moi qui se contentaient de profiter de la fête. À l'époque, j'apprenais la guitare : bien qu'assez doué, j'en voulais à ceux qui semblaient l'être plus que moi. L'envie m'a toujours fait souffrir, mais je crois qu'elle a aussi été un moteur de mon ambition. J'ai travaillé dur avec l'idée d'obtenir autant ou plus que les autres. Cela m'a réussi, mais aujourd'hui, je m'aperçois que ce n'est pas une solution : je trouve toujours des gens à envier. Un camarade de promotion dont j'apprends qu'il a une*

carrière plus réussie que la mienne, un collègue qui me présente la jolie femme avec qui il vient de se marier, des amis qui me reçoivent dans leur nouvel appartement plus spacieux que le mien, et même des gens que je ne connais pas mais dont je lis la réussite dans les journaux. À chaque découverte d'un avantage chez un autre, je ressens comme une espèce de morsure, je sens mon visage se figer et il me faut faire un effort pour me contrôler afin que les gens présents ne s'aperçoivent de rien. Car c'est une autre des douleurs de l'envie : il ne faut pas la montrer ; autrement, on se déshonore !

Contrairement a beaucoup d'envieux, qui ne reconnaissent pas qu'ils le sont, Bertrand arrive à en parler avec une grande honnêteté, peut-être parce qu'il a entrepris une thérapie pour se libérer de ses humeurs sombres.

Car l'envie est une émotion cachée, presque taboue. On peut admettre avoir agi par colère ou par peur, mais qui reconnaît qu'il est envieux ?

La description par Bertrand de sa réaction d'envie comme une morsure montre que c'est bien une émotion : une réaction soudaine, involontaire, accompagnée de manifestations physiques. L'envie nous saisit souvent à l'improviste et nous mord (parfois même au moment où nous sommes censés manifester de la joie ou exprimer des félicitations à celui qui vient de réussir). Passé ces quelques secondes de réaction involontaire, nous verrons que nous pouvons gérer notre envie très différemment selon les circonstances.

Enfin, Bertrand envie chez les autres trois grands types d'avantages : les succès obtenus, le statut social et les aptitudes personnelles (en l'occurrence, ceux qui sont plus doués que lui en guitare).

L'exemple de Bertrand peut à la fois nous toucher — qui d'entre nous n'a pas été tourmenté par l'envie ? —, nous rappeler de mauvais souvenirs — à qui n'est-il pas arrivé de découvrir, souvent trop tard, qu'il était la cible de l'envie d'un autre ?

Avant d'aller plus loin, il vaut mieux définir envie et jalousie. Pour les distinguer, nous allons faire appel à un grand classique.

Envie et jalousie : Iago et Othello

Dans *Othello*, Shakespeare fait s'incarner envie et jalousie dans deux personnages différents.

Othello, redoutable chef maure, s'est mis au service de la cité de Venise pour faire la guerre aux Turcs. Comme il n'arrête pas de leur infliger des défaites, tous les Vénitiens l'adorent.

Iago, noble vénitien, prend très mal le prestige dont jouit Othello et supporte encore plus mal de le voir choisir comme lieutenant un jeune noble, Cassio. Iago pense que ce poste lui revenait. Il est *envieux* d'Othello et de Cassio.

Pour détruire cette belle harmonie, Iago entreprend un complot diabolique : il va faire croire que Desdémone, la tendre épouse d'Othello, trompe celui-ci avec Cassio. Hanté par la crainte de perdre l'amour de Desdémone, Othello devient *jaloux*.

Pour résumer, on est *envieux* du bonheur et des biens des autres ; on est *jaloux* des biens qu'on veut conserver. Je peux me sentir jaloux si mon voisin parle de trop près à ma femme, mais je peux ensuite me sentir envieux en m'apercevant que la sienne est très séduisante. (Je peux aussi me retirer dans le désert pour en finir avec toutes ces émotions pénibles.)

Bien sûr, jalousie et envie peuvent se confondre si le bien ou l'avantage sont communs à vous et à l'autre, qui devient alors un(e) rival(e). Par exemple, quand Adeline, six ans, est *envieuse* des cadeaux qu'a reçus sa petite sœur de trois ans, elle est en même temps *jalouse* de la part d'attention parentale qu'elle est en train de perdre, puisque le bien « attention parentale » est maintenant partagé entre deux enfants, alors qu'elle en détenait l'exclusivité. Certaines études ont montré que, dans 59 % des situations de jalousie, il y a aussi de l'envie. En revanche, la jalousie n'intervient que dans 11 % des situations d'envie[1]. Les frères de Joseph éprouvent d'ailleurs de l'envie pour toutes les supériorités de leur frère, mais aussi de la jalousie. (Joseph accapare un bien commun : l'affection de leur père, Jacob.)

Nous traiterons plus tard de la jalousie, cette émotion centrée sur le risque de la perte (en particulier dans le domaine amoureux). Intéressons-nous tout d'abord à l'envie.

Les trois visages de l'envie

N'existe-t-il pas différentes sortes d'envie ?
Céline, vingt-huit ans, raconte sa visite à une amie.

> *Je n'avais pas revu Marie depuis la fin de nos études. Je l'ai croisée par hasard, et elle m'a invitée à prendre le thé chez elle la semaine suivante. Je l'ai trouvée épanouie, l'air heureux, mère d'un petit garçon tout à fait charmant. Elle m'a raconté que sa vie a changé du jour où elle a rencontré son mari et qu'elle souhaitait que cela m'arrive aussi. D'ailleurs, ce fameux Marc est arrivé avant que je parte et il a parlé un peu avec nous. Il avait effectivement l'air d'un type très bien, drôle, détendu, très courtois, et en plus plutôt très beau. Avant son arrivée, Marie avait eu le temps de me dire qu'il réussit professionnellement, ce dont je pouvais me douter en voyant le luxe de leur intérieur. Tant de bonheur m'a totalement déprimée. Je suis revenue dans mon studio de célibataire en ruminant sur mon incapacité à être heureuse et à ne vivre que des histoires amoureuses qui tournent mal. Pourtant, j'aime bien Marie, et je sais que cela me ferait plaisir de la revoir, mais peut-être ailleurs que dans son nid conjugal. Le contraste avec ma vie est trop cruel.*

Céline éprouve effectivement de l'envie — souffrance causée par le bonheur d'autrui —, mais elle ne nourrit nulle animosité contre Marie. Le bonheur entrevu lui inspire plutôt des pensées dépressives, tournées contre elle-même et non contre son amie.

Céline souffre d'*envie dépressive* : elle n'en veut pas à son amie qui jouit d'avantages qu'elle n'a pas, mais à elle-même pour n'être pas capable d'en obtenir de semblables.

Revenons maintenant à une scène de la jeunesse de Bertrand, notre premier envieux.

> *Lorsque j'étais étudiant, je jouais assez souvent au tennis avec un ami. Un jour, quand je suis arrivé au club, je l'ai aperçu en conversation avec une très jolie fille que je ne connaissais pas, et qui appartenait à un milieu plus « bourgeois » que le mien. Je me suis senti instantanément très mal, plein de ressentiment. Je me suis approché d'eux et je me suis mêlé à la conversation. Sans m'en rendre compte, je n'ai pu m'empêcher de faire des plaisanteries un peu ironiques à l'égard de mon ami, en jouant au plus « dominant » des deux face à la fille. Plus tard, elle nous a quittés. Mon ami ne m'a pas fait de remarques, c'est un garçon très doux, qui ne se met jamais en colère. Mais il a joué la partie sans desserrer les dents. D'ailleurs, il m'a battu. Par la suite, il ne m'a plus jamais proposé de jouer au tennis, et quand je l'appelais il n'était jamais libre. Nous nous sommes perdus de vue. Le plus triste, c'est que je n'avais même pas l'intention de draguer cette fille. Mais simplement, le fait de le voir là souriant, à l'aise avec elle, alors que moi à l'époque j'étais assez maladroit avec ce genre de filles, cela m'était insupportable. Il fallait que cela cesse.*

L'envie de Bertrand est très différente de celle de Céline. Il souffre du bonheur de Patrick, mais, au lieu de se dire tristement qu'il n'est pas aussi à l'aise que son ami, il ressent aussitôt de l'agressivité contre lui et veut rétablir l'égalité entre eux en détruisant l'avantage de l'autre. Il s'agit d'*envie hostile*, celle qui nous fait haïr au moins quelques secondes celui qui nous surpasse dans un domaine.

Après ces deux tristes scènes, écoutons un témoignage plus positif. Alain, médecin, raconte son premier stage d'externe à l'hôpital.

> *Pendant les premières semaines, on se sent assez embarrassé devant les patients hospitalisés. On a l'impression de ne pas savoir leur poser les bonnes questions, de les importuner. Je me disais aussi qu'ils savaient bien que nous n'étions que des étudiants, à peine des médecins débutants. Et puis, je me souviens de Philippe, le chef de clinique (qui à l'époque me paraissait beaucoup plus vieux que nous, alors qu'aujourd'hui j'ai le double de l'âge qu'il avait). Il semblait toujours si posé, si calme. Il écoutait les malades avec attention, les examinait avec une sorte de respect dans son attitude, et puis, très vite, il prenait des décisions. Il répondait toujours aux questions, il savait rassurer, et les malades l'adoraient. Je me sentais tellement inférieur à lui que cela me consternait, j'avais l'impression qu'il appartenait à une sorte de race supérieure de laquelle j'étais très éloigné, et, en même temps, je souhaitais désespérément lui ressembler un jour. Je crois qu'il a été un modèle plus ou moins conscient. Si je suis considéré aujourd'hui comme un médecin honorable, c'est en partie à cette rencontre que je le dois.*

Cette fois-ci, Alain éprouve une *envie admirative*, qui, même si elle comporte une part de souffrance (consternation de ne pas se sentir à la hauteur), le pousse aussi dans une saine *émulation* à vouloir atteindre le même niveau d'excellence médicale que son chef de clinique.

Vous apprenez qu'un de vos collègues vient de bénéficier d'une promotion que vous espériez pour vous. Quelles peuvent être vos réactions ?

Bien sûr, nos réactions d'envie sont rarement pures, les trois formes d'envie peuvent se mêler ou même se succéder : à l'annonce de la nouvelle, vous éprouvez de l'envie hostile en vous voyant « dépassé » par votre collègue, puis

Type d'envie	Pensée envieuse	Comportement associé
Envie dépressive	« Hélas, ce n'est pas à moi que ça arrivera. »	Se mettre en retrait. Essayer de ne pas y penser.
Envie hostile	« Je ne peux pas supporter qu'on l'ait promu avant moi, ce nul. »	Dire du mal du collègue. Lui préparer une « peau de banane ».
Envie admirative/ émulative	« C'est normal qu'il ait été promu, il a travaillé dur. »	Le féliciter. Redoubler d'effort pour être promu.

vous arrivez à vous calmer en vous disant qu'après tout cette promotion est méritée, et allez le (la) féliciter. Ensuite, l'envie dépressive peut vous assaillir pendant le « pot » de promotion (surtout si vous avez le vin triste).

Enfin, vous pouvez aussi vous mettre à haïr durablement ce collègue, vous serez alors la proie de l'*envie maligne*.

L'envie peut d'ailleurs être centrée non plus sur un avantage particulier, mais sur la personne tout entière, à qui on en veut pour son bonheur trop visible (ou que l'envieux suppose).

Les mécanismes de l'envie

L'envie est donc une émotion complexe : elle suppose d'abord une *comparaison* entre sa situation et celle de l'autre, qui nous amène à constater notre infériorité au moins dans un domaine, et trouver cette infériorité non modifiable dans l'immédiat. Francesco Alberoni parle du *tourment de l'impuissance* de l'envieux[2]. Une fois notre désavantage personnel constaté, des pensées et des émotions variées peuvent se développer : tristesse, colère, émulation.

Notre réaction d'envie est d'autant plus forte que l'infériorité constatée appartient à un domaine important pour nous, que nous considérons comme essentiel à l'image que nous avons de nous et qui est donc une composante de notre *estime de soi*.

Nous n'éprouvons la morsure de l'envie que lorsque la supériorité de l'autre se manifeste dans un domaine que nous valorisons. Si, lycéen, je suis bien noté pour mes dons et ma passion pour les maths, il y a peu de chance que j'envie fortement un camarade très doué en lettres.

Si je n'aime pas le bateau et ai facilement le mal de mer, il est peu probable que je sois rongé d'envie parce qu'un ami est propriétaire d'un beau voilier. En revanche, si cet ami est également très heureux en ménage, alors que je vis une union difficile, peut-être éprouverai-je la morsure de l'envie en le voyant échanger des regards tendres avec son épouse.

Mon semblable, mon frère...

L'expérience de la vie quotidienne et les études menées par les psychologues confirment que nous avons tendance à envier les personnes assez proches de nous (frères et sœurs, amis, collègues, voisins) et ce pour deux raisons :

- d'abord, parce que cette proximité rend plus facile et plus fréquente la comparaison entre leurs avantages et les nôtres ;
- ensuite, parce que, appartenant à ces groupes, nous partageons en général la même vision de ce qui est important pour définir la valeur ou le statut d'un individu, et que les différences constatées sont vite des menaces pour l'estime de soi[3].

On envie donc le plus souvent « dans sa catégorie » : vous pouvez rester indifférent en pensant aux richesses d'un milliardaire connu, mais souffrir d'apprendre qu'un ami vient de faire une très bonne affaire. Une adolescente aura plus de risque d'éprouver du ressentiment envers « la plus belle de la classe » qu'envers une top model en vogue. Les enfants sont envieux de leurs petits camarades qu'ils rencontrent dans la cour de l'école, non des fils de milliardaires de la Silicon Valley.

Un papa raconte comment ses filles Adeline, six ans, et sa petite sœur Chloé, quatre ans, ont réagi lorsqu'on les a amenées au pied du sapin pour découvrir leurs cadeaux de Noël.

> *La plus petite, Chloé, était tout à l'émerveillement de déballer ses paquets et de découvrir les cadeaux. Pendant ce temps, Adeline déballait aussi les siens, mais en observant avec attention les cadeaux de sa petite sœur au fur et à mesure qu'ils apparaissaient. Je ne la sentais pas du tout joyeuse, mais tendue dans un effort de comparaison permanent. Et pourtant, nous essayons de ne pas susciter de jalousie entre elles. Mais avec Adeline, c'est très difficile.*

C'est sans doute un des aspects pénibles de l'envie : elle peut venir verser son venin au cœur de nos relations les plus intimes : frères et sœurs, amis, et même entre conjoints et parents, etc.

L'ENVIE ENTRE PARENTS ET ENFANTS

En tant que psychothérapeutes, nous avons souvent été frappés de découvrir combien des sentiments d'envie pouvaient ternir les relations parents-enfants.

Bien sûr, on comprend facilement que des enfants puissent être envieux de leurs parents, de leur pouvoir et de leur liberté d'adultes, et, tant qu'il s'agit d'envie émulative/admirative, c'est même une des composantes essentielles de l'éducation : l'enfant prend un parent comme modèle auquel il s'efforce de ressembler (jusqu'à parfois choisir la même profession).

Mais d'autres formes d'envie sont plus toxiques, comme nous le raconte Mathilde, trente-trois ans, en nous parlant de sa mère.

Ma mère était (et est encore) une très belle femme. Enfant, je me suis aperçue très tôt de l'attention qu'elle provoquait chez les hommes, et comme elle savait en jouer. Cela me désespérait car j'avais l'impression que je ne serais jamais aussi belle, je me trouvais une petite fille laide, et cela m'a d'ailleurs poussée à travailler beaucoup à l'école, car j'avais la certitude que je ne trouverais pas de mari. (Heureusement, mon père était très gentil avec moi.) À l'adolescence, c'est devenu pire, parce que je voyais que même les garçons que j'amenais à la maison étaient sensibles à la beauté de ma mère, et je lui en voulais terriblement, car elle en jouait (sans le reconnaître bien sûr). Mais, avec le temps, la balance de l'envie s'est inversée. J'ai commencé à plaire, pendant que ma mère s'angoissait de sa beauté qui passait. Aujourd'hui, c'est elle qui m'en veut, elle est devenue agressive à mon égard, et, comme par hasard, cela se manifeste surtout quand des hommes sont présents. Si j'ai une petite fille, j'espère que je ne répéterai pas cet enfer avec elle.

Mais il n'y a pas que les filles qui soient envieuses, écoutons Pascal nous parler des relations avec son père.

J'ai compris assez tard que mon père était envieux de moi. Déjà, dans mon enfance, chaque fois que je lui annonçais un succès scolaire, il ne manifestait aucun contentement particulier, et cela mefaisait souffrir. Plus tard, je le sentais nettement de mauvaise humeur quand j'avais des petites amies, dont il ne cessait de me dire du mal. Et puis, le jour où je lui ai annoncé que je venais d'être recruté pour mon premier job dans une grande entreprise prestigieuse, j'ai nettement vu son visage se crisper. Mais il s'est repris et il m'a félicité, assez froidement. Je comprends aujourd'hui d'où vient son envie : il est né dans un milieu modeste, il n'a pu faire d'études, il a commencé à travailler dès quatorze ans et il s'est élevé « à la force du poignet » en travaillant très dur. En fait, il supporte mal que j'aie pu profiter de tous les avantages que lui n'a jamais eus : la possibilité de faire des études, une vraie adolescence, une vie professionnelle d'emblée à un niveau de privilégié. D'un autre côté, je l'admire tout de même parce qu'il a accepté sans rechigner de payer pour mes longues études (poussé, il est vrai, par ma mère qui a toujours nourri pour moi des projets grandioses).

> On voit bien à quel point certains parents peuvent être ambivalents : vouloir donner à leurs enfants tout ce qu'ils n'ont pas eu et en même temps mal supporter de les voir en profiter.
> Mais, diront certains psychanalystes, tout cela n'est-il pas une manifestation du complexe d'Œdipe que Freud a décrit dès 1910 ? Nous reparlerons du complexe d'Œdipe, dans le chapitre consacré à la jalousie.

Les stratégies de l'envie

Cher lecteur, vous rencontrez un ancien camarade de jeunesse, et il vous invite à prendre un verre chez lui. Vous découvrez alors un magnifique appartement, qui témoigne d'une prospérité sans commune mesure avec celle dont vous jouissez. Chère lectrice, vous êtes invitée à une soirée où l'on se retrouve entre couples amis. Voici qu'un vieux copain présente sa nouvelle compagne, qui est belle comme le jour. Votre mari et les autres hommes présents arrivent avec plus ou moins de succès à ne pas trop montrer leur intérêt.

Dans ces deux cas, vous risquez d'éprouver la morsure de l'envie, cette douloureuse sensation qui nous étreint face à la supériorité évidente d'un autre, dans un domaine que nous percevons comme important. (Parfois involontairement : par exemple, on peut mener sa vie sans tenir compte des intérêts matériels, choisir son métier parce qu'il passionne et non pour les revenus qu'il procure et éprouver cependant contre son gré la morsure de l'envie face aux avantages d'un riche.)

La constatation de cet avantage, de cette supériorité même sectorielle, provoque un sentiment de dévalorisation et porte atteinte à notre estime de nous-même.

Or cette estime de nous-même est une composante vitale de notre identité que nous cherchons sans cesse à préserver ou à protéger. Quelles stratégies allons-nous adopter pour la ramener à son niveau habituel ?
En voici quelques-unes.

— *Dévaloriser l'avantage de l'autre.* Face à un appartement sublime, vous pouvez lui trouver quand même des inconvénients, ou, ce qui est plus efficace, considérer que tout ce luxe n'est que vanité, que vous ne seriez pas plus heureux en devenant son propriétaire. (Ce qui est peut-être vrai, comme nous le verrons à propos du rôle de la personnalité sur le bonheur.)

— *Trouver à l'autre des désavantages qui compensent son avantage,* cause d'envie. Il a certes un bel appartement, mais ses enfants lui donnent bien du souci, contrairement aux vôtres, qui sont de vrais petits anges. Elle est belle, mais elle n'est pas heureuse avec les hommes. Il a reçu cette promotion, mais cela lui impose des obligations épuisantes.

Ces deux manières de penser ont l'avantage de ne favoriser aucune hostilité envers l'autre, et de préserver à la fois la relation avec elle ou lui et votre bonne humeur, sans non plus trop distordre la réalité. Malheureusement, d'autres stratégies sont tout aussi naturelles.

— *Dévaloriser l'autre globalement.* Il a un bel appartement, mais c'est un « beauf » qui ne pense qu'au fric, voire un escroc ou un salaud. Elle est belle, mais bête, sale ou méchante. Il a obtenu une promotion, mais c'est un « magouilleur » incompétent.

— *Punir l'autre de son avantage.* Après qu'il vous a fait quelques confidences sur les juteuses activités qui lui ont permis d'acquérir son appartement, vous dénoncez anonymement votre camarade au fisc. Madame, vous faites tout pour faire exclure la belle fille du groupe, voire pour la faire rompre. Au travail, vous sabotez astucieusement le travail du promu. Dans certaines circonstances historiques, quelques-uns vont même jusqu'à détruire l'avantage de l'autre ou à lui ôter la vie sous couvert d'un prétexte politique en le dénonçant selon l'époque et le lieu comme résistant, collaborateur, ennemi de classe ou ami des rouges.

Ces actes plus ou moins agressifs sont d'autant plus faciles à commettre la tête haute que l'on y associe une autre manière de penser.

— *Dévaloriser le système qui a permis à l'autre de jouir de son avantage.* « Nous vivons dans une société pourrie qui permet aux affairistes de s'enrichir. » « La valorisation de la beauté est le produit du matraquage médiatique destiné à rendre les femmes incertaines de leur apparence pour qu'elles se ruinent en vêtements et cosmétiques. » « Les patrons préfèrent les soumis aux compétents. » Etc.

Reprenons une bouffée d'air frais. Comme vous le devinez, toutes ces stratégies pour gérer la morsure de l'envie n'ont pas le même effet sur votre humeur, votre relation aux autres, et probablement votre santé.

Toutefois, comment ne pas éprouver de l'envie hostile quand nous percevons l'avantage de l'autre comme venant d'une injustice ? L'hostilité ne serait-elle pas alors pleinement justifiée ?

Envie et sens de la justice

Certes, la promotion d'un collègue peut vous rendre envieux, mais qu'allez-vous ressentir si par la suite vous apprenez qu'il a été promu non en raison de ses performances au travail, mais parce qu'il est l'heureux époux de la fille du plus important client de la société où vous travaillez ? De même, qu'éprouverez-vous en découvrant que vos voisins, dont la maison beaucoup plus belle que la vôtre excitait déjà votre envie, ont acquis leur fortune en faisant travailler des enfants à vil prix dans des pays pauvres ?

Dans ce cas, votre envie hostile se mêle de *ressentiment*, c'est-à-dire une émotion proche de la colère, provoquée par une situation qui heurte votre sens de la justice. Mais la frontière est délicate à tracer, car nous avons souvent tendance à habiller notre envie hostile d'un désir de justice, attitude beaucoup plus noble.

> ## LE SENS DE LA JUSTICE
>
> Pour Freud, le sens de la justice ne serait que la transformation de l'envie et de la jalousie en sentiment social. Dans le groupe humain originel, les favorisés veillent jalousement sur leurs biens et empêchent les défavorisés d'y accéder, tandis que ceux-ci sont rongés par l'envie de se les approprier. Comme la vie du groupe devient intenable, on se met d'accord sur une certaine forme d'égalité et de justice[4].
>
> L'interprétation de Freud se rapproche étonnamment de celle des primatologues[5] et des psychologues évolutionnistes[6]. Selon eux, si nous avons développé un sens moral (déjà présent chez nos cousins primates), c'est parce que les groupes chez lesquels il est apparu ont mieux fonctionné et se sont reproduits avec plus de succès que ceux qui en étaient dépourvus. L'entraide et la répartition des biens même vers les plus faibles ont rendu la vie sociale moins agressive et ont favorisé le succès global du groupe. Car la sélection naturelle ne s'exerce pas que sur les individus, mais aussi sur les groupes.
>
> Le philosophe John Rawls consacre un chapitre à l'envie dans son ouvrage majeur, *Théorie de la justice*[7], et établit une distinction entre envie hostile et ressentiment.
>
> La majorité des gens cherchent plus ou moins consciemment à élever leur statut social, c'est-à-dire à accéder au mode de vie de la classe immédiatement supérieure. Si la société fournit des conditions propices à cette ascension, l'envie peut rester surtout émulatrice (je veux avoir une aussi belle maison que les Dupont !), ce qui est sans doute

l'émotion dominante des périodes de prospérité dans un système démocratique. Mais si les règles de la société rendent cette ascension trop difficile, voire impossible, l'envie peut devenir hostile, terreau propice à la naissance d'un mouvement révolutionnaire (brûlons la maison de ces exploiteurs de Dupont !). John Rawls dénonce cependant les conservateurs qui discréditent les mouvements sociaux en n'y voyant que des signes d'envie des défavorisés. S'il définit l'envie hostile comme une émotion mauvaise, il considère que le *ressentiment* provoqué par l'injustice est une émotion morale. Par ailleurs, il souligne que la justice (telle qu'il la décrit) est le moyen le plus essentiel de protéger l'*estime de soi* des citoyens.
Rawls pense toutefois que le désir d'égalité *absolue* est lié à l'envie maligne, et conduit d'ailleurs à des systèmes politiques brutaux et finalement inégalitaires.
On peut s'étonner en effet que des passionnés de justice décident parfois qu'ils ont le droit d'exercer un pouvoir absolu sur vous au nom, bizarrement, de l'égalité absolue entre les hommes, et s'empressent de vous exterminer s'ils vous soupçonnent de n'être pas d'accord. Dans *La Ferme des animaux*[8], métaphore de la révolution d'Octobre, George Orwell fait tenir ce discours aux cochons quand ils prennent le pouvoir : « Tous les animaux sont égaux, mais certains le sont plus que d'autres. »

Considérons l'envie de Morgan Leafy, héros tourmenté du roman de William Boyd, *Un Anglais sous les tropiques*. Morgan, modeste premier secrétaire au haut-commissariat britannique d'une obscure ville africaine, regarde avec envie le jeune et distingué Dalmire, qui vient lui annoncer ses fiançailles avec Priscilla, la fille du haut-commissaire, dont Morgan était amoureux. Contenant sa rage, Morgan ne peut s'empêcher de réfléchir à tout ce qui le sépare de Dalmire.

> Il *[Dalmire] n'était même pas particulièrement intelligent. En vérifiant ses résultats scolaires et universitaires dans son dossier, Morgan avait été surpris de les découvrir pires que*

les siens. Et pourtant, lui était allé à Oxford pendant que Morgan fréquentait un établissement de verre et de béton dans les Midlands. Il était déjà propriétaire d'une maison à Brighton — héritage d'une parente éloignée — alors que Morgan ne possédait que le demi-pavillon étriqué qu'occupait sa mère. Et il avait eu un poste à l'étranger dès le début de son stage, tandis que Morgan transpirait trois ans dans un bureau surchauffé près de Kingsway. Les parents de Dalmire vivaient dans le Gloucestershire, son père était lieutenant-colonel. Ceux de Morgan habitaient en banlieue, près de Feltham, et son père avait été dans la limonade à Heathrow... Et ainsi de suite. C'était trop injuste. Et maintenant Priscilla par-dessus le marché[9].

Dans cet exemple, envie hostile et ressentiment sont difficiles à distinguer. En effet, les avantages dont jouit le naïf Dalmire (études à Oxford, carrière, aisance financière et élégance de manières qui ont plu à Priscilla) viennent simplement de son origine sociale : il s'est donné la peine de naître. Ce qui est très injuste, du point de vue du système de valeurs de nos sociétés démocratiques où les avantages doivent surtout venir de l'effort et du travail, tandis que ceux qui sont issus de la naissance sont le résultat d'une injustice. Et, pour couronner le tout, Dalmire est beau et « racé », tandis que Morgan est massif et court sur pattes !

Toutefois, Morgan arrive à gérer son émotion : il est capable de dépasser son envie en se rappelant que Dalmire est un jeune homme plutôt gentil et naïf, qui a toujours été amical avec lui. Morgan vire plutôt à l'envie dépressive, qu'il tente d'apaiser ensuite par diverses aventures politico-sexuelles désopilantes qui forment la trame de cet extraordinaire roman.

Dans d'autres circonstances historiques et avec un autre tempérament, la répétition de telles situations d'injustice aurait peut-être poussé Morgan à suivre un mouvement politique ou même à en devenir le leader, et parfois pour le bien commun, par exemple en favorisant plus de justice sociale dans le système d'éducation britannique.

L'ENVIE DANS LA FICTION

Dans le film de Milos Forman, *Amadeus*, Antonio Salieri est un musicien célèbre, très en faveur à la cour de Vienne. Malheureusement, lorsqu'il entend le jeune Mozart jouer pour la première fois, il est assez lucide pour percevoir l'écrasante supériorité du jeune homme, en un mot son génie. Quelle injustice ! se dit-il, mordu par l'envie : alors que lui, Salieri, a consacré sa vie à célébrer par sa musique la gloire divine, voilà que le Seigneur donne le génie à une sorte de gamin irresponsable qui crée comme en se jouant. (*Amadeus* veut d'ailleurs dire « aimé de Dieu ».) Pendant tout le film, Salieri est partagé entre l'envie hostile, l'envie dépressive, l'admiration, et finalement le remords.
(Rendons justice au vrai Salieri : il n'y a aucune preuve historique qu'il ait jamais intrigué contre Mozart, et même s'il ne fut pas lui-même un génie, rappelons qu'il eut comme élèves Liszt, Schubert et Beethoven, ce qui n'est quand même pas si mal.)
Dans *Albertine disparue*, le narrateur encore jeune homme, en parcourant *Le Figaro* au petit déjeuner, découvre avec joie et stupéfaction un article signé par lui qu'il avait envoyé à la rédaction des semaines auparavant et qu'il n'espérait plus voir publié. Il est ensuite surpris de ne recevoir à cette occasion aucun signe de son camarade Bloch, lui aussi aspirant écrivain. Quelques années plus tard, Bloch publie lui-même un article dans *Le Figaro*. Devenant ainsi « à égalité » avec le narrateur, Bloch peut enfin lui parler : « L'envie qui lui avait fait feindre d'ignorer mon article cessant, comme un compresseur se soulève, il m'en parla, tout autrement qu'il désirait m'entendre parler du sien. "J'ai vu que toi aussi, me dit-il, tu avais fait un article. Mais je n'avais pas cru devoir t'en parler, craignant de t'être désagréable, car on ne doit pas parler à ses amis des choses humiliantes qui leur arrivent. Et c'en est une évidemment que d'écrire dans le journal du sabre et du goupillon, des five o'clock, sans oublier le bénitier." »

> Bloch utilise une stratégie qui accompagne souvent l'envie : dénigrer ou se moquer de l'avantage de l'autre, ce qui est un moyen à la fois de traduire notre animosité, de sauver la face, et de nous persuader nous-même que nous ne sommes pas si désavantagé.
> *Le Meilleur des mondes* est une société très inégalitaire : chacun se définit par rapport à sa classe sociale, alpha, bêta, gamma... qui correspond à son niveau d'intelligence prédéterminé par manipulation génétique. Pour supprimer l'envie, on a découvert un moyen radical : dès l'enfance, les futurs citoyens entendent des milliers de fois dans leur sommeil des phrases comme : « Je suis bien content d'être un bêta. Les alphas sont plus intelligents, mais ils ont tellement de travail ! Quant aux gammas, ils sont vraiment stupides. »

Les origines de l'envie

Il serait présomptueux de vouloir résumer la pensée de René Girard en un paragraphe, mais on peut rappeler que dans *La Violence et le Sacré*[9], il décrit l'envie comme née de l'admiration et de l'imitation. Nous désirons les mêmes objets que désirent ceux que nous admirons, sous l'effet du désir mimétique. D'où la violence puisque nous sommes plusieurs à vouloir nous approprier le même bien, et la nécessité d'instaurer des règles pour la contrôler.

Francesco Alberoni dans *Les Envieux* donne cependant deux exemples d'envie où n'intervient pas le désir mimétique[10] :

— il existe des admirations sans envie, comme celle qu'éprouvent les fans d'une idole ou les supporters d'un club de foot : les succès de leurs idoles les réjouissent et ne suscitent pas d'envie hostile ;

— à l'inverse, il existe des envies sans admiration : nous pouvons envier violemment quelqu'un que nous méprisons, par exemple un rival que nous considérons comme inférieur à nous mais qui vient d'emporter la victoire par des moyens illicites.

Enfin, d'un point de vue évolutionniste, nous n'apprenons pas simplement à désirer par imitation, certains désirs ont une origine innée et survivraient même en l'absence de compétition : par exemple, se retrouvant sur une île déserte avec une femme attirante, un homme la désirerait même en l'absence de concurrents.

À quoi sert l'envie ?

L'envie n'est pas classée parmi les émotions fondamentales : il n'existe pas d'expression faciale caractéristique, sans doute parce que, au cours de l'évolution, communiquer son état d'envie n'a jamais été un avantage. Mais elle nous est aussi indispensable que les autres émotions, et celles-ci nous ont sans doute été léguées par nos ancêtres hominiens.

En effet, dans un petit groupe, l'envie pousse à obtenir le statut et les avantages associés dont bénéficient déjà ceux qui sont les mieux pourvus[11]. Cette quête augmente vos chances de vous reproduire avec succès : plus de nourriture et plus de partenaires pour les hommes, des partenaires de meilleur statut, et donc plus protecteurs, pour les femmes. Vous pourrez ainsi donner la vie à beaucoup de petits envieux. On comprend que l'envie émulative (« Je veux plaire aux filles de la tribu en devenant un aussi bon chasseur que Houkr ») est plus bénéfique au groupe dans son ensemble que l'envie agressive (« Je vais supplanter ce prétentieux d'Houkr en lui fracassant la tête par surprise »). Dans le premier exemple, la tribu se retrouve pourvue d'un autre bon chasseur qui ramène plus de nourriture à la collectivité. Dans le second exemple, la tribu perd un guerrier-chasseur (voire deux, s'ils s'infligent des blessures mortelles), ce qui la rend plus vulnérable à la disette ou aux attaques des voisins. Cependant, même dans le premier cas, Houkr lui-même peut mal supporter de perdre son titre de meilleur chasseur et de voir l'attention des femmes se porter discrètement vers notre jeune héros. Il peut décider à son tour d'une confrontation violente. Nous verrons toutefois que la honte — la crainte de se dévaloriser aux yeux du groupe — pourra empêcher Houkr de commettre l'irréparable (mais peut-être pas d'administrer une bonne raclée à son concurrent). Cette version « masculine » (pour ne pas dire machiste) de l'envie devait trouver son équivalent chez les femmes : « Je veux attirer l'intérêt des hommes autant que cette chipie. »

Aujourd'hui, on peut retrouver les manifestations de l'envie dans le monde du travail, comme nous l'explique Henri, directeur des ressources humaines dans une grande entreprise d'informatique.

> *Dans une entreprise, l'envie est un des grands moteurs de la performance. Le meilleur exemple, ce sont les commerciaux : on compare et on affiche régulièrement leurs performances. Ceux qui ont fait le meilleur chiffre sont récompensés en public. Résultat : chacun pédale dur pour dépasser les autres ou garder sa place de premier. Voilà un aspect positif de l'envie pour l'entreprise. Malheureusement, je vois aussi beaucoup d'effets négatifs : des haines recuites entre collègues, des gens qui coulent volontairement un projet pour que d'autres ne réussissent pas et des envies sournoises entre chefs et collaborateurs. C'est aussi le rôle de la direction d'une entreprise que de diminuer les causes d'envie et de ressentiment en instituant les règles les plus claires et les plus équitables possibles concernant les salaires et les promotions. Ah, j'oubliais un effet classique de l'envie : souvent quand une femme est promue on l'accuse d'avoir « couché », ce qui est bien sûr un moyen pour les non-promus de transformer leur envie hostile (inavouable) en ressentiment (juste et bon).*
> [Henri a lu John Rawls.]

L'envie fait même une apparition inattendue dans les « affaires », comme nous l'explique Georges, avocat pénaliste.

> *Quand j'ai débuté, j'avais du mal à comprendre le comportement de certains de mes clients. Comment des hommes d'affaires*

> *expérimentés, déjà riches, entourés d'excellents experts, avaient-ils pu se lancer dans de douteuses combinaisons, avec un risque important d'être découverts, pour un gain possible finalement pas si important au regard de leur fortune déjà considérable ? Finalement, en les écoutant, j'ai compris. Très souvent, c'est l'envie qui pousse à commettre ce genre d'erreur. Quand ils voient une occasion de faire de l'argent, même si c'est risqué, ils s'y précipitent parce qu'ils ne supporteraient pas qu'un autre puisse en profiter. Finalement, même devenu P-DG, on n'arrive pas à se débarrasser des émotions de la cour de récréation.*

On peut aussi remarquer que c'est cette même envie, mais cette fois en respectant la loi, qui a poussé d'autres hommes à l'emporter dans la compétition des affaires, du sport ou de la science et à entraîner leurs équipes dans de belles réussites. Ces équipes auront d'ailleurs davantage de chances de rester solidaires si promotions et récompenses sont réparties en respectant au mieux des principes de justice, afin d'éviter l'envie au sein du groupe.

L'envie n'est donc pas un mal en soi, dans ses formes émulatives et admiratives. Elle peut au contraire vous amener à vous dépasser, et cet aiguillon a des chances de constituer un bienfait, non seulement pour vous si vous appréciez l'effort et l'activité, mais pour la société dans son ensemble, à condition que vous en respectiez les règles.

Mieux gérer son envie

> *Au reste, il n'y a aucun vice qui nuise tant à la félicité des hommes que l'envie.*
> René DESCARTES.

Nous avons vu les avantages de l'envie émulative, mais l'envie dépressive peut vous faire souffrir à l'excès et vous paralyser.

Quant à l'envie hostile, elle risque de devenir un tourment cuisant si vous n'arrivez pas à la contrôler. Vous risquez, de plus, d'empoisonner durablement vos relations avec vos proches, en famille, dans l'amitié ou au travail.
Voici donc quelques conseils pour vous aider à domestiquer cette émotion inévitable.

Reconnaissez que vous êtes envieux

Ce conseil vaut pour toutes les émotions, mais il s'applique particulièrement à l'envie, que nous avons tendance à nous cacher à nous-même.
Écoutons le témoignage de Philippe.

> *Un jour, nous avons été invités par un ami, qui venait de s'acheter un bateau. J'ai moi-même fait beaucoup de voile dans ma jeunesse, mais je n'aurais pas les moyens de m'acheter le bateau de mes rêves. Or justement, lui, c'est ce qu'il venait de faire ! Incrédule, nous nous sommes retrouvés avec d'autres couples amis sur le pont d'un magnifique* Swann *de soixante pieds. Il nous l'a fait visiter, nous vantant tous les avantages et les perfectionnements, et, jusque-là, j'ai joué le jeu de l'ami admiratif et je l'ai félicité de son choix. Ensuite, nous sommes passés à table. Nous étions plusieurs couples. La conversation est alors venue sur la guerre de Bosnie, qui commençait à l'époque, et nous avions des opinions différentes, moi en faveur d'une intervention européenne musclée, lui pour une attitude de réserve. Jusque-là, rien que de très normal, mais je me suis emporté en l'accusant de lâcheté, d'être un descendant des Munichois, et d'autres accusations à la limite de l'insulte. Je me suis arrêté, trop tard, en voyant le regard que m'adressait ma femme. Et puis j'ai compris que j'étais tenaillé par l'envie dès que j'avais vu ce bateau et qu'elle était sortie sous la forme de cette colère politique.*

Philippe s'est fait « piéger » par l'envie, qu'il avait pourtant réussi à contenir jusqu'à ce moment fatal du déjeuner. Un psychanalyste dirait que, pendant la visite du bateau, il a utilisé deux mécanismes de défense : le *refoulement*, en chassant l'envie de sa conscience, et la *formation réactionnelle* en jouant l'admiration et l'enthousiasme, attitude inverse de son animosité inconsciente.

Pourquoi une telle mise en branle des mécanismes de défense, alors qu'il aurait été plus efficace de prendre conscience de son envie ? Parce que l'envie nous rappelle que nous sommes en position d'infériorité, atteinte à notre estime de soi que nous supportons mal. Et aussi parce que l'envie est une émotion honteuse, celle du « mauvais joueur », de l'« aigri ». L'éprouver atteint aussi notre amour-propre.

Au contraire, admettez que l'envie est naturelle, comme toutes les émotions, et que la morsure de l'envie fait partie des aléas de l'existence. Ne vous sentez ni coupable ni honteux de l'éprouver. N'oubliez pas que la part noble de l'envie — l'envie émulative — vous a sans doute aidé à vous épanouir, il faut donc que vous acceptiez les composantes moins nobles : envie hostile et envie dépressive.

La morsure de l'envie est une réaction involontaire, dont vous n'avez pas à vous défendre ou à vous accuser ; en revanche, vous avez une certaine responsabilité sur la manière de la gérer par la suite.

Si Philippe, en découvrant ce magnifique bateau, avait mieux été à l'écoute de ses propres émotions, il aurait pu se dire quelque chose comme : « Quel bateau ! J'en crève d'envie, et je lui en veux d'un tel bonheur. Mais justement, attention, ne nous laissons pas emporter par l'émotion. » Pour ne pas se laisser déborder par son envie, il aurait alors pu employer un des moyens suivants.

Exprimez votre envie positivement ou tenez-la secrète

Le conseil peut paraître paradoxal : exprimer une émotion aussi négative que l'envie ? Se faire remarquer comme un aigri ou un haineux ?

Non, bien sûr. Exprimez votre envie sous une forme positive, c'est-à-dire avec humour, si vous le pouvez. Voici quelques exemples de phrases que nous avons entendu prononcer par des gens qui savent gérer leur envie.

« Bravo, ce bateau — cet appartement — cette promotion — va faire beaucoup d'envieux. Moi par exemple. »

« J'aime beaucoup ce qui t'arrive, mais j'aurais encore mieux aimé que ça m'arrive à moi ! »

« Ne recommence pas ça tous les jours, autrement on aura du mal à rester ami(e)s ! »

« Heureusement que je ne suis pas envieux, parce que, si je l'étais, ça me ferait mal ! Aie ! »

Si vous n'êtes pas doué(e) pour l'humour, nul ne peut vous le reprocher, contentez-vous de ne pas exprimer votre envie, sans vous la cacher à vous-même. Il vous reste encore d'autres moyens de la gérer.

Examinez vos pensées d'infériorité

La morsure de l'envie survient souvent quand nous prenons conscience de notre infériorité au moins temporaire par rapport à l'autre. Cette émotion est d'autant plus forte que la morsure vient de « réveiller » un ensemble de pensées dévalorisantes à l'égard de nous-même, qui jusqu'alors étaient restées en sommeil, mais toujours prêtes à se manifester dès que nous rencontrons une situation d'échec dans certains domaines particuliers.

Cette douleur peut vite se transformer en réaction hostile : nous en voulons aux autres de nous avoir mis dans cette position inconfortable. L'hostilité sert aussi à « colmater » notre sentiment d'infériorité.

Écoutons Marie, trente-deux ans, qui a réussi à gérer son envie.

> *Je suis considérée comme quelqu'un de gai et de plein d'entrain. C'est d'ailleurs vrai la plupart du temps. Et puis, l'autre jour, avec des amies, nous avons décidé de faire une expérience : aller ensemble au hammam, dont nous avions entendu dire beaucoup de bien. Nous voilà, toutes contentes de nous rencontrer à l'entrée de ce lieu exotique. Plus tard, quand nous nous sommes retrouvées nues, mon moral s'est*

effondré. Les trois amies qui étaient là sont très bien faites, minces, avec des corps à faire rêver les hommes. Moi, je suis et j'ai toujours été ce qu'on appelle un peu boulotte. J'ai dû lutter pour ne pas révéler ma peine, pour ne pas montrer que je leur en voulais, avec leurs airs de reines, leur aisance dans la nudité. J'ai été surprise par la violence de mon émotion, parce que, après tout, nous ne sommes pas en compétition, nous sommes toutes mariées et fidèles. De plus, mon mari m'a dit qu'il a toujours aimé les femmes bien en chair (c'est vrai, je connais ses ex). Mais j'ai compris que cette vision avait réveillé en moi toutes les souffrances de mon adolescence, l'époque où je ne plaisais pas, où j'ai même essuyé certains quolibets et où je vivais mes rondeurs comme une infériorité accablante au milieu des filles minces qui plaisaient aux garçons. J'ai pris conscience que tout venait de là, mais que ça ne correspondait plus à la situation actuelle, et ça m'a calmée. Toutefois, je ne retournerai pas au hammam.

Les pensées de Marie au hammam sont en fait celles de son adolescence. C'est parce qu'elle a la capacité de les examiner et de les considérer comme telles qu'elle arrive à calmer son envie dépressive et hostile : ne plus en vouloir à ses amies, et se rappeler qu'elle n'est plus aujourd'hui dans la même position d'infériorité.

Toutefois, sa remarque finale nous rappelle que la morsure de l'envie est toujours prompte à ressurgir, et qu'il vaut mieux parfois éviter les situations qui nous rappellent les blessures de notre enfance ou de notre jeunesse, quelle que soit notre situation actuelle.

Dans toute situation d'envie, recherchez et examinez ces pensées d'infériorité, souvent liées à des souvenirs, au lieu de vous les masquer par une réaction agressive.

Relativisez les avantages de l'autre

Ce conseil rappelle les deux premières manières de penser décrites plus haut.

On pourrait les interpréter comme une tentative mesquine pour se masquer la réalité. En fait, elles n'en sont pas si loin. Car la grande question, derrière la supériorité objective de l'autre dans tel ou tel domaine, est celle de son bonheur. Grâce à son avantage que vous remarquez, est-il(elle) plus heureux(se) que vous ?

Pour reprendre l'exemple du bateau, un dicton connu des plaisanciers affirme : « Les deux plus beaux jours de la vie d'un propriétaire de bateau, c'est celui où il l'achète et celui où il le revend ! » Cette phrase témoigne à la fois que le bonheur sous sa forme de joie survient surtout lors d'un changement d'état (« Chic, il est à moi ! »), mais qu'il tend à s'atténuer ensuite sous l'effet de l'habitude et des contraintes associées (« La barbe, il faut s'occuper des réparations, et puis on n'a jamais le temps de s'en servir, et quand on prend la mer, il ne fait pas beau »). On pourrait appliquer un peu cruellement au mariage ce dicton sur les deux plus beaux jours, mais il existe des mariages heureux.

Votre ami(e) n'est donc sans doute pas aussi heureux(se) que vous le pensez de son avantage sur vous. Comme le dit La Rochefoucauld, il (ou elle) « serait cruellement touché de le perdre, mais n'est plus sensible au plaisir de le posséder ».

Si vous en doutez, songez à un de vos avantages que certaines personnes pourraient vous envier. Est-ce que sa possession vous fait jubiler tous les matins en vous levant ?

Les effets de l'habitude sont particulièrement atténuateurs (nous en reparlerons à propos de la joie et du bonheur). Pour avoir eu l'occasion de traiter des patients appartenant à tous les milieux, nous avons toujours été surpris de voir comme chacun se recrée sa vision du bonheur ou du malheur à son niveau, c'est-à-dire en se réjouissant ou en s'affligeant de ce qu'il peut raisonnablement espérer acquérir (un yatch de trente mètres ou une planche à voile) ou risquer de perdre (un empire industriel ou son cabanon de jardin). Nous verrons toutefois qu'à un certain niveau de pauvreté (surtout dans une société prospère) être heureux est quasiment impossible.

Les magazines *people* jouent sur ces deux mécanismes : ils excitent notre envie en nous montrant la vie de rêve des stars et des princesses, mais nous rappellent aussitôt qu'ils ne sont pas si heureux : ils souffrent eux aussi d'échecs (à leur niveau), de ruptures, de deuils, de maladies.

En lisant le chapitre sur la joie et le bonheur, vous comprendrez que le seul avantage dont on puisse être réellement envieux, c'est d'être doté d'une personnalité douée pour le bonheur ! Et pourtant, ce sujet d'envie est l'un des moins fréquents.

Examinez vos éventuelles pensées de supériorité

Alberoni fait remarquer que l'envie est parfois « l'expiation de l'orgueil ». C'est surtout vrai de l'envie hostile et du ressentiment. Nous en voulons d'autant plus à l'autre de son avantage que nous pensons le mériter plus que lui.

Écoutons Bertrand, notre envieux du début, parler de sa psychothérapie.

> *En fait, j'ai compris que mon envie avait un certain rapport avec une assez haute idée de moi. Assez jeune, j'ai saisi que j'avais pas mal de capacités, scolaires, sportives, et en plus j'étais populaire. J'ai donc eu très tôt de grandes ambitions, on pourrait même dire des rêves de grandeur. Aujourd'hui, quand je vois que certains les ont réalisés, ces rêves, et pas moi, j'ai souvent une réaction un peu primaire en me demandant : « Mais qu'est-ce que ce type a de plus que moi ? » Et c'est encore pire quand c'est quelqu'un que je connais et dont je sais la médiocrité. En fait, sans doute pas si médiocre que je le crois, puisque lui a su au moins profiter de la chance, ou avoir des initiatives que je n'ai pas eues. Je découvre que, pour être moins envieux, il faut que j'accepte de n'être peut-être pas aussi fort que je le pensais.*

Bertrand est en train d'apprendre à éviter de devenir ce qu'on appelle un « aigri », c'est-à-dire souvent un envieux qui trouve qu'il a été traité injustement par la vie.

Il serait toutefois absurde de prétendre que la vie est juste, que le succès va toujours à ceux qui le méritent. Pour supporter l'injustice sans envie, nous vous conseillons de faire un tour parmi les philosophes stoïciens que nous citons à propos de la joie et de la tristesse.

Contribuez à rendre le monde plus juste

L'envie hostile sous la forme du ressentiment est le résultat d'une injustice. C'est une émotion douloureuse pour celui qui l'éprouve et dangereuse pour celui qui la provoque. Trop de ressentiment peut menacer la stabilité d'une amitié, d'une famille, d'une entreprise ou d'une société.

Francesco Alberoni fait remarquer que le sport et la recherche scientifique sont deux domaines où, bien que la compétition soit féroce, le ressentiment est plus rare qu'ailleurs, parce que les règles du jeu et de la victoire sont considérées comme claires et justes par l'ensemble des participants.

Chacun à notre niveau, nous pouvons contribuer à rendre le monde plus juste, pour nous-même ou pour les autres. Veiller à ne pas défavoriser un enfant par rapport à ses frères et sœurs, aider des enfants à résoudre un conflit selon des principes d'équité, s'élever contre une sanction imméritée, que ce soit à l'école ou au travail, donner l'exemple par des décisions équitables, voilà des gestes simples qui peuvent diminuer le niveau de ressentiment autour de nous.

N'excitez pas l'envie des autres

La morsure de l'envie n'est pas une sensation agréable. Soyez donc attentif à ne pas la provoquer inutilement chez les autres. Il ne s'agit pas de masquer sans cesse ses avantages, ce qui confinerait à l'hypocrisie, mais simplement de ne pas trop les exhiber, comme l'a fait Joseph devant ses frères, ni d'afficher trop de joie quand les autres n'ont pas de raison d'en éprouver.

Nous découvrons très tôt l'utilité de ne pas trop provoquer l'envie des autres. Selon une étude, quand l'ordinateur annonce à un étudiant — parmi d'autres étudiants confrontés à une suite de problèmes de maths, chacun face à un écran d'ordinateur — qu'il vient de surpasser les autres, il exprime beaucoup moins sa joie si ses camarades sont dans la même salle, que s'il est seul face à son écran[12]. N'oubliez pas cette sagesse précoce.

Mieux gérer son envie

À faire	À éviter
Reconnaissez que vous êtes envieux	Se masquer son envie
Exprimez votre envie positivement ou tenez-la secrète	Exprimer son envie de manière hostile
Examinez vos pensées d'infériorité	S'accabler soi-même ou agresser l'autre
Relativisez les avantages de l'autre	S'exagérer son bonheur
Examinez vos pensées de supériorité	Ruminer son ressentiment
Contribuez à un monde plus juste	Laisser se développer le ressentiment autour de soi
Évitez de provoquer l'envie chez les autres	Faire étalage de ses supériorités ou de sa joie

Chapitre 4

Joie, bonne humeur, bonheur, etc.

> *Y a d' la joie ! Bonjour, bonjour les hirondelles.*
> *Y a d' la joie ! Dans le ciel par-dessus les toits...*
> Charles TRÉNET.

LA JOIE est une émotion capitale. Pourtant, elle a été, si l'on peut dire, tristement négligée. Une étude récente montre que la recherche en psychologie a produit dix-sept fois plus de publications sur la tristesse, la peur, la colère, la jalousie et autres émotions négatives que sur la joie et les émotions positives[1] !

Nous allons tenter d'inverser cette tendance en commençant par quelques témoignages de joie, qui permettront de mieux comprendre ses différentes manifestations.

Christian, quarante-trois ans :

> *Je me souviens bien d'une des grandes joies de mon jeune âge. C'était le printemps, nous jouions avec le club de mon*

lycée la finale du championnat de rugby de notre académie. Toutes nos familles et nos copains étaient là, dans les tribunes remplies comme jamais, et, surtout, tous les élèves du lycée venus nous encourager, avec nos petites amies ou celles dont nous aurions aimé qu'elles le deviennent... Nous avions la peur au ventre, l'impression que nos adversaires, précédés d'une réputation redoutable, étaient deux fois plus grands et plus gros que nous. Je me souviens qu'au coup d'envoi je tremblais comme une feuille, et je sentais mon cœur battre jusque dans mes tempes. Ça m'ennuyait, parce que j'étais le capitaine. J'avais peur que mes coéquipiers le remarquent. À la première mêlée, nos avants ont reculé de dix mètres, il y a eu bagarre générale, l'arbitre m'a appelé pour que je calme mes troupes. Ça commençait aussi mal que possible ! Peu à peu, nous avons réussi à prendre l'ascendant sur nos adversaires. En seconde mi-temps, j'ai marqué un essai, mais je n'ai même pas été heureux, je me suis juste senti satisfait et réconforté. J'ai juste serré le poing et exhorté mes partenaires. Au coup de sifflet final, quand j'ai compris que nous avions gagné, j'ai su ce que voulait dire « fou de joie » : j'ai regardé mon copain le plus proche pendant une seconde les yeux exorbités en hurlant, puis nous nous sommes jetés dans les bras l'un de l'autre en sautant en l'air. Sur le terrain, c'était la folie : certains se roulaient par terre, d'autres étaient à genoux, à la fin nous courions tous les uns après les autres pour nous embrasser. Puis le public a envahi le terrain. Nous étions transportés de joie. Je n'ai jamais rien vécu de semblable depuis. Même le lendemain, quand je me suis réveillé, j'étais heureux, mais pas de la même façon : c'était dans ma tête, ce n'était plus dans mon corps.

On reconnaît sans peine la joie de la victoire, émotion aussi ancienne que l'humanité, et souvent éprouvée par un groupe tout entier. On pourrait en écrire l'histoire, de la joie des chasseurs-cueilleurs autour de leur première antilope (en fait, il semblerait que l'essentiel de la ration alimentaire de la plupart des peuples chasseurs-cueilleurs soit venue de la cueillette, habituellement effectuée par... les femmes²) jusqu'à la joie des supporters après le match. Enfin, même si, le lendemain, Christian se sent toujours heureux, ce n'est plus de la joie, car il manque à son état des manifestations physiques, nécessaires pour correspondre à la définition d'une émotion.

Pierre, trente-quatre ans :

> *Ma plus grande joie ? C'est la naissance de mon premier fils, Olivier. Je venais d'assister à l'accouchement, dans un état un peu second : j'étais fasciné et ému, mais aussi un peu inquiet tout de même. Quand la sage-femme a posé le nouveau-né dans mes bras, je me suis senti tout à coup très calme, attendri, serein. Je me suis dit : « Voilà mon fils. » Le vrai sentiment de bonheur m'est tombé dessus dix minutes plus tard : je marchais, pour aller je ne sais plus où, dans les couloirs déserts de ce très grand hôpital pédiatrique parisien (il était trois heures du matin) et je me suis senti envahi par une onde de bonheur, une vague terrible de joie. Je me suis répété en boucle : « Tu es papa, tu as un fils, tu as donné la vie », jusqu'à ne plus rien avoir d'autre en tête. En même temps, j'ai commencé à courir sans raison, à faire des sauts en l'air, avec l'envie de crier. Si j'avais croisé quelqu'un, je l'aurais embrassé instantanément. J'avais besoin de communiquer ma joie au genre humain.*

Ces deux témoignages peuvent vous émouvoir ou vous évoquer des souvenirs personnels, mais ils peuvent aussi vous rappeler le point de vue des psychologues évolutionnistes qui considèrent que les émotions les plus fortes se déclenchent dans les situations à enjeu de survie ou de reproduction comme lorsqu'on vient de triompher du camp adverse ou qu'on réalise que l'on a réussi à transmettre ses gènes !

Michel, au-delà de la victoire ou de la défaite :

> *Une de mes plus grandes joies ? C'est assez difficile à expliquer. C'était pendant une expédition humanitaire dans l'ex-Yougoslavie. Notre convoi avait été arrêté par la nuit et nous avions dû camper près d'un camp de Casques bleus. Je me suis levé avant l'aube, et je suis monté prendre le café avec les militaires qui avaient établi un poste*

> *d'observation en haut d'une colline. En chemin, j'ai fait halte, la pente était raide, j'ai regardé le soleil se lever sur les montagnes et les forêts alentour. La brume s'est lentement levée, j'ai vu se dévoiler un paysage magnifique, j'ai ressenti une impression de beauté exaltante, je me suis senti intensément un habitant de ce monde, et je me suis retenu de ne pas crier ma joie. Je n'ai jamais ressenti ça au cours d'autres voyages, même face à des paysages plus spectaculaires comme en montagne. Des amis à qui j'en ai parlé m'on dit que l'intensité de ma joie venait peut-être du contraste avec les horreurs au milieu desquelles j'avais voyagé la veille.*

L'interprétation des amis de Michel est intéressante. Des chercheurs ont montré que nos émotions sont d'autant plus fortes que notre corps se trouve déjà à un fort niveau d'excitation physiologique. « Nous sommes émus parce que notre corps est ému. » Michel est déjà sous tension du fait de ce qu'il a vécu la veille et de son escalade de la colline. Sur ce corps déjà activé, la joie est d'autant plus forte. Mais pourquoi éprouver de la joie face à un paysage ? Les évolutionnistes, encore eux, nous diront que la joie éprouvée en contemplant la nature est sans doute programmée dans nos gènes, car ceux qui étaient pourvus de potentiel d'exaltation ont ainsi bénéficié d'un fort soutien émotionnel pour survivre dans un environnement souvent éprouvant. Toutefois, on ne peut nier les influences culturelles : Michel appartient à une famille où l'on apprend très tôt à apprécier les beautés de la nature.

Lise, quarante-deux ans, journaliste :

> *Un de mes souvenirs de joie les plus intenses ? Je ne sais pas si c'est exactement de la joie, mais ce sont mes premiers mois comme journaliste dans un quotidien régional. Comme ce n'était pas un grand journal, personne n'était vraiment spécialisé, et, même en tant que débutante, je pouvais m'occuper de sujets très différents, du festival culturel à la foire aux bestiaux. Je parcourais toute la région aussi bien pour aller interviewer des agriculteurs sur leur tracteur que des conservateurs de musée, sans compter la fête de la brebis ou la réunion des anciens combattants. Je*

me levais tous les matins dans un état d'excitation incroyable, « dopée » par la perspective de ce que j'allais découvrir, ravie de la nouveauté et de la variété de mon nouveau métier. Depuis, j'ai progressé dans ma carrière, je travaille aux pages « culture » d'un grand journal national, mais je n'ai jamais retrouvé cette jubilation des débuts.

La joie que décrit Lise est une émotion particulière que les chercheurs nomment « excitation-intérêt ». C'est une émotion qui nous pousse à explorer un environnement nouveau. Cette émotion est particulièrement intense chez les enfants et les jeunes. Elle leur permet de vaincre leur peur, émotion rivale face à la nouveauté. Si vous emmenez un jour pour la première fois de jeunes enfants à Euro-Dysney ou dans un parc d'attractions du même genre, vous aurez des chances d'assister en direct à ce type d'émotion et aux comportements exploratoires qui vont avec... Adultes, nous pouvons éprouver encore de l'« excitation-intérêt » en ayant la chance d'avoir un métier ou un hobby stimulant. Nous verrons toutefois que certaines personnalités apprécient cette émotion plus que d'autres.

Toutes ces joies qu'éprouvent nos témoins sont différentes, mais elles ont bien les caractéristiques d'une émotion : une expérience à fois mentale et physique intense, en réaction à un événement, et de durée limitée même si elle est renouvelable.

Si la joie fait partie des émotions fondamentales pour tous les chercheurs, elle est à l'évidence apparentée à la grande famille de la bonne humeur et du bonheur, qu'il nous faudra donc aborder ensuite.

Le visage de la joie : vrai et faux sourire

Savez-vous reconnaître un sourire sincère d'un sourire qui ne l'est pas ? Cette compétence utile vous permet de savoir si quelqu'un est réellement joyeux de vous rencontrer. Dans un vrai sourire, les yeux sont aussi impliqués, en particulier au niveau de la « patte d'oie ». À quoi tient cette nuance entre sincérité et simulation ? À un muscle superficiel, l'orbiculaire, qui entoure votre globe oculaire et qui se met en action sous l'effet d'une joie sincère.

Cette différence entre ces deux types de sourire a été remarquée pour la première fois par un médecin français du XIXᵉ siècle, Duchenne de Boulogne (1806-1875), qui se trouve aussi être celui qui a diagnostiqué le premier la myopathie (dystrophie musculaire progressive). En plus d'être un bon clinicien, Duchenne associa deux inventions de son siècle, la photographie et l'électricité : en déplaçant des électrodes sur le visage d'un sujet consentant, il dressa une véritable cartographie des différentes expressions humaines selon les muscles impliqués[3]. Darwin publia ses photographies et le cita abondamment dans son livre sur les émotions. En hommage à Duchenne, Paul Ekman, chef de file actuel de la recherche sur les émotions, propose d'appeler le vrai sourire de joie le « sourire de Duchenne » (« Duchenne smile »)

Attention, l'orbiculaire ne se contracte pas complètement lors d'un sourire sincère, mais seulement sa partie externe, qui en même temps abaisse les sourcils. Le simple fait de « plisser les yeux » en souriant ne suffit pas pour obtenir un sourire sincère. Nous pouvons ainsi différencier trois types d'acteurs ou d'hommes politiques selon la qualité de leur sourire.

Ces différences subtiles entre ces trois sourires s'observent également chez les enfants : ils sourient « à la Duchenne » quand ils retrouvent leur parents, mais adressent des sourires « vides » ou « faux » à un étranger[4]. De même, la différence entre la survenue de vrais ou de faux sourires entre deux conjoints qui se retrouvent serait un bon indicateur de leur bonheur conjugal général[5]. Mais il peut aussi être un signal d'alarme pour un conjoint attentif, comme l'explique Marie-Pierre.

Mauvais comédien ou homme politique non formé en démocratie « Sourire vide »	Bon comédien et homme politique habile « Sourire faux »	Excellent comédien ou vrai joyeux luron « Sourire de Duchenne »
Sourit avec juste le zygomatique. Les yeux restent impassibles.	Contracte son zygomatique et tout son orbiculaire. « Plisse » les yeux.	Contracte son zygomatique et la partie externe de l'orbiculaire. Ses yeux « sourient ».
Slobodan Milosevic	Richard Nixon	Bill Clinton

Mon mari est quelqu'un de très contrôlé, qui exprime peu ses émotions, ou plutôt qui les masque derrière un calme et une amabilité presque permanents. On peut trouver cela merveilleux, et beaucoup de mes amies m'envient (certaines le regardent d'ailleurs avec un intérêt que je trouve suspect !). Mais c'est aussi frustrant, car j'ai souvent l'impression que c'est un obstacle à notre intimité, qu'il ne se révèle jamais vraiment. Avec le temps j'arrive à mieux le deviner, en particulier quand il sourit. Je ne sais pas comment le définir, je vois la différence entre son sourire quand il est vraiment content et son sourire quand il essaie de me cacher un souci.

La joie ne s'affiche pas seulement dans le sourire. Les très jeunes enfants adoptent, lorsqu'ils sont de bonne humeur, une démarche sautillante caractéristique de leur état de bien-être. Un papa de nos amis nous racontait récemment que sa plus jeune fille, Céleste, âgée de trois ans, était tombée malade et, comme souvent chez les enfants de son âge, était devenue très « grognonne » pendant plusieurs jours. Un des premiers signes tangibles de sa guérison avait été le retour du sautillement déambulatoire… Chez les adultes, il y a bien sûr le sourire béat, les chantonnements sous la douche ou en marchant. Et, dans les cas extrêmes, les larmes.

Pleurer de joie

Le 8 novembre 2000, dans le grand hall de l'hôtel Hyatt à New York, Bill Clinton fête avec sa femme Hillary la victoire de celle-ci aux élections sénatoriales, devant une foule de supporters enthousiastes. Le moment est on ne peut plus joyeux, et pourtant que voit-on sur tous les écrans de toutes les télévisions du monde ? L'Homme le Plus Puissant du Monde essuie une larme. Cela nous rappelle aussitôt d'autres larmes, celles des sportifs qui viennent d'emporter une victoire et dont nous voyons les yeux humides tandis que retentit l'hymne national.

Et ces pleurs de joie ne datent pas de l'invention de la télévision, puisque Darwin, écoutant au coin du feu les récits de ses amis voyageurs, apprend avec intérêt que les larmes coulent dans les grands moments de joie chez les Indous, les Chinois, les Malais, les Dayaks, les aborigènes d'Australie, les Kafirs, les Hottentots, les Indiens du Canada, dressant ainsi une carte joyeuse et lacrymale de l'Empire britannique à l'époque où le soleil ne s'y couchait jamais[6].

Aujourd'hui, tous ces peuples pourraient être soupçonnés d'avoir appris à pleurer de joie en regardant *La Petite Maison dans la prairie* ou *L'Homme qui parlait à l'oreille des chevaux*. À l'inverse, on pourrait expliquer le succès mondial de ces fictions américaines par leur capacité à faire appel aux émotions les plus universelles des êtres humains, car innées.

Et vous-même, cher lecteur, lorsque le petit Babe, dans *Le Cochon qui voulait devenir berger* (1995), arrive, après bien des obstacles et des souffrances, à gagner avec son maître le concours de dressage de chiens de berger, et qu'ils restent tous les deux immobiles au milieu de l'immense pelouse, transis de bonheur sous les acclamations de la foule déchaînée, ne vous est-il pas arrivé d'essuyer une larme ?

Peut-être que non, car nous sommes très différents dans notre tendance aux larmes : certaines personnes ne pleurent pratiquement jamais, tandis qu'il suffit à d'autres de regarder les publicités télévisées d'assurance vie pour sentir leurs yeux se mouiller.

> **PLEUREZ-VOUS PENDANT LA PUB ?**
>
> Les publicitaires s'efforcent de jouer avec nos émotions fondamentales, et parfois ils y réussissent, comme dans cette campagne de la CNP qui montrait le déroulement accéléré d'une vie, des culottes courtes à l'art d'être grand-père, en passant par les amours de jeunesse et la paternité, saisissant raccourci de notre existence et de la transmission à la génération suivante. Une autre campagne de la même compagnie entremêlait deux sortes de moments émotionnels : les différents épisodes de la grossesse et de l'accouchement d'une jeune femme sur fond de grands moments de victoires historiques (*My God*, les publicitaires ont-ils lu Darwin ?), qui se terminaient par la naissance du bébé dans une navette spatiale. Certains pourront se gausser de notre tendance à être ému par de la pub, mais nous répliquerons que cela arrive même aux vrais hommes, comme à Robert De Niro dans *Mafia Blues* (1999). Alors qu'il se prépare pour se rendre à une réunion de la mafia, son attention est détournée par la télévision allumée dans sa chambre : une publicité de la banque Merryl Lynch montre un père se promenant dans la campagne avec son fils. Cette vision tendre le fait aussitôt fondre en larmes, lui, un des boss de la mafia new-yorkaise !

Que dire des larmes des retrouvailles ? Pleurer avec un être cher qu'on retrouve après une longue séparation. L'Histoire fabrique parfois des situations qui ressemblent à d'horribles expériences de psychologie, comme lorsque, le 15 août 2000, des familles des deux Corées ont été autorisées à se rencontrer après quarante ans de séparation. La télévision nous a montré ces frères, sœurs et parents s'effondrer en sanglotant dans les bras les uns des autres. Et vous-même, êtes-vous resté de marbre à la fin du film de Roberto Benigni, *La Vie est belle*, palme d'or à Cannes en 1998, lorsque le petit garçon, sauvé par le sacrifice de son père de la mort et du désespoir, retrouve sa maman ?

Une belle scène de larmes masculines nous est aussi offerte dans *Barry Lindon* (1976) de Stanley Kubrick.

Barry, jeune Irlandais aventureux, a dû quitter son village à la suite d'un duel. Il erre dans l'Europe centrale du XVIIIe siècle et se retrouve enrôlé contre son gré dans l'armée prussienne où il se distingue par sa bravoure. Il s'attire l'amitié de son capitaine, qui le recommande ensuite à son frère, le ministre de la Police. Celui-ci le charge d'une mission d'espionnage : Barry doit se faire enrôler sous une fausse identité comme domestique pour espionner un chevalier favori de la reine. Ce chevalier, bien qu'il parle italien, français ou allemand indifféremment, est suspecté d'être irlandais. Comme il est en situation illégale, et à la merci de ses hôtes, Barry ne peut refuser et se rend chez le chevalier. Pendant que son futur maître lit sa lettre de recommandation, l'émotion commence à envahir Barry : « Je me sentis incapable de continuer à le tromper. Vous qui n'avez jamais été loin de votre pays natal, vous ne savez pas ce que c'est que d'entendre une voix amie quand on est en captivité : et peu comprendront la cause du débordement d'émotions qui suit. » Croisant le regard de son compatriote, un homme âgé qui lève les yeux de la lettre, Barry fond en larmes, et tous deux tombent dans les bras l'un de l'autre.

Pourquoi des larmes de joie ?

Ces quelques exemples renseignent sur les larmes de joie : elles jaillissent souvent lorsque la joie est mêlée de tristesse, joie du moment présent, mais tristesse au souvenir des souffrances passées. Parfois, certaines larmes viennent aussi de la perspective de séparation qu'impliquent certaines situations joyeuses.

Suzanne, cinquante ans, agricultrice :

Un de mes moments de plus grande joie, ce fut lorsque notre fille a soutenu sa thèse de médecine. Ni mon mari ni moi n'avons fait d'études. Vous comprenez que pour nous c'était un moment particulièrement important. J'étais à la fois très heureuse, mais quand je l'ai vue, toute mince et grave dans sa robe noire de thèse jurer le serment d'Hippocrate face à tous ces professeurs assez impressionnants, je n'ai pu m'empêcher de pleurer. J'étais heureuse, mais en même temps je ressentais cette scène comme une séparation d'avec nous. Elle entrait dans un autre monde.

Pourquoi pleure-t-on quand on devrait être joyeux ?

Larmes de victoire	La victoire vous rappelle toutes les souffrances endurées pour l'obtenir, et en temps de guerre, les camarades qui ne sont plus là pour s'en réjouir avec vous. La victoire annonce aussi la séparation future de ceux qui la célèbrent aujourd'hui. Les larmes de la victoire sont peut-être utiles en apaisant les sentiments d'envie et d'hostilité des spectateurs.
Larmes des retrouvailles	Les retrouvailles vous évoquent en même temps les souffrances endurées lors de la séparation de l'être cher.

Une dernière hypothèse pour expliquer certaines larmes après la victoire : les larmes ont une fonction d'appel à l'aide et peuvent en effet amener les gens proches à vous réconforter[7]. En cas de victoire, nos larmes ont peut-être pour fonction d'apaiser l'envie ou l'hostilité des spectateurs, en provoquant chez eux, par empathie, une émotion positive opposée. Il est plus difficile d'en vouloir à un vainqueur lorsqu'il est ému aux larmes que lorsqu'il est radieux et triomphant.

L'extase mystique :
« Joie, joie, joie, pleurs de joie »

Le 23 novembre 1654 entre dix heures et demie du soir et minuit, Pascal connaît une extase mystique qui va bouleverser le cours de sa vie. Il en laisse quelques mots sur un parchemin, connu sous le nom de *Mémorial* de Pascal, qu'il conservera jusqu'à sa mort cousu dans son vêtement.

La joie de l'extase, et les pleurs qui l'accompagnent, participent peut-être en même temps des joies des retrouvailles et des joies de la victoire : pour le croyant, le sentiment d'union avec Dieu est à la fois une victoire sur sa condition d'homme trop préoccupé de la vie terrestre, mais aussi un sentiment de retrouvailles avec l'Être le plus aimé.

La joie est certes une expérience intense et souhaitable, mais nous ne pouvons espérer la ressentir en permanence, car ce ne serait d'ailleurs plus de la joie. Lorsqu'on demande aux gens s'ils aimeraient être branchés sur une machine qui leur produirait une joie permanente, la plupart répondent par la négative[8]. Sans doute sentent-ils que la joie ne peut exister que comme réaction à un événement, et ne peut être ressentie que comme élévation de notre humeur habituelle.

En revanche, peut-être nous est-il permis d'espérer éprouver durablement un état moins intense, mais tout aussi précieux : la bonne humeur, cousine de la joie. La bonne humeur a beaucoup intéressé les chercheurs, car, puisqu'il est plus facile de la provoquer et qu'elle est plus durable que la joie, il est plus facile d'en observer les effets.

La bonne humeur

> On pourra peut-être trouver quelqu'un
> qui fait le travail aussi bien que moi,
> mais je ne pense pas qu'on trouvera quelqu'un
> qui s'amuse autant à le faire.
>
> Bill Clinton[9].

La bonne humeur est comme une musique de fond, que vous ne remarquez pas forcément et qui n'interrompt pas le cours de vos pensées comme une explosion de joie. Toutefois, la recherche a montré que cette petite musique, loin d'être un accompagnement superflu, se révèle déterminante sur nos manières de penser ou d'agir.

Comment étudier la bonne humeur ?

Les chercheurs pourraient demander aux gens s'ils se sentent de bonne humeur et ensuite observer leur comportement quand ils se déclarent dans cet état, mais cette méthode souffrirait d'un manque de fiabilité pour au moins deux raisons.

L'effort de s'observer pour savoir si on est de bonne humeur risque justement de modifier cette humeur.

Les réponses ne seraient pas forcément fiables, les sujets pouvant chercher à exagérer leur bonne humeur ou n'avoir pas la même conception de cette expression que le chercheur.

La plupart des recherches créent donc des conditions pour *provoquer* la bonne humeur chez les sujets d'expérience, puis observent leurs comportements dans différentes situations. Les moyens de provoquer cette bonne humeur chez les gens sont assez variés :

— leur projeter une séquence particulièrement drôle d'une comédie ;

— les faire participer à un jeu amusant ;
— leur annoncer qu'ils viennent de gagner un prix ou une petite somme d'argent (petite car il ne s'agit pas de provoquer une explosion de joie, mais de la bonne humeur).

Puis les chercheurs vont les observer dans les minutes qui suivent. Et des moyens aussi simples ont donné des résultats étonnants, vérifiés par de nombreuses études[10].

La bonne humeur pousse à donner un coup de main aux autres

Le mendiant qui se place à la sortie des messes de mariage connaît intuitivement ce phénomène : les gens de bonne humeur (et, à moins d'être très pessimiste, on peut supposer qu'il s'en trouve parmi les participants à un mariage) sont plus portés à aider spontanément leur prochain.

Les psychologues ont inventé des procédures pour tester cette hypothèse : par exemple un comparse du chercheur, chargé d'une pile de livres, fait mine de trébucher et les laisse choir en croisant le sujet d'expérience qui sort du laboratoire de psychologie[11]. Les sujets mis de bonne humeur sont plus enclins à l'aider spontanément à ramasser ses biens. Toutefois, l'effet de la bonne humeur semble se manifester surtout pour une aide modeste et de courte durée (ce qui n'est déjà pas si mal), mais ne pousse pas forcément à s'impliquer dans le soulagement de grands fardeaux.

Écoutons le témoignage de Maxime, un ami extraordinaire par sa bonne humeur quasi constante :

> *En fait, je me sens tellement content la plupart du temps que j'éprouve le besoin que d'autres le soient aussi. Attention, globalement, je suis plutôt un égoïste comme tout le monde, je travaille à mes propres intérêts ou à ceux de mes proches. Mais quand je me sens particulièrement de bonne humeur et que j'ai le temps, j'invite un SDF à déjeuner au restaurant. Certains le prennent mal, ils sont trop surpris,*

mais d'autres acceptent volontiers. Et je crois qu'ils passent un bon moment, déjà le fait de se sentir reconnus par quelqu'un, d'être écoutés. Quand je peux, je leur donne aussi quelques conseils ou adresses. Mais, bien sûr, je ne suis pas un saint, je ne les prends pas en charge à long terme. Pour ça, je me décharge en donnant à des associations.

La bonne humeur vous rend plus créatif

Dans une situation de type *brain-storming*, où l'on doit imaginer des solutions à un problème complexe, les personnes de bonne humeur émettent plus d'idées, tiennent mieux compte des suggestions des autres, coopèrent plus facilement et élaborent des solutions plus nombreuses et meilleures[12]. Ce phénomène a été vérifié par des études nombreuses, et rappelons qu'il suffisait pour obtenir ce résultat de donner aux participants un petit cadeau ou de leur projeter quelques minutes d'une comédie.

L'idée d'organiser des séminaires de réflexion dans des lieux agréables n'est donc pas qu'un moyen d'échapper à la monotonie du bureau. Mis de bonne humeur, les participants auront plus d'idées et les échangeront mieux.

La bonne humeur vous permet de mieux décider

Des étudiants en médecine mis de bonne humeur arrivent plus vite à analyser le dossier de leurs patients et à prendre les décisions appropriées[13]. En particulier, ils sont plus vite prêts à abandonner leurs premières hypothèses si de nouvelles informations les contredisent. Ils évitent d'aller trop vite aux conclusions, et leur raisonnement est meilleur que celui des sujets « neutres ». D'autres expériences ont vérifié cet effet positif de la bonne humeur sur la prise de décision : les gens de bonne humeur, contrairement à ce qu'on pourrait penser, examinent le problème à la fois plus méthodiquement et plus rapidement que les sujets neutres.

La bonne humeur vous rend plus hardi

Les gens de bonne humeur sont davantage prêts à prendre des risques modérés, dans des situations où l'échec ne serait pas trop coûteux : ils sont enclins à tenter une solution nouvelle plutôt qu'une procédure éprouvée, à essayer de nouveaux produits, à se prêter à un nouveau jeu. Les spécialistes de marketing connaissent ce phénomène : un client mis de bonne humeur sera plus disposé à acheter un produit nouveau[14].

Écoutons Zoé, déléguée médicale, nous décrire l'effet de la bonne humeur sur son comportement.

> *J'ai eu un appel téléphonique de ma fille qui m'annonçait qu'elle était enceinte, ce qu'elle espérait depuis longtemps. L'après-midi qui a suivi, j'ai osé plein de petites choses qui d'habitude me bloquaient : me présenter chez un médecin sans rendez-vous parce que je passais près de son cabinet, à l'hôpital parler à un patron que je croisais dans le couloir, et aller choisir les couleurs pour faire repeindre l'appartement, ce que je remettais toujours à plus tard par angoisse du choix.*

La bonne humeur fait-elle prendre des risques exagérés ?

Lorsque des sujets mis de bonne humeur sont impliqués dans des paris d'argent, ils jouent plus prudemment que les sujets contrôles. Certes, leur bonne humeur les rend optimistes sur leur chance de gagner, mais en même temps elle leur fait paraître la perte possible plus nuisible, et cette seconde considération l'emporte. La bonne humeur vous incite à la conserver, et non pas à risquer de la perdre dans un pari inutile[15]. Si vous êtes de bonne humeur, vous serez plus apte à aller demander une augmentation, pas à jouer votre mois de salaire aux courses !

La bonne humeur rend-elle trop docile ?

On pourrait penser que les sujets de bonne humeur vont accepter le sourire aux lèvres les travaux les plus rebutants.

Mais ce n'est pas le cas. Non, les sujets mis de bonne humeur sont, par exemple, plus motivés et créatifs que les sujets neutres si on leur propose un travail intéressant, mais ils le sont *moins* si c'est une tâche fastidieuse[16]. Attention, certains patrons ont peut-être l'intuition de ce phénomène. Si vous voulez augmenter vos chances de vous voir confier un travail intéressant, ayez l'air gai.

> ### CONSEILS AUX PATRONS
>
> Lorsqu'on voit tous les effets positifs de la bonne humeur sur les capacités de coopération, de réflexion et de prise de décision, on pourrait vous conseiller de vous poser de temps en temps cette question : « Que faire pour que mes collaborateurs soient souvent de bonne humeur ? »
>
> Bien entendu, la bonne humeur au travail est le produit de très nombreux facteurs, certains qui peuvent être contrôlés par le patron (l'environnement de travail, la constitution d'une bonne équipe, la qualité du management), d'autres qui ne le sont pas (la conjoncture). On peut, ne serait-ce qu'en donnant soi-même l'exemple de la bonne humeur ou en provoquant des occasions de la développer, améliorer à la fois le bien-être et les capacités de travail de ses troupes.

Être de bonne humeur est bien agréable, mais cela suffit-il à nous rendre heureux ? Car, dès qu'on étudie les émotions « positives », la question du bonheur vient naturellement. Le bonheur ne serait-il pas que la somme des moments de joie et de bonne humeur ? Là encore, philosophes de l'Antiquité et psychologues modernes ont cherché des réponses à cette question.

Les quatre faces du bonheur

Être heureux, n'est-ce pas notre souhait à tous ? Ce sujet occupe les philosophes depuis plus de vingt siècles, et on pourrait affirmer qu'il y a presque autant de conceptions du bonheur qu'il y a eu d'écoles de philosophie. Toutefois, en comparant et en rassemblant les approches de tous ces esprits éclairés, il est possible de distinguer ce que l'on pourrait appeler « les quatre faces du bonheur[17] », correspondant à des conceptions différentes de la félicité.

Découvrons-les à travers le récit de quelques-uns de nos témoins.

Jean-Pierre, cadre commercial, trente ans :

> *Pour moi, le bonheur, ce sont avant tout les bons moments. Se retrouver autour d'un bon repas avec des amis. Rire, boire, plaisanter. Partir avec une bande de copains découvrir des pays nouveaux, s'amuser ensemble. Fêter des événements heureux, mariages, baptêmes, pendaisons de crémaillère, mais aussi organiser une petite fête à l'improviste, retrouver des gens qu'on aime ou se présenter de nouveaux amis. Mais j'ai aussi de grands moments de joie dans les sports de glisse, comme la planche à voile. Et puis, bien sûr, les débuts d'une histoire amoureuse, voilà aussi de grands moments de bonheur ! C'est là que je me sens le plus heureux, quand on se sent gai, un peu excité, et qu'on oublie tous les ennuis !*

Pour Jean-Pierre, il semble que le bonheur soit surtout fait de *joies*, c'est-à-dire d'épisodes d'émotions intenses et intermittentes. Il s'agit d'un bonheur « en pics » plutôt qu'« en flux », Jean-Pierre aimant l'intensité plutôt que la continuité. Les plaisirs des sens ne sont pas oubliés dans sa vision du bonheur.

Amélie, trente-huit ans, femme au foyer :

> *Pour moi, le bonheur consiste à sentir que tout va bien pour les gens que j'aime. Voir mes enfants heureux, mon mari satisfait. Voir tous nos projets — qui sont raisonnables — se réaliser. Mes ambitions n'ont rien d'extraordinaire : que tout le monde reste en bonne santé, que mes enfants se débrouillent bien à l'école sans non plus que ça les obsède, que mon mari soit content de son travail — je ne le pousse absolument pas à « réussir », ce que je veux, c'est qu'il se sente bien dans ce qu'il fait —, ne pas avoir de soucis d'argent, et continuer de bien m'entendre avec mes amies. Dans les périodes où tout ça se réalise en même temps, alors, pour moi, c'est le bonheur.*

Pour Amélie, au contraire, le bonheur serait plutôt un état prolongé de *contentement*, cet état où l'on se trouve satisfait d'avoir ce que l'on désire, et, dans son cas, ce sont des désirs raisonnables et très partagés : l'harmonie avec les gens qu'elle aime et un horizon sans nuages.

Nacima, quarante-cinq ans, cadre bancaire :

> *Pour moi, le bonheur, c'est quand je me sens fonctionner à plein régime. Par exemple, quand je décide de m'occuper du jardin et que je vois qu'au fur et à mesure que la journée avance je vais faire tout ce que j'avais prévu. Ou au travail, quand je dois m'occuper d'une série de dossiers, que j'arrive à trouver des solutions pour chacun d'entre eux, et que je vois la pile diminuer, j'ai l'impression de faire avancer les choses, d'utiliser mes capacités, et ça me donne de grandes satisfactions. Même dans mes loisirs, je me retrouve toujours à « faire » quelque chose : terminer des mots croisés, m'occuper d'une association de parents d'élèves, ou modifier l'agencement d'une pièce de la maison. Mon mari me reproche de ne pas savoir me détendre, mais pour moi, la détente, c'est le sentiment du devoir accompli.*

Pour Nacima, le bonheur est avant tout *l'activité tournée vers un but*. L'excitation d'une tâche intéressante, l'avancement du travail, la satisfaction d'avoir atteint son objectif ou de se sentir utile. Nacima partage la vision du bonheur selon

Aristote : le bonheur par l'engagement dans des activités choisies et utiles pour la cité.

David, cinquante-cinq ans :

> *Pour moi, le bonheur, c'est garder la paix de l'esprit quoi qu'il vous arrive, succès ou malheur. J'ai connu dans ma vie quelques personnes comme cela, et leur exemple m'a marqué : d'abord mon grand-père, qui est mort dans un camp de concentration, mais dont tous les camarades m'ont dit qu'il avait été pour eux un grand soutien par l'exemple extraordinaire de sérénité qu'il a donné. Et puis aussi, dans des épreuves moins tragiques, un de mes patrons, qui affrontait tous les revers sans se départir de son calme. Je crois que notre bonheur dépend seulement de notre acceptation de notre condition humaine, avec tous ses aléas. Ça ne m'empêche pas d'essayer d'avoir une vie plutôt agréable, de faire des efforts quand il le faut, mais fondamentalement, je crois que mon bonheur, et aussi mon pouvoir d'aider les autres, dépend de ma capacité à rester serein à travers les épreuves, petites ou grandes. Je ne suis pas croyant, mais je pense qu'on retrouve cette idée dans toutes les grandes religions.*

Pour David, le bonheur, c'est la sérénité ou même l'*équanimité* (égalité d'âme, d'humeur face aux aléas).

Sans le savoir, ou peut-être en le sachant, David est assez proche des stoïciens comme Épictète ou Sénèque. Selon ces philosophes, nous ne pouvons presque rien sur le cours des événements heureux ou malheureux qui affectent notre vie. Pour la plupart, ils ne dépendent pas de nous. Toutefois, nous pouvons décider de garder face à eux notre tranquillité d'esprit, qui dépend de nous. Cependant, David éprouve encore des désirs qu'il essaie de satisfaire. Il ne se propose pas comme but l'*ataraxie*, chère aux stoïciens, laquelle est l'état de celui qui ne craint ni ne désire plus rien.

Les Eskimos décrits par Jean Briggs n'ont pas lu les philosophes grecs, mais eux aussi valorisent l'équanimité. Un individu adulte se caractérise par la force de son *imhua* (raison) qui lui permet de dominer ses mouvements d'humeur face aux épreuves de la vie dans le Grand Nord.

Les différences de conception du bonheur entre Aristote (activité utile et choisie), Sénèque et Épictète (équanimité) s'expliquent peut-être par leurs conditions de vie. Aristote était un homme libre dans un pays libre, élève de Platon, fondateur lui-même d'une école de philosophie, puis précepteur du futur Alexandre le Grand. Nul doute qu'il trouva du bonheur dans l'activité et la liberté. Tandis que Sénèque, après une carrière brillante, eut à subir la folle dictature de Néron (dont il avait été le précepteur, ce qui prouve que l'éducation ne peut pas tout !), qui finit par lui ordonner de se suicider. Quant à Épictète, longtemps esclave d'un maître pervers qui s'amusait à le tourmenter, il ne fut affranchi que tardivement. Nul doute que, confrontés à des environnements aussi hostiles et imprévisibles, ces deux philosophes aient conçu que l'équanimité ou, mieux, l'ataraxie était sans doute l'attitude qui pouvait diminuer le plus le malheur de l'homme.

Ces quatre états de bonheur peuvent se décrire selon deux dimensions : bonheur plus excité ou plutôt calme — et selon qu'il dépend surtout des circonstances extérieures ou surtout de soi. Bien sûr, cette répartition ne dresse pas des frontières rigides. Par exemple, trouver le plaisir dans une activité que l'on estime utile, bonheur « intrinsèque », dépend aussi des circonstances extérieures : si vous vous retrouvez au chômage ou en prison, il vous sera difficile de l'éprouver, ou si vous acceptez, pour des raisons alimentaires, un travail qui vous déplaît.

Selon Aristote, qui valorisait la forme de bonheur résidant dans l'activité librement consentie, un esclave pouvait difficilement être heureux puisqu'il n'avait pas choisi ses activités et ses buts, qui lui était imposés par la contrainte. Il ne pouvait savoir que, deux siècles plus tard, Épictète, un esclave, élaborerait une conception du bonheur indépendante de sa condition.

On retrouve cette notion dans les études modernes portant sur le stress au travail[18] : pour vous rendre heureux,

Les quatre faces du bonheur
(d'après Averill et More, op. cit.)

	Bonheur plutôt dépendant des circonstances extérieures : bonheur « extrinsèque »	Bonheur plutôt dépendant de soi : bonheur « intrinsèque »
Bonheur plutôt excité	Joie Ex. : plaisir des sens, plaisir de la fête. Devise : « Y a d' la joie… »	Engagement dans une activité tournée vers un but qu'on trouve utile. *Eudemonia* selon Aristote Ex. : avancer dans un travail qu'on aime. Devise : « Siffler en travaillant »
Bonheur plutôt calme	Contentement Ex. : se réjouir de ce que l'on a. Devise : « Ça m' suffit »	Équanimité-Sérénité Ex. : ne pas se départir de son calme aussi bien face aux succès qu'aux échecs. Devise : « C'est la vie ! »

votre travail doit vous apparaître comme ayant un sens cohérent avec vos valeurs et vos objectifs personnels, et vous laisser aussi certaine liberté de décision quant à votre manière de travailler. Ce n'est hélas pas le cas de tous les métiers. Toutefois, ce besoin que nous éprouvons d'exercer une activité tournée vers un but cohérent est tellement fort que certaines personnes arrivent à trouver un sens aux travaux apparemment les plus ingrats, et à se fabriquer une manière personnelle de travailler dans les tâches les plus normées.

Êtes-vous également sensible aux quatre aspects du bonheur que nous avons décrits ? Ne vous retrouvez-vous pas plus dans un témoignage que dans un autre ? C'est probable, car notre vécu du bonheur dépend aussi de notre personnalité.

LE TRAVAIL REND-IL HEUREUX ?

En tout cas, on peut l'espérer, puisque le travail pourrait idéalement vous faire éprouver les quatre faces du bonheur :
— *joie* dans les moments de célébration, les succès, avec les amis que vous pouvez y trouver ;
— *engagement* dans une activité qui a du sens pour vous (le sens varie selon les personnalités : sens du travail bien fait ou sens de la quête du pouvoir) ;
— *contentement* quand vous avez l'impression de recevoir de votre travail ce que vous en attendiez ;
— enfin, exercice de votre *équanimité* pour faire face aux aléas petits et grands de la vie professionnelle.
Au cours de votre vie, les chances que vous trouviez ce bonheur au travail dépendent bien sûr des conditions que l'on vous propose, mais aussi de vos capacités personnelles à tirer le meilleur de votre environnement.
Dans *L'Insoutenable Légèreté de l'être*, de Milan Kundera, Thomas, grand chercheur et chirurgien, commet l'erreur, pendant le printemps de Prague de 1968, d'écrire une lettre critiquant les communistes. Quand les Russes reprennent les rênes du pouvoir, il est renvoyé de son poste et, devant la difficulté à trouver un travail, il se résout à devenir laveur de vitres. Après une première période dépressive, il finit par prendre plaisir à cette activité sans responsabilité, d'autant plus qu'elle lui permet de connaître un grand nombre de femmes et d'avoir de multiples liaisons !

Bonheur et personnalité : « chacun son truc »

Dans *Comment gérer les personnalités difficiles*, nous donnions un aperçu des différentes manières de classer les personnalités humaines. Les chercheurs continuent d'explorer ce sujet, et une nouvelle méthode d'évaluation de la personnalité tend à s'imposer au niveau international : les *big five*.

En collectant tous les mots destinés à décrire le caractère dans différentes langues du monde et en les regroupant selon qu'ils sont plus ou moins fréquemment associés pour décrire les mêmes personnes, des chercheurs de plusieurs pays sont arrivés à un résultat commun : la personnalité humaine pourrait se décrire sous toutes les latitudes selon cinq grandes dimensions, appelées justement les *big five*.

Chacun de nous peut donc s'évaluer à l'aide de différents tests, et obtenir son profil selon ses notes à ces cinq composantes.

Les *big five*

Chaque individu se situe entre les deux extrêmes élevé (↗) ou bas (↘) de la dimension, selon qu'il accumule plus ou moins de qualificatifs correspondant à la description de la dimension.

Les big five *: où vous situez-vous sur chacune de ces dimensions ?*

Ouverture ↗ : Imaginatif(ve), préfère la variété et l'innovation, ouvert(e) aux valeurs des autres...	Ouverture ↘ : Centré(e) sur le présent, préfère l'habituel, domaines d'intérêts peu nombreux, conservateur(trice)...
Contrôle ↗ : Compétent(e), consciencieux(se), centré(e) sur le résultat, concentré(e), réfléchi(e)...	Contrôle ↘ : Souvent mal préparé(e), peu soucieux(se) du résultat, distractible, spontané(e)...
Extraversion ↗ : Amical(e), sociable, affirmé(e), aime l'excitation, enthousiaste...	Extraversion ↘ : Formel(le), aime être seul(e), effacé(e), lent(e), pas de besoin d'excitation...
Altruisme ↗ : Confiant(e), ouvert(e), serviable, conciliant(e), humble, facilement ému(e)...	Altruisme ↘ : Méfiant(e), réservé(e), avare de son aide, se sent supérieur(e) aux autres, froid(e)...
Stabilité émotionnelle ↗ : Détendu(e), longanime, difficile à décourager, rarement embarrassé(e), gère bien son stress...	Stabilité émotionelle ↘ : Soucieux(se), coléreux(se), facilement découragé(e), facilement embarrassé(e), stressé(e)...

Bien sûr, pour avoir un résultat plus objectif et plus précis, mieux vaut passer un test spécialement conçu pour mesurer les *big five*[20].

Et selon votre profil sur ces cinq dimensions, vous serez plus ou moins sensible à certains aspects du bonheur, ce qui tend à confirmer la recherche, en particulier pour le rapport entre joie et extraversion, satisfaction et contôle[21].

Relation entre composante de personnalité et vision du bonheur

Composante(s) dominante(s) de votre personnalité	Type de bonheur auquel vous êtes particulièrement sensible	Personnage représentatif
Extraversion ↗	Joie	Séraphin Lampion La Castafiore
Ouverture ↗	Joie de la découverte	Tintin
Altruisme ↗	Contentement Bonheur relationnel	Señor Oliveira
Contrôle ↗	Engagement dans l'activité Satisfaction du but accompli	Nestor
Stabilité émotionnelle ↗	Équanimité ?	Tournesol/ À l'inverse : Capitaine Haddock

Toutefois, l'intérêt des *big five* réside justement dans la part variable de *plusieurs* composantes dans la personnalité d'un seul individu :

Tournesol « score » haut en Stabilité émotionnelle, mais il est aussi élevé en Ouverture, comme en témoigne son intérêt pour les inventions nouvelles dans des domaines variés, et en Contrôle nécessaire pour mener des recherches de longue haleine.

Tintin, représentant de l'*Ouverture*, cote aussi fort en Altruisme : il est sensible à la souffrance des autres, et apprécie quand les gens s'entendent bien.

Quant au capitaine Haddock, sa tendance à la colère, à l'irritabilité et au découragement lui donne probablement un haut score en *Neuroticism*, opposé à la Stabilité émotionnelle. Le fait qu'il soit alcoolique n'est pas un hasard, l'alcool étant un grand anesthésique des émotions négatives. Mais il est aussi élevé en Altruisme, choqué par l'injustice et prêt à aider.

On pourrait aussi dresser une correspondance entre type de bonheur prédominant et âges de la vie.

Les âges du bonheur

Prime jeunesse	Âge adulte	Maturité	Vieillesse
Joie	Eudemonia	Contentement	Équanimité
Tout n'est que jeux et ris	Joie dans l'activité : poursuite de ses objectifs	Valorisation de ce qu'on a	Capitaine courageux : faire face au naufrage

Qu'est-ce qui fait le bonheur ?

Il y a des gens nés pour le bonheur,
et d'autres pour le malheur.
Je n'ai simplement pas de chance.
Maria CALLAS[22].

Il y a quelques années, Coluche déclenchait l'hilarité en affirmant : « Mieux vaut être riche et en bonne santé que pauvre et malade. » L'argent et la santé sont-ils les déterminants du bonheur ? Au contraire, notre bonheur dépend-il plus de notre caractère et de notre manière d'accepter les événements ? La recherche moderne essaie de répondre à ces questions.

Mais comment mesurer le bonheur ?

Le bonheur est un sujet capital, mais difficile à étudier : les psychologues s'efforcent de le cerner, mais peinent à s'accorder sur une définition commune : le bonheur est-il un « bien-être subjectif », une « somme des moments de joie », un « état d'humeur positive », ou pourquoi pas une libération d'endorphines dans quelque recoin humide de notre cerveau ?

La plupart des auteurs considèrent le bonheur (qu'ils préfèrent appeler « bien-être subjectif ») comme le produit de deux composantes[23] :

— *Le degré de satisfaction*, apprécié dans différents domaines de sa vie (« êtes-vous satisfait de votre vie dans les différents domaines suivants, profession, famille, santé, etc. ? »). Il s'agit là d'un jugement du sujet sur sa vie actuelle, en particulier sur l'*écart* entre ses attentes et ce qu'il a réellement.

— *Le vécu émotionnel*, et, dans le cas du bonheur, éprouver plus ou moins souvent des émotions agréables (« au cours de la semaine avez-vous éprouvé souvent, parfois, jamais, etc. ? »), ce que certains auteurs appellent *le niveau hédonique*. Et, bien sûr, la fréquence d'émotions désagréables (tristesse, colère, anxiété, honte, etc.) est aussi prise en compte.

La recherche montre que ces deux composantes, satisfaction et émotion, sont bien distinctes, mais sont toutefois corrélées. Intuitivement, on peut supposer que considérer comme satisfaisant différents domaines de sa vie prédispose à éprouver plus souvent des émotions agréables, mais nous verrons que ce n'est pas si simple.

Le rôle des émotions positives dans le bonheur est confirmé par plusieurs études.

Presque chaque moment de notre journée est ressenti comme émotionnellement positif ou négatif. Et, bonne nouvelle, il semblerait que la plupart des gens éprouvent le plus souvent des émotions positives.

Le bonheur dépendrait plus de la *fréquence* des émotions positives que de leur *intensité* : plein de petits bonheurs plutôt que de grands moments d'extase. En effet, les personnes capables d'éprouver de grandes joies semblent aussi prédisposées à éprouver des émotions négatives tout aussi intenses, qui retentissent également sur leur niveau de bien-être. Cela nous rappelle les conclusions d'une patiente presque centenaire, qui, en réponse à la question de savoir comment elle trouvait sa vie, répondit qu'elle avait plutôt eu une « bonne vie » (alors qu'originaire d'Europe de l'Est elle avait connu guerres, séparations, deuils, exils) : « Bien sûr, il n'y a pas eu beaucoup de grands bonheurs, et souvent des malheurs, mais tellement de bons moments ! »

LE BONHEUR : UNE THÉORIE DU *GAP*

Il y a deux tragédies dans la vie :
la première est de ne pas obtenir ce qu'on désire.
La deuxième, c'est de l'obtenir.

Oscar WILDE.

Avez-vous déjà réfléchi à ces trois types d'écarts (en anglais *gap*) ? :
— L'écart entre ce que vous voulez et ce que vous avez.
— L'écart entre vos conditions actuelles et vos meilleures conditions passées.
— L'écart entre ce que vous avez et ce que les autres ont.
Selon des études, ces trois types d'écarts ont une influence déterminante (38 % de la variance pour les amateurs de statistique) sur l'estimation de son propre bonheur[24].
Ces écarts laissent penser que ce sont les conditions extérieures qui déterminent notre bonheur, et que, si nous avions tout ce que nous voulons, nous serions heureux. Mais il faut remarquer qu'il s'agit d'écarts *perçus* et que notre personnalité joue un rôle dans notre manière d'évaluer ce qui nous rendrait heureux, de l'atteindre, et d'envier plus ou moins les autres.

Malgré la difficulté des mesures dans ce domaine, différentes études semblent avoir mis en évidence quelques facteurs influençant ou non le bonheur, que nous allons examiner avec bonne humeur.

Le bonheur : vérités ou idées reçues ?

Pas si important...

L'âge

Des études avaient montré que le bonheur diminue avec l'âge. Mais il existait un biais : on évaluait le bonheur en décomptant les épisodes de joie, état de bonheur « excité » sans doute plus fréquent chez les plus jeunes. En revanche, si l'on mesure des états de bonheur calme par la satisfaction de vie, celle-ci ne décline pas avec l'âge[25]. Toutefois, une société qui valorise la jeunesse, et donc les bonheurs « jeunes », pousse peut-être ceux qui vieillissent à se trouver insatisfaits des plaisirs de la maturité, comme le contentement. La « crise du milieu de vie » se traduit souvent par un désir du retour aux plaisirs de la jeunesse : s'habiller jeune, s'acheter une voiture sportive et redécouvrir une vie amoureuse passionnelle.

L'argent

> *Contrairement à ce que croient les pauvres,*
> *l'argent ne fait pas le bonheur des riches,*
> *mais contrairement à ce que croient les riches,*
> *il ferait celui des pauvres !*
> Jean D'ORMESSON.

Plusieurs études ont montré que le niveau de bien-être subjectif croît avec le revenu[26]. Mais il semblerait que cette influence de l'argent sur le bonheur soit la plus forte pour les gens proches de la pauvreté : l'argent peut faire une grande différence entre une vie misérable et une vie où l'on peut satisfaire ses exigences fondamentales : abri, nourriture, santé, et insertion sociale. Par ailleurs, plus on s'élève au-dessus de ce niveau minimal, moins l'impact de l'argent sur le bonheur est important. En revanche, l'augmentation globale des revenus d'un pays ne semble pas avoir un impact proportionnel sur l'augmentation du bonheur, sans doute parce que les différences et les comparaisons entre revenus comptent autant que le revenu lui-même. Un ouvrier français d'aujourd'hui peut avoir un niveau de vie beaucoup plus élevé que son homologue des années 1950, mais il se percevra dans les deux cas comme situé au bas de l'échelle des revenus. Notre statut relatif nous importe au moins autant que notre fortune en valeur absolue[27]. Toutefois, une vaste étude a montré que les pays ayant le niveau économique le plus élevé, les droits civiques les plus développés et une culture fondée sur l'individualisme ont également les niveaux moyens les plus élevés de bien-être subjectif[28].

Important : la santé

Le niveau de santé influe sur le bonheur, surtout pour la santé telle que la perçoit le sujet, mais la relation entre santé et bonheur est moins forte quand il s'agit de l'état de santé objectif perçu par le médecin. Cela ne surprend pas : votre humeur triste ou gaie fait varier la manière dont vous jugez à la fois votre santé et votre bonheur[29]. Certains malades « imaginaires » peuvent se trouver à la fois en mauvaise santé et peu heureux. Par ailleurs, il semble que le retentissement des accidents de santé sur le bien-être soit surtout fort dans les premiers mois de l'atteinte à la santé physique. Les victimes d'accidents laissant des infirmités semblent subir un effondrement de leur bonheur, mais suivi ensuite par une remontée progressive vers leur niveau de bonheur proche (bien que souvent inférieur) à celui qu'elles avaient avant leur accident. Toutefois, les gens malades ou infirmes ont *en moyenne* un niveau de bonheur inférieur à celui des gens en bonne santé. Mais à problème de santé équivalent, un autre facteur va s'avérer déterminant.

Très important : la personnalité

Nous avons vu que la personnalité peut jouer sur la qualité du bonheur éprouvé ou recherché. Mais elle semble influer aussi sur le niveau de bonheur global. Plusieurs études l'ont vérifié : Extraversion et Stabilité émotionnelle augmentent vos chances de bonheur et dans une moindre mesure l'Ouverture[30]. Et cela sans doute par différents mécanismes. Si vous êtes extraverti, peut-être avez-vous une sensibilité psychobiologique plus forte aux événements agréables, en éprouvant plus de bonheur qu'un autre dans la même situation. Mais vous avez aussi peut-être plus souvent l'occasion d'éprouver de telles émotions, car vous cherchez et provoquez plus énergiquement que les autres les occasions de vous réjouir. Quant à la Stabilité émotionnelle, il n'est guère étonnant qu'une capacité à atténuer les émotions négatives influe sur votre niveau général de bonheur. Bien sûr, quelle que soit votre personnalité, votre niveau de bonheur va être perturbé par des accidents ou des succès, mais, sous l'effet de l'adaptation, il va revenir ensuite à son niveau de repos. Notre personnalité déterminerait ce niveau de repos de notre bonheur, si variable d'un individu à l'autre, et qui tend à revenir à son niveau initial dès que nous nous sommes adaptés à une réussite ou à un échec.

Important

Le mariage

> *Il est de bons mariages,
> il n'en est point de délicieux.*
> LA ROCHEFOUCAULD.

La Rochefoucauld a peut-être raison, mais plusieurs études ont montré que les gens mariés semblent en moyenne plus heureux que les célibataires, même en tenant compte des mariages malheureux qui doivent faire baisser la moyenne[31].

Mais, là encore, la relation est complexe, le fait de rester célibataire à un âge où ceux de son groupe culturel se marient peut aussi être parfois associé à d'autres caractéristiques personnelles influant sur le bonheur.

La pratique religieuse

Toutes les études convergent pour dire que les personnes pratiquantes sont en moyenne plus heureuses et ont moins de troubles mentaux que les non-pratiquants[32]. L'effet de la religion sur la santé mentale est un domaine de recherche très exploré. La religion agirait par plusieurs mécanismes : croyances (encourageant l'équanimité), sentiment d'appartenance à un groupe qui vous soutient, valorisation des habitudes de vie régulière (encourageant le contentement).

Là encore, il s'agit de moyennes sur de grands groupes, il existe des agnostiques épanouis et des religieux très tourmentés.

L'activité

Ce n'est pas une surprise, comme le pensait Aristote, les gens impliqués dans une activité se trouvent plus heureux que les inactifs, et ce d'autant plus que cette activité leur paraît correspondre à leurs buts et à leurs valeurs. L'activité associative et bénévole peut donc aussi bien apporter du bonheur que la vie professionnelle. Le chômage, exemple d'inactivité forcée, a bien sûr un impact négatif sur le bien-être ressenti et fait même courir le risque de troubles psychologiques.

Les amis et relations

Sans s'intéresser directement au bonheur, de nombreuses études ont établi des relations entre ce que les psychologues appellent le soutien social et l'adaptation aux situations stressantes[33].

Le soutien social peut se définir en quatre composantes :

— soutien émotionnel : un ami compatit à votre peine après un deuil ;
— soutien d'estime : vous vous sentez apprécié et reconnu ;
— soutien informatif : une relation vous fait profiter de son expérience pour l'achat d'un ordinateur ou vous signale une opportunité de travail ;
— soutien matériel : vos beaux-parents vous prêtent leur maison ou vous aident à garder vos enfants.

Ces exemples montrent bien que certain type de soutien est plus ou moins précieux selon le type d'épreuve. Il semblerait que le soutien social *perçu* soit plus important pour modérer son stress que le soutien social « objectif » mesuré par des observateurs extérieurs. La qualité et la quantité de soutien social dépendent elles-mêmes de nombreux facteurs : personnalité, environnement, groupe d'appartenance...

Circonstances heureuses ou personnalité heureuse ?

Tous ces facteurs de bonheur sont évidemment interdépendants : votre santé va influer sur votre activité, votre personnalité sur votre capacité à trouver un conjoint qui vous convienne, à vous adapter à un événement stressant, à provoquer des événements agréables, à réussir professionnellement, mais aussi à apprécier ou dévaloriser cette réussite si elle se produit.

Mais les circonstances de votre enfance vont sans doute influer aussi sur le développement de votre personnalité, même si elle est en partie produite par vos gènes (en gros au moins la moitié de la variance sur pas mal de dimensions, pour les amateurs de statistique).

La recherche moderne sur le bonheur s'efforce de déterminer l'importance relative entre les circonstances extérieures à l'individu et ses caractéristiques personnelles[34]. Si vous pensez que c'est plutôt l'environnement qui détermine le bonheur des gens, vous êtes partisan d'une approche *bottom-up*, et si vous pensez que c'est plutôt leur personnalité, vous valorisez l'approche *top-down*. Les partisans du principe « l'environnement fait le bonheur » citent les études montrant que « la satisfaction et le bonheur sont le résultat d'une vie comportant de nombreux moments ou conditions de bonheur dans les différents secteurs : famille, couple, revenus, travail, lieu de résidence, etc.[35] ». À l'opposé, les partisans de « la personnalité fait le bonheur » citent les études montrant que les scores d'émotions positives et négatives (et encore plus les autoévaluations de la satisfaction de vie) varient faiblement chez la même personne à des mois ou des années d'intervalles, quelles que soient les circonstances. Selon cette approche, « les personnes "heureuses" sont heureuses parce qu'elles prennent plaisir aux diverses circonstances de la vie et non pas parce qu'elles rencontrent plus d'événements ou de circonstances favorables[36] ».

En conclusion, le dicton de Coluche s'est enrichi : pour être heureux, mieux vaut être extraverti, stable émotionnellement, marié, actif, pratiquant, sans difficultés financières (et non pas riche), sans problème de santé majeur, et dans un pays démocratique. (Les pessimistes diront que ces critères excluent 90 % de l'humanité, les optimistes remarqueront que les études montrent que la plupart des gens se considèrent heureux[37], les sceptiques diront qu'on ne peut évaluer le bonheur.)

Mais, en dehors de ces facteurs déterminants, vous reste-t-il une marge de manœuvre pour augmenter votre bonheur ? Nous le pensons, autrement nous ne serions ni thérapeutes ni auteurs de livres de psychologie pour le public.

Quelques pistes de réflexion pour être plus heureux

> *Don't worry, be happy.*
> Bobby McFerrin.

Depuis que l'homme écrit, des centaines de livres ont tenté de donner la ou les recettes du bonheur. De l'*Éthique à Nicomaque* aux derniers best-sellers du rayon « développement personnel », en passant par les philosophies orientales, les conseils ne manquent pas. Au milieu de cette multitude, certains d'entre nous ont déjà pu trouver un livre qui les touche particulièrement et qu'ils relisent dans les moments difficiles.

Plutôt que de chercher à donner des conseils, nous avons préféré poser des questions, exercice qui nous est plus familier en tant que thérapeute.

Ces questions ont pour but de vous ouvrir des pistes de réflexion, afin d'avoir une vision plus claire de votre position par rapport au bonheur. Nous vous conseillons d'y répondre par écrit, pour vous pousser à une vraie réflexion. Vous pouvez même pratiquer cet exercice à plusieurs, la confrontation au point de vue des autres amenant souvent à mieux définir le sien.

Prenez une feuille, ou même plusieurs, et répondez à ces six grandes questions :

Aujourd'hui, qu'est-ce qui pourrait vous rendre plus heureux(se)?

Avez-vous déjà une idée claire du genre de bonheur que vous espérez, ou ne prenez-vous jamais le temps de vous poser cette question ? Et, d'ailleurs, vous préoccupez-vous de votre bonheur ? Si non, quelle est la raison de ce désintérêt ? Mais peut-être vous considérez-vous comme déjà heureux et souhaitez-vous juste que cela dure ? Vous préoccuper de votre bonheur vous paraît-il futile, égoïste, ou le meilleur moyen de ne pas l'atteindre ?

Ce qui pourrait vous rendre plus heureux(se) est-il probable ou réalisable ?

De grands obstacles vous séparent-ils de votre rêve de bonheur, ou avez-vous un espoir raisonnable de l'atteindre ? Nourrissez-vous des rêves de bonheur habituels à votre âge, ou visez-vous plutôt le genre de bonheur de gens plus jeunes ou plus âgés que vous ?

De quelle catégorie se rapproche le plus votre idéal de bonheur ?

Une vie plus joyeuse avec des événements plaisants ? Une activité utile ou qui satisfait vos ambitions ? Le contentement d'une vie agréable et sans soucis ? Un état de sérénité sans trop de craintes ni de désirs ?

Quels ont été les moments les plus heureux de votre vie ?

En psychologie, le passé prédit souvent l'avenir. Il est probable que le genre de situations qui vous ont rendu heureux continuera à vous rendre heureux plus tard, sous des formes différentes avec les années. N'oubliez pas que votre personnalité et votre âge déterminent en grande partie le genre de bonheur que vous appréciez le plus, même si votre entourage, ou la société, vous en recommandent d'autres.

Quels ont été les moments de bonheur que vous avez gâchés ?

Vous est-il arrivé de ne réaliser votre bonheur qu'une fois qu'il appartenait au passé ? Avez-vous gâché des moments de bonheur ?

Si oui, était-ce par culpabilité d'être heureux ? Parce que vous continuiez d'envier d'autres plus fortunés que vous ? Par inattention ou insatisfaction, parce que vous espériez mieux ? Là encore, le passé prédit souvent l'avenir, prenez garde à ne pas gâcher vos futurs bonheurs pour les mêmes raisons.

Ce qui pourrait vous rendre le plus heureux dépend-il de vous ?

Si ce qui pourrait vous rendre plus heureux dépend de vous, que faites-vous pour que cela arrive ? Et que faites-vous de contraire ? Et si ce que vous espérez ne dépend pas de vous, que pouvez-vous faire pour vivre le plus heureux possible en attendant ?

Après ces questions assez inquisitrices, le conseil sur lequel nous aimerions revenir serait de ne pas gâcher vos petits moments de bonheur, si importants à préserver quand ils se présentent, même si le contexte global n'est pas très réjouissant.

Un magnifique exemple de cette aptitude à trouver son bonheur même dans les circonstances les plus hostiles nous est donné par le personnage central d'*Une journée d'Ivan Denissovitch*, d'Alexandre Soljenitsyne (1962). Choukhov, humble paysan russe, fait le bilan de sa journée, quelque part dans un camp de déportation du Grand Nord sibérien :

« Il s'endormait, Choukhov, satisfait pleinement. Cette journée lui avait apporté un tas de bonnes chances : on ne l'avait pas mis au cachot ; leur brigade n'avait pas été envoyée à la Cité du socialisme ; à déjeuner, il avait maraudé une kacha [...] il avait maçonné à cœur joie ; on ne l'avait pas pincé avec sa lame de scie pendant la fouille ; il s'était fait du gain avec César ; il s'était acheté du bon tabac ; et au lieu de tomber malade, il avait chassé le mal.

Une journée de passée. Sans seulement un nuage. Presque du bonheur.

Des journées comme ça, dans sa peine, il y en avait d'un bout à l'autre, trois mille six cent cinquante-trois[38]. »

Chapitre 5

La tristesse

> *Quelque chose monte en moi*
> *que j'accueille par son nom, les yeux fermés.*
> Françoise SAGAN, *Bonjour tristesse.*

QUAND son père, le grand cerf, explique à Bambi qu'il ne reverra plus jamais sa maman parce qu'elle vient d'être tuée par des chasseurs, la plupart des enfants spectateurs (et une partie de leurs parents) ne voient plus l'écran qu'à travers un brouillard de larmes.

Certains enfants refusent ensuite de revoir *Bambi*, voire de l'évoquer, pour ne pas éprouver de nouveau cette tristesse fondamentale : celle du petit séparé de sa mère, phénomène qui a fait l'objet de beaucoup d'attention de la part des éthologues et des psychologues.

Quand nous sommes plus grands aussi, nous pouvons éprouver d'autres genres de tristesse. Nous avons choisi les trois témoignages suivants parce qu'ils posent, à propos de la tristesse, plusieurs questions importantes auxquelles nous essaierons de répondre.

Véronique, trente-deux ans :

> Plus que les deuils, ou même les échecs professionnels, j'ose à peine avouer que la plus grande tristesse de ma vie, ce fut un chagrin d'amour. Pour résumer une histoire pas vraiment originale, j'aimais passionnément un homme, et il m'a quittée. J'ai vécu pendant environ deux ans avec une tristesse quotidienne, très pesante, qui colorait tout ce que je vivais. Plus rien ne me faisait plaisir. J'avais l'impression que je ne pourrais plus vivre normalement. Le pire, c'est que mes amies, compatissantes au début, finissaient par me reprocher de ne pas « me secouer », qu'il était absurde de souffrir pour un type qui n'en valait pas la peine, ou même se demandaient si je n'exagérais pas. Du coup, je n'en parlais plus.

Véronique donne un exemple de tristesse durable. Mais, dans ce cas, sa tristesse est-elle une émotion, réaction par définition brève ? En fait, les chercheurs admettent que la réaction transitoire de tristesse, émotion au sens strict, peut se prolonger à trouver une humeur triste qui se nourrit elle-même de nouvelles salves d'émotions tristes, quand la personne triste repense à la perte qu'elle a éprouvée.

Mais le témoignage de Véronique pose aussi une autre question : Véronique était-elle simplement triste, ou bien a-t-elle souffert d'une dépression ? (Tout psychiatre dresse l'oreille en entendant : « Plus rien ne me faisait plaisir. ») Comment distinguer tristesse et dépression ?

Guy, quarante-trois ans :

> Un de mes souvenirs les plus récents de tristesse, c'est à la suite d'un documentaire sur le Dr Mengele[1], le médecin tortionnaire d'Auschwitz. On y voyait qu'après la guerre Mengele et la plupart de ses amis nazis ont eu une existence agréable en Amérique du Sud, ont monté des affaires prospères, et mené une vie mondaine, allant à l'opéra... Ces séquences étaient entrecoupées de témoignages poignants de gens qui furent enfants à Auschwitz, et dont on sentait que, quarante ans plus tard, ils étaient toujours tourmentés et hantés par ce qu'ils y avaient vécu. Cette différence de destin entre bourreaux et victimes m'a rendu

> *triste pour toute la soirée. Je ressentais un sentiment de tristesse profond à propos de la vie, du monde. Par moments aussi, je me sentais en colère. J'ai dû prendre un somnifère pour m'endormir.*

Guy donne un exemple de tristesse due à la *sympathie* : la capacité à ressentir de la tristesse pour une souffrance éprouvée par d'autres, même inconnus. Il nous montre aussi qu'en bien des occasions la tristesse peut se mêler de colère, contre autrui ou contre soi.

Enfin, il nous laisse entendre que notre humeur triste déclenchée par un événement précis (ici le documentaire) peut colorer notre vision au point de tout nous faire paraître triste ensuite (la vie et le monde).

Francine, quarante-trois ans :

> *Un souvenir triste ? Lorsque j'ai dû vendre notre maison de vacances, parce que nous n'avions plus les moyens de la conserver. Mon mari s'est trouvé au chômage à plusieurs reprises, et il a repris un emploi, mais bien moins rémunéré que sa situation d'il y a quelques années. J'ai fait visiter la maison à des acheteurs, qui étaient enthousiastes, mais à un moment je les ai quittés un instant, sous prétexte d'aller aux toilettes, mais en fait pour cacher mes larmes. Revisiter ces pièces vides m'a rappelé une époque où nous étions plus heureux, où les enfants étaient encore à la maison, où des amis passaient nous voir et où mon mari était gai et plein d'allant.*

Une tristesse provoquée par l'évocation du bonheur passé : c'est la *nostalgie*, du grec *nostos*, retour, et *algos*, douleur. Le mot « nostalgie » désignait d'abord le regret lancinant du pays natal, puis son sens s'est étendu au regret non seulement des lieux, mais aussi des époques où l'on a été heureux. Francine suggère aussi que même son mari est devenu triste, sans doute à la suite de l'échec de ses ambitions, autre sujet fréquent d'affliction aussi bien pour le citadin occidental que pour le chasseur-cueilleur qui réalise que son statut a diminué dans son groupe. Enfin, la tristesse de Francine se mêle d'une nostalgie qui nous menace presque tous : celle de notre jeunesse.

Ce qui déclenche la tristesse

> *J'ai perdu mon Eurydice,*
> *Rien n'égale mon malheur ;*
> *Sort cruel ! quelle rigueur !*
> *Rien n'égale mon malheur !*
> *Je succombe à ma douleur !*
> Orphée et Eurydice.

Si les trois exemples précédents ne vous ont pas rendu trop triste, vous avez peut-être constaté que la *perte* était le déclencheur commun à tous les épisodes de tristesse. Bien sûr, selon le prix que vous attachiez à ce que vous avez perdu, votre tristesse sera plus ou moins durable : la perte de votre stylo préféré (quelques heures), la perte de vos espoirs professionnels ou de vos illusions de militant politique (quelques années), la disparition de l'être qui vous était le plus cher (parfois le reste de votre vie).

Dans certaines circonstances, plusieurs de ces types de pertes peuvent être associés, par exemple lors d'un divorce : à la séparation d'avec un être que parfois on aime encore s'ajoute celle d'objets investis affectivement (domiciles, objets), éventuellement une perte de statut (« paraître celui ou celle qui s'est fait plaquer »), sans compter le risque d'éloignement de ses enfants, et même une atteinte possible à ses valeurs, si l'on considérait la vie familiale comme un accomplissement indispensable.

Perte, tristesse et fiction

Il serait difficile de trouver une grande œuvre de fiction sans moments tristes, c'est-à-dire sans séparation, échec, ou deuil. Sans doute parce que ces événements sont insé-

Types de perte et tristesse

Les catégories de la perte	Exemples
Être cher	— Séparation lors d'un long voyage — Dispute et prise de distance avec un(e) ami(e) — Rupture amoureuse — Décès d'un proche
Objet valorisé	— « Souvenir » égaré ou abîmé — Abandonner un domicile qu'on aimait — Travail personnel réduit à néant — Maison détruite par une catastrophe
Statut	— Échec à un examen — Rejet par le groupe — Promotion refusée — Vieillissement (encore plus dans une société qui valorise la jeunesse) — Survenue d'un handicap — Perte de sa liberté
Valeurs/Buts	— Désillusion politique — Désillusion professionnelle — Efforts de longue haleine n'aboutissant à aucun résultat majeur — Sentiment d'échec de ses propres valeurs (les salauds ont mieux réussi que vous)

parables de l'humaine condition, et que les grands créateurs, eux-mêmes rarement des joyeux drilles[2], ne peuvent éviter de s'en inspirer.

Mais certaines œuvres semblent accumuler à dessein les moments de tristesse, comme le célèbre *Sans famille* d'Hector Malot, qui raconte les pérégrinations du petit Rémi sur les routes de l'Europe de la fin du XIXe siècle. Dès le début de l'œuvre, pertes et séparations s'accumulent :

> Rémi apprend que la mère Berline n'est pas sa mère...
> ... Et que, bébé, il a été abandonné.
> Rémi est séparé de sa famille quand elle le loue au saltimbanque Vitalis.

Rémi est séparé de Vitalis quand celui-ci est emprisonné.

Puis séparation d'avec la gentille famille Milligan, quand Vitalis lui fait reprendre la route.

Suite de décès tragiques dans la tempête de neige : le singe Joli-Cœur, et les chiennes Dolce et Zerbino qui sont tuées par les loups en défendant Rémi.

Finalement, Vitalis meurt de froid.

Séparation d'avec la nouvelle famille d'accueil de Rémi, en particulier la petite Lise quand le jardinier se fait emprisonner.

Dans la deuxième partie heureusement, Rémi se reconstruit à travers une série d'épreuves dont cette fois il triomphe, pour retrouver enfin sa vraie mère et se marier avec Lise.

Paradoxalement la vie d'Hector Malot fut un long fleuve tranquille, pleine de succès et de bonheur familial[3]. De plus, son livre fut un *best-seller* pour plusieurs générations d'enfants. Il fut adapté en bande dessinée et maintes fois à l'écran, au point que même les petits Japonais peuvent aujourd'hui pleurer ou se réjouir des aventures de Rémi devenu héros d'un manga. (Étrangement, dans la version animée, Rémi est une petite fille.)

L'universalité d'un tel succès peut servir d'argument aux partisans des théories culturelles des émotions : grâce aux médias modernes, tous les peuples du monde, en particulier les enfants, apprennent les mêmes réactions émotionnelles dans les mêmes situations.

Mais nous serions plutôt d'accord avec les évolutionnistes, qui voient dans le succès mondial de certaines œuvres la preuve qu'elles font appel à des émotions innées et donc universelles. Selon leur point de vue, l'attirance des enfants pour *Sans famille* vient du fait qu'il leur évoque cette grande peur innée propre au jeune âge : l'abandon. Il les rassure en même temps en leur montrant un enfant qui y survit.

> **POURQUOI LES LARMES ?**
>
> Les larmes restent assez mystérieuses. Les chercheurs sont d'accord sur les conditions de leur déclenchement : une situation de détresse ou une joie extrême. Mais comment et pourquoi se déclenchent-elles ?
> Darwin pensait qu'elles sont provoquées par la compression des glandes lacrymales sous l'effet de la contraction involontaire des muscles orbiculaires. Et ceux-ci se contractent pour protéger les vaisseaux de la conjonctive (le « blanc des yeux ») des augmentations brusques de la pression artérielle, comme lorsqu'on tousse ou qu'on éprouve une émotion très forte : tristesse, joie ou rage. Cette explication alambiquée a été pourtant confirmée par les ophtalmologues modernes[4] ! Dans certaines situations (toux, vomissement), les larmes seraient une « retombée » d'un mécanisme réflexe destiné à protéger nos yeux de trop de pression.
> Mais les larmes ne sont pas qu'une réaction physiologique : comme les autres expressions faciales, elles ont une *fonction de communication* en signalant aux autres que vous éprouvez de la détresse et que vous avez besoin d'aide. Elles seraient ainsi un « signal » inné comme le sourire ou le froncement de sourcils, et destinées à attirer de l'aide et de la compassion.
> Les larmes on aussi fait l'objet d'une hypothèse chimique : elles soulageraient en permettant d'évacuer des neurotransmetteurs ou des toxines. Mais cette voie de recherche n'a finalement donné aucun résultat probant[5].

Le visage de la tristesse

Comme la colère, la joie, la peur, la tristesse possède une expression faciale universelle, reconnue dans les cultures de tous les continents, ce qui fut pressenti par Darwin, et confirmé par Paul Ekman.

L'expression faciale de la tristesse se manifeste d'abord au niveau des sourcils qui prennent une position oblique, phénomène particulièrement visible dans les expressions de Woody Allen. Ce phénomène est dû à l'action de deux muscles : un petit, le sourcilier, et un plus grand, la partie interne du muscle frontal[6].

Essayez donc de reproduire ce mouvement de sourcil. Vous verrez que, pour la plupart d'entre nous, il est impossible de produire *volontairement* cette expression caractéristique de la tristesse, ce qui rend d'autant plus remarquables les talents de Woody Allen. Toutefois, si vous en êtes capable sans entraînement, demandez à vos parents ou à vos enfants de s'y essayer : il semblerait que cette capacité soit héréditaire !

Quand cette expression de tristesse est très accentuée, les rides du front se plissent en forme de fer à cheval, ou de la lettre grecque oméga, et les psychiatres ont décrit « l'oméga mélancolique » observé chez certains patients sévèrement déprimés.

Les sourcils ne sont pas les seuls à se mouvoir dans l'affliction, notre bouche peut exprimer notre tristesse par un abaissement des commissures des lèvres (sous l'action du triangulaire des lèvres), comme l'ont bien saisi les concepteurs du *smiley* destiné à illustrer la tristesse accompagnant certains de nos messages sur Internet.

À quoi sert la tristesse ?

À première vue, la tristesse semble un contre-exemple des hypothèses évolutionnistes sur l'utilité des émotions pour notre survie ou notre succès : voilà une émotion qui souvent nous prive d'élan et ne nous met pas en bonne posture pour affronter la vie.

Pourtant, la tristesse a plusieurs fonctions fondamentales.

La tristesse vous apprend à éviter les situations qui la provoquent[7]

La tristesse, comme la douleur, vous apprend que certaines situations vous sont dommageables, et donc à mieux vous pousser à vous en protéger à l'avenir, au moins pour celles qui sont évitables.

D'une manière générale, le risque d'éprouver de la tristesse vous incitera plus ou moins consciemment à éviter les situations de perte, en ayant des égards pour votre conjoint, en veillant à entretenir vos amitiés, en choisissant des objectifs professionnels correspondant à vos capacités.

Dans le domaine amoureux, la tristesse éprouvée lors des ruptures peut nous apprendre à choisir des partenaires nous correspondant mieux, puis à avoir plus d'égards pour eux (ou parfois moins, quand trop de gentillesse a provoqué le désintérêt de l'autre !).

La tristesse tient ainsi un rôle d'apprentissage similaire à la douleur : quand on s'est fait mal, on tend à éviter de reproduire le comportement qui en est responsable. Nous retrouvons cette vertu d'apprentissage des *marqueurs somatiques* évoqués par Antonio Damasio.

La tristesse vous amène à vous retirer de l'action et à réfléchir sur vos erreurs

Freud donne un exemple du point de vue que peut donner la tristesse :

« Lorsque, dans son autocritique exacerbée, il se décrit comme mesquin, égoïste, insincère, incapable d'indépendance, comme un homme dont tous les efforts ne tendaient qu'à cacher les faiblesses de sa nature, il pourrait bien, selon nous, s'être passablement rapproché de la connaissance de soi, et la seule question que nous nous posons, c'est de savoir pourquoi l'on doit tomber malade, pour accéder à une telle vérité[8]. »

Même s'il parle ici d'un malade souffrant de dépression, Freud reconnaît à la tristesse le mérite d'une certaine lucidité : elle peut nous donner accès à une meilleure connaissance de nous-même et des raisons de nos échecs. (Malheureusement, comme nous le verrons, dans les dépressions et la mélancolie, cette lucidité n'est pas tournée vers de nouvelles actions mieux calculées, mais vers le renoncement et le désespoir.)

Apprenant qu'il venait d'être quitté par son amie, on demande à Pierre comment il se sent. Accablé, mais très pince-sans-rire, il répond : « Oh, tout va bien, je vais juste passer six mois seul devant la télé à manger des surgelés. »

La réponse est humoristique, mais elle traduit bien une réaction universelle après une perte : se mettre en retrait. Cette retraite vous permet de récupérer vos forces et aussi de reconsidérer la situation. Quelles erreurs avez-vous commises dans votre manière d'agir ou dans le choix de vos interlocuteurs ?

De ce point de vue, la tristesse, provoquée par une défaite électorale pour un politique, la perte d'un match pour une équipe sportive mal préparée, l'échec à un examen pour un étudiant, la rupture sentimentale, peut amener chacun à « se retirer sous sa tente », ce qui permet souvent de réfléchir et de prendre de bonnes décisions.

La tristesse peut vous attirer l'attention et la sympathie d'autrui

Écoutons Jacques, encore surpris par la réaction de certains de ses amis après le décès de sa femme :

> *J'ai toujours fait partie d'une bande de copains assez « machos », vous voyez le genre : notre amitié s'est forgée dans le sport, la drague et autres activités, toujours dans un climat de compétition entre nous, que ce soit sur les terrains de sport, dans la chasse aux filles, et plus tard lors de nos débuts professionnels ou avec les voitures que nous achetions (toujours légèrement au-dessus de nos moyens). Entre nous, nous communiquons aussi de manière compéti-*

tive, en nous envoyant des vannes, en nous affublant de surnoms ironiques, en cherchant toujours à avoir le dernier mot. Je pense que d'autres gens pourraient nous considérer comme des « beaufs », bien que nous ne soyons pas des imbéciles. Même mariés et plus sages, nous avons continué à avoir ce genre de relations entre nous, ce qui atterrait nos épouses qui nous traitaient de demeurés. Mais quand ma femme est décédée en quelques mois d'une leucémie foudroyante et que tout le monde a vu que je restais complètement abattu, certains de mes amis se sont révélés sous un jour nouveau. Ils se sont arrangés pour qu'on se retrouve en tête à tête, ce qui n'arrivait presque jamais avant, et certains ont même pleuré avec moi, ce que je n'aurais jamais pu imaginer avant cette catastrophe. Heureusement qu'ils étaient là, leur soutien m'a beaucoup aidé.

En général, les autres reconnaîtront votre tristesse ; les plus proches de vous ou les plus sensibles éprouveront alors sympathie ou empathie. Même sans intention délibérée de votre part, votre tristesse vous aidera à attirer leur attention et à obtenir leur soutien affectif et matériel, ce qui vous permettra de sortir plus vite de votre situation de perte. Ce rapport entre expression de la tristesse et soutien des autres n'est toutefois pas garanti, comme le montrent l'expérience quotidienne et les observations des psychologues.

VOTRE BESOIN DE CONSOLATION SERA-T-IL TOUJOURS RASSASIÉ ?

Que serait doux un monde où il nous suffirait de pleurer pour être consolé. Les enfants de parents aimants connaissent peut-être ce monde-là, au moins pendant leurs premières années, mais la vie nous apprend ensuite que *notre besoin de consolation ne sera jamais rassasié*[9].

Un exemple de cette impossibilité pour les autres à nous consoler perpétuellement a été mis en évidence par les travaux de Coynes[10] sur les rapports entre « l'affligé » et « l'aidant » qui soutient et qui console. Les stades qui suivent peuvent s'observer aussi bien entre deux conjoints, dont l'un est en difficulté, entre un thérapeute et son patient, enfin dans toute relation d'aide, qu'elle soit professionnelle ou familiale.

Dans une première période, tous les signes de souffrance de l'affligé amènent l'aidant à répondre par du réconfort et du soutien. Cela crée une sensation de grande intimité entre les deux, comparé à la « lune de miel » de la relation d'aide. Tout psychiatre connaît cette sensation de proximité qui naît avec un nouveau patient qui s'est senti enfin compris et semble content de la première consultation, tandis que le psychiatre se sent valorisé d'avoir inspiré tant de confiance.

Si l'affligé ne va pas mieux après quelque temps, la patience et l'assurance de l'aidant commencent à s'épuiser, et il ressent de plus en plus un conflit interne entre son rôle de consolateur et son désir de ne plus être aussi accaparé, qu'il considère toutefois comme égoïste à ce stade de la relation. Il exprime donc toujours soutien et réconfort, mais, comme il se met à dissimuler en même temps lassitude et ressentiment, l'affligé commence à sentir que « ce n'est plus comme avant ». L'affligé est lui-même peu à peu pris dans un conflit interne : continuer à montrer sa détresse risque de trop éprouver l'aidant et lui faire prendre de la distance, mais la cacher ne correspond pas à ce qu'il éprouve, et cette attitude stoïque risquerait de faussement rassurer l'aidant, étant donné les futures difficultés qu'il pressent.

Les émotions négatives augmentent de part et d'autre. L'aidant reproche à l'affligé de ne pas faire assez d'efforts, devient plus directif en fournissant des conseils précis et en exigeant des résultats. L'affligé lui reproche d'être insensible, et vit ses conseils et exigences comme humiliants, ce qui augmente le ressentiment de l'aidant[11].

(À ce moment, la relation peut s'interrompre par une prise de distance progressive, fondée sur une désillusion et une déception mutuelles.)

> La relation risque ensuite de se dégrader dans une sorte de compétition négative, chacun exprimant de plus en plus d'hostilité. Ce mécanisme s'auto-entretient, puisque chacun, tout à son ressentiment contre l'autre, devient de moins en moins motivé pour faire ce qu'il ou elle souhaite. Le but initial de la relation est oublié, chacun essaie de contrôler le comportement de l'autre par des comportements de plus en plus aversifs : l'aidant impose restrictions et ultimatums, l'affligé réagit en devenant de plus en plus pesant et (ou) agressif.
>
> Comme nous vous le recommanderons dans les conseils qui suivent, faites donc un usage prudent de l'expression de votre tristesse. Même les personnes les plus compatissantes ont leurs limites !

Cette capacité qu'a la tristesse d'attirer la sympathie ou le soutien était sans doute assez efficace quand nous vivions au sein d'une petite tribu de chasseurs-cueilleurs (95 % de l'histoire des humains que nous sommes aujourd'hui, rappelons-le). Dans un tel environnement, l'abattement et la tristesse d'un individu restent parfaitement visibles du reste du groupe, attirant l'attention de consolateurs qui tous le connaissent. En revanche, dans les sociétés urbaines modernes, la tristesse d'un individu isolé peut n'attirer l'attention de personne, et se déclenche alors une spirale tristesse-isolement qui peut conduire à la dépression.

Pour les psychologues évolutionnistes, la tristesse aurait pour fonction de retrouver l'attention du groupe, mais que se passe-t-il quand il n'y a plus de groupe[12] ?

La tristesse peut vous protéger momentanément de l'agressivité des autres

Dans un conflit, le vainqueur est moins porté à s'acharner contre un vaincu qui montre clairement qu'il a compris qu'il a perdu, et la tristesse est un des signes de la défaite.

Écoutons Jean-Pierre, quarante-sept ans, directeur commercial dans l'industrie pharmaceutique.

Jérôme, mon fils cadet de treize ans, est un bon garçon, sociable et agréable, mais un rien fumiste et forte tête. Il vient de redoubler sa 4ᵉ, au cours de laquelle il n'avait pas beaucoup travaillé. Nous lui avions payé des cours de rattrapage durant l'été, et il nous avait promis de travailler sérieusement. La rentrée s'était déroulée sans histoires. Mais lorsque nous avons reçu le premier bulletin de notes, j'ai pris un coup de sang : non seulement ses résultats étaient mauvais, mais de plus ses professeurs soulignaient son extrême décontraction —pour ne pas dire plus— envers le travail scolaire. Le soir venu, nous avons eu une discussion serrée dans sa chambre. J'étais très en colère et j'ai eu des mots assez durs avec lui, ce qui est inhabituel pour moi. Après avoir essayé de me tenir tête, il s'est tu et s'est tourné vers la fenêtre, en cessant d'argumenter. J'ai continué un moment mes réprimandes, jusqu'à ce que je m'aperçoive qu'il pleurait doucement, l'air très abattu. Cela m'a désarçonné, car ce n'est pas son genre, il est plutôt fier-à-bras, même s'il le fait toujours gentiment. Je me suis assis sur son lit, et j'ai changé de registre, en le questionnant au lieu de le sermonner. Il m'a alors avoué sa propre déception par rapport à ses notes, la conscience qu'il avait de nous faire de la peine, mais aussi ses doutes et ses complexes par rapport à ses capacités à réussir à l'école. Nous avons discuté assez longuement, et cela nous a fait beaucoup de bien à l'un et à l'autre. Je crois que, s'il m'avait tenu tête au lieu de craquer et de me montrer sa tristesse, ce dialogue n'aurait jamais pu avoir lieu, car nous serions restés en conflit.

Bien sûr, on pourra dire que le père s'est radouci plus vite, car il était face à son fils. Mais la tristesse peut constituer une protection même en dehors des relations familiales, comme le montre l'exemple suivant, raconté par Marielle, « créative » dans la pub :

Dans notre équipe, nous avons un collègue, Hector, qui, je crois, semble antipathique à peu près à tout le monde. Il est assez prétentieux, a tendance à ne pas tenir compte de l'avis des autres, et il se moque parfois assez ironiquement du travail d'autrui. Il est aussi lunatique, avec des jours où il se montre maussade et irritable, et d'autres, jovial et recherchant le contact. Certaines mauvaises langues disent qu'il « joue à l'artiste ». En même temps, on sent qu'il a un fort désir d'être apprécié, même s'il fait parfois tout pour énerver, un peu comme un adolescent. Un jour, en réunion, il a critiqué assez ironiquement les propositions d'une stagiaire. La pauvre était mortifiée, c'était visible. Je ne l'ai pas supporté. Alors j'ai pris à partie Hector, et j'ai commencé à lui « régler son compte », en l'accusant de se prendre pour un artiste, d'afficher une supériorité dont il ne donne guère de preuves, de se comporter comme un enfant gâté, etc. Je sentais que tout le monde m'approuvait. Mais je l'ai vu sursauter comme si je le frappais physiquement, il s'est défait sous mes yeux, et j'ai senti qu'il retenait ses larmes. (C'est là que j'ai senti que toute son attitude masquait aussi un manque de confiance en lui.) Cela m'a arrêtée. Les jours suivants, il a gardé une attitude de chien battu. Bien lui en a pris : du coup, on l'a mieux accepté.

L'expression de la tristesse, comme celle de la colère, pourrait être considérée comme une des composantes de ce que les éthologues appellent « le comportement de conflit ritualisé » ou RAB *(ritual agonistic behavior)* : c'est-à-dire l'ensemble des comportements qui régulent le conflit entre des individus d'une même espèce. Rappelons qu'entre congénères les combats ont pour enjeu le maintien ou l'élévation du statut et non la destruction de l'autre. (Il s'agit la plupart du temps des mâles, bien sûr, mais, dans les entreprises modernes, on assiste aussi à de beaux combats mâles-femelles et même femelles-femelles pour la conquête ou la défense du statut.)

Entre congénères, les animaux se battent de manière assez ritualisée, ce qui leur permet d'éviter les blessures graves. Par exemple, la plupart des bêtes à cornes s'affrontent de manière frontale en heurtant leurs cornes sans se causer de dommages sérieux. Elles n'utilisent jamais leurs cornes pour éventrer un congénère en l'attaquant de flanc, comme cela leur serait pourtant physiquement possible.

Quand le combat tourne au désavantage de l'un, celui-ci émet des signes rituels de soumission (*yielding subroutine*)[13] dont on peut chercher à trouver les équivalents humains : attitude humble, voûtée (comme dans ces métonymies : le vaincu « courbe la nuque », « se fait petit », « pique du nez »), évitement du contact visuel comme Hector, voire cris de détresse ou pleurs comme Jérôme, le fils de Jean-Pierre.

Pendant ce temps, le vainqueur émet des signes également rituels de victoire *(winning subroutine)* : attitude fière, menton haut, regard méprisant. (Selon certains chercheurs, le mépris serait une émotion fondamentale, avec une expression faciale caractéristique.) Nous faisons l'hypothèse que, dans l'espèce humaine, une des formes universelles de ce rituel de victoire est de lever et de secouer le poing serré, bras à demi plié, geste que l'on voit faire par à peu près tous les sportifs du monde quand ils viennent de remporter un avantage décisif.

Le but du RAB est de marquer la fin du conflit en établissant clairement, aux yeux de chacun des protagonistes et des spectateurs, qui est le vainqueur (qui a gardé ou augmenté son statut) et le vaincu (qui ne l'a pas augmenté ou a même rétrogradé).

Quand tristesse et soumission n'empêchent pas les coups de pleuvoir

Toutefois, vous pouvez avoir la malchance de tomber sur certaines personnes que l'expression de votre tristesse et de votre soumission va au contraire encourager à continuer de vous persécuter. On peut penser que cela risque d'autant plus d'arriver que votre adversaire est lui-même incertain de son statut de vainqueur et que son estime de lui-même est instable : tous vos signes de soumission ne suffiront jamais à le rassurer complètement.

Deux situations plaident en faveur de cette hypothèse du « persécuteur non contrôlé car mal dans sa peau ».

C'est dans les bandes d'adolescents, âge caractérisé par une estime de soi encore instable, que survient si fréquemment le triste phénomène de la « tête de Turc » : un des membres du groupe est fréquemment moqué, humilié, battu, et ce harcèlement se répète et se prolonge sur de longues périodes, malgré des signes évidents de soumission et d'abattement (allant parfois jusqu'au suicide). Ce phénomène paraît tristement universel chez les enfants et adolescents mâles, et ferait hélas partie de notre manière d'établir une hiérarchie et un sens d'appartenance à un groupe[14].

Dans *Bons et mauvais en sport*[15], William Boyd en donne un exemple. Dans une *private school*, les adolescents « dominants » soumettent à une avalanche d'humiliations de plus en plus cruelles un de leurs camarades, Cox, bien que celui-ci ne cesse de montrer soumission et abattement. Devenu un adulte malheureux et isolé, celui-ci pensera à la vengeance...

Dans son introduction, Boyd évoque ses souvenirs personnels d'adolescent et décrit un garçon qui fut persécuté par ses camarades (bien que moins cruellement) pendant ses cinq ans de scolarité :

« Un type faiblard, au teint jaunâtre, du nom de Gibbon, que tout le monde — moi y compris — savait détesté — je ne sais absolument pas pourquoi [...]. Parfois, une bande lui tombait dessus, démolissait son bureau, le bousculait, mais la plupart du temps la brimade était verbale [...]. Il n'avait pas d'amis et était toujours seul. Il était si méprisé que même d'autres types impopulaires dans la maison refusaient de s'associer à lui, au cas rare où sa tare eût été contagieuse. » Boyd s'interroge :

« Quel effet ces cinq ans avaient-ils eu sur lui en tant qu'adulte ? [...] Je doutais fort que ce vieux Gibbon fût le plus jovial et le plus insouciant des individus. »

Cette fiction hélas inspirée du réel rappelle combien les jeunes mâles peuvent être parfois cruels quand leur activité n'est pas régulée par des adultes, et que les hiérarchies de dominance entre ego incertains peuvent devenir impitoyables.

On en trouve un témoignage encore plus affligeant dans *Les Particules élémentaires* de Michel Houellebecq, où, dans une pension, de jeunes adolescents martyrisent et humilient sexuellement un de leurs camarades obèse et maladroit.

On parle avec raison du harcèlement en entreprise, mais le harcèlement à l'école, avec ses effets destructeurs sur la personnalité en formation, mérite au moins autant d'attention. Certaines études ont montré l'importance du phénomène et ses sous-estimations par parents et enseignants : les enfants victimes ne se plaignent pas. Aux Pays-Bas, une politique de sensibilisation générale du milieu scolaire a été entreprise à l'échelon national, avec des conseils aux enseignants, parents et élèves pour prévenir ce fléau psychologique[16].

Par ailleurs, l'expression de la tristesse ne vous protégera guère de la persécution si vous vous retrouvez dans certaines situations conjugales ou professionnelles propices au harcèlement moral[17]. Car, dans ces cas, votre persécuteur ne se contentera pas de votre tristesse ou de votre soumission, mais de votre départ.

Enfin, les rituels de soumission qui amènent le vainqueur à arrêter de battre le vaincu peuvent aussi ne jamais avoir été « appris » par un des protagonistes, comme chez ces chiens de combat qu'on a élevés dans l'isolement et qui continuent d'attaquer leur adversaire même lorsque celui-ci émet des signes de soumission[18]. Certains violents jusqu'au-boutistes ne sont peut-être pas loin de ce profil donné par des conditions éducatives toxiques.

Konrad Lorenz[19] fait remarquer que les combats sont d'autant plus ritualisés dans les espèces animales qu'elles disposent d'armes naturelles très meurtrières (crocs, griffes, cornes), car l'utilisation non ritualisée de celles-ci aboutirait à l'auto-extermination de l'espèce. Malheureusement, l'homme, avec ses petits poings et ses canines ridicules, est dépourvu de ces armes naturelles, et c'est sans doute pourquoi notre espèce n'a pas développé un RAB universel. Et c'est ainsi que le « combat de rue » peut se poursuivre jusqu'au piétinement acharné d'un adversaire déjà vaincu. En revanche, les RAB réapparaissent dans tous les sports de combat (boxe, lutte) et arts martiaux (judo, karaté) : limitation des coups autorisés et règles précises d'arrêt du combat, phénomènes *culturels* qui paradoxalement reproduisent les comportements *naturels* des animaux entre eux.

La tristesse vous permet de développer sympathie et empathie pour la tristesse des autres

Pour comprendre la souffrance de l'autre, une des voies, bien sûr pas la seule, est de l'avoir éprouvée soi-même. D'une certaine manière, la tristesse peut vous rendre meilleur consolateur quand vous devez soutenir un proche qui en souffrira. (Les psys ne sont d'ailleurs pas réputés pour être de joyeux drilles.) Certaines études ont confirmé qu'il existe une relation entre l'intensité des réactions émotionnelles et la sympathie pour celles des autres[20].

Donc, la prochaine fois que vous vous sentirez triste, ne vous en blâmez pas, mais considérez que vous accomplissez une étape naturelle de récupération après une perte ou un échec, qui vous permet aussi d'apprendre sur le monde et sur vous-même.

Variantes culturelles

Vous êtes-vous déjà senti *hujuujaq* ? Les Inuits Utku désignent par ce mot à la fois une émotion triste et la solitude. Le meilleur moyen de vous guérir de l'*hujuujaq* est d'ailleurs de chercher la compagnie des autres, qui vous réconforteront en vous montrant du *naklik*, qui ressemble fort à de la

> ### DIFFÉRENCES SEXUELLES
>
> Si les femmes pleurent plus et expriment plus volontiers leur tristesse, ce n'est pas seulement pour des raisons culturelles (on leur autorise plus qu'aux hommes à montrer de la faiblesse et de la dépendance), mais aussi pour des raisons biologiques : quand elles sont tristes, leur cerveau se comporte différemment de celui des hommes. Plusieurs études récentes ont permis d'examiner le fonctionnement cérébral d'hommes et de femmes chez qui on avait provoqué de la tristesse (une des procédures les plus habituelles consiste à demander au sujet d'évoquer un événement triste de sa vie).
> Les images obtenues montrent que, lorsqu'ils sont tristes, les hommes activent modestement une partie de leur amygdale et un peu de leur cortex frontal droit, tandis que les femmes montrent une activation cérébrale plus étendue, et plus largement répartie dans les deux hémisphères[21].
> Cela peut d'ailleurs expliquer la plus grande facilité des femmes à parler de leurs émotions, puisque les réactions observées sont proches des zones du langage situées dans l'hémisphère gauche chez les droitiers[22].

compassion. Toutefois, si vous êtes un homme adulte, le *naklik* peut vous embarrasser, car trop en recevoir vous désigne comme un faible, le *naklik* est bon pour les femmes et les enfants. (Même chez les Inuits, un homme doit rester un homme !)

En tout cas votre *hujuujaq*, provoqué en général par un malheur objectif, sera mieux accepté que si vous montrez du *quiquq*, état indéterminé de tristesse, de fatigue et de retrait qu'on préfère même ne pas nommer du tout et que vos compagnons accueilleront avec inquiétude, voire en montrant de l'indifférence[23].

Les anthropologues ont remarqué que beaucoup de cultures premières des différentes parties du monde n'ont guère de mots pour désigner la tristesse au sens général, mais seulement des mots différents pour décrire les émotions liées à divers malheurs : souffrance provoquée par la mort d'un proche, une maladie, un amour déçu, la solitude[24]. La tristesse, sans cause précise observable, n'est pas nommée et sans doute pas reconnue. Les Ifaluks de Micronésie[25] sont prêts à montrer du *fago* (compassion) pour qui est triste parce que frappé d'un des malheurs précédents, mais seront moins disponibles pour quelqu'un souffrant d'un spleen de cause indéterminée.

Chez les Bédouins d'Awlad'Ali[26], la tristesse peut s'exprimer dans la chanson et la poésie, mais, dans la vie courante, il est plus digne et plus viril de réagir à une perte par de la colère. La tristesse est associée à la vulnérabilité, tolérable là encore chez les femmes et les enfants seulement.

Tristesse et entraide

Les anthropologues font remarquer que les manières de nommer la tristesse sont révélatrices de la conception des rapports entre groupe et individus. Aucun groupe ne peut vivre sans entraide entre ses membres ; inversement, un groupe peut être mis en danger par des membres qui deviendraient trop inactifs et dépendants, comportements associés à la tristesse. Dans une économie de survie comme celle des Inuits ou des Ifaluks, on peut donc reconnaître la tristesse de ceux que l'on peut consoler ou aider dans le malheur, en espérant qu'ils vont se rétablir, mais la tristesse sans cause apparente n'est pas encouragée et elle est proscrite pour les hommes.

Bien que nous fassions partie de sociétés plus prospères, que la passivité d'un de leurs membres met moins en péril, la tristesse reste une émotion qu'on n'encourage guère socialement. En particulier, plus une culture valorise l'autonomie personnelle et la capacité à maîtriser sa destinée (comme en Occident), plus elle décourage le fait d'exprimer sa tristesse en public. C'est en particulier vrai pour les hommes, qui se doivent de paraître encore plus autonomes et moins dépendants que les femmes. À l'inverse, dans certaines cultures plus « fatalistes » et où l'interdépendance familiale est valorisée, il est plus licite

LES VRAIS HOMMES NE DOIVENT PAS PLEURER : DEUX POÈMES

Dans un fameux poème de Vigny, « La mort du loup », le narrateur assiste à la mort stoïque d'un loup qui s'est sacrifié en restant combattre les chiens pour laisser sa femelle et ses petits s'enfuir. Inspiré par le dernier regard du loup, il croit entendre un message qui lui est adressé :

Gémir, prier, pleurer est également lâche.
Fais énergiquement ta longue et lourde tâche,
Dans la voie où le sort a voulu t'appeler,
Puis après, comme moi, souffre et meurs sans parler.

Un autre sommet de cet idéal de contrôle émotionnel est représenté par le poème de Rudyard Kipling *If* (« Tu seras un homme ») dont les petits Anglais des *private schools* ont dû s'inspirer du temps de l'Empire. Voici les premiers vers :

Si tu peux voir détruit l'ouvrage de ta vie
Et sans dire un seul mot te mettre à rebâtir,
Ou perdre en un seul coup le gain de cent parties,
Sans un geste et sans un soupir...

Et pour vous éviter aussi de trop vous réjouir en cas de succès, n'oubliez pas ces deux-là :

Si tu peux rencontrer triomphe après défaite,
Et recevoir ces deux menteurs d'un même front.

Le fait que ces deux poèmes aient été écrits au XIXe siècle est significatif : les historiens ont mis en évidence une dévalorisation des larmes chez l'homme à partir du début de ce siècle. L'*Histoire des larmes* nous apprend que, jusqu'au XVIIe siècle, il semblerait qu'un homme pouvait laisser s'épancher ses pleurs en public sans craindre pour sa réputation de virilité[27]. Puis les idéaux bourgeois de contrôle de soi et de volonté de se distinguer du peuple laissèrent peu à peu les larmes réservées aux femmes et aux enfants.

d'exprimer sa tristesse par des pleurs devant les autres, et ceux-ci sont moins embarrassés pour vous réconforter, comme en témoignent les scènes de funérailles méditerranéennes.

Tristesse et deuil

Dans *Mountolive*, troisième tome du célèbre *Quatuor d'Alexandrie*, Lawrence Durrell décrit la veillée funèbre copte qui suit la mort de Narouz, fils d'une grande famille de coptes égyptiens.

Alors qu'on vient d'apporter le corps du défunt dans la grande villa familiale, les femmes de la famille et des alentours se rassemblent pour donner un spectacle inhabituel sous nos latitudes :

> « *Les femmes dansaient en rond autour du mort, se frappant la poitrine en hurlant, mais sur le rythme lent et complexe d'une danse qui semblait sortir tout droit d'une frise antique. Elles avançaient en oscillant, frissonnaient de la gorge aux chevilles, se tordaient et se tournaient sur elles-mêmes en enjoignant au mort de se lever. "Lève-toi mon désespoir ! Lève-toi ma mort ! Lève-toi mon bien-aimé, ma mort, mon chameau, mon protecteur ! Oh bien-aimé corps plein de semence, lève-toi !" Et les effroyables hululements s'étranglaient dans leur gorge, tandis que les larmes brûlantes jaillissaient de leur esprit déchiré [...]. Ainsi la douleur se multipliait et proliférait. Des femmes arrivaient partout en groupes compacts [...]. Le visage barbouillé d'indigo, elles répondaient aux cris de leurs sœurs, là-haut dans la chambre mortuaire, par des glapissements qui dévoilaient leurs dents étincelantes, puis elles montaient et se répandaient dans toutes les pièces comme une horde de démons*[28]. »

Les veuves qui sont autorisées à gémir et à pleurer surmonteraient-elles mieux leur deuil que celles des pays où elles doivent plutôt retenir leurs larmes en public et se retrouver ensuite très vite dans un appartement déserté, chacun ayant dû retourner à ses occupations ?

En tout cas, votre capacité à surmonter un deuil dépendra beaucoup du soutien familial que vous recevrez par la suite. Mais les efforts de vos proches ne suffiront pas toujours, comme le montre l'exemple suivant.

Marine parle de ses parents après le décès de son frère, tué à vingt-deux ans dans un accident de voiture.

> *Mon père a été très affecté par la mort d'Olivier, mais je dirais que lui continue à vivre, à aller travailler, à voir quelques vieux amis, à s'occuper comme avant. Il continue d'aller pêcher. En revanche, il n'a plus jamais remis les pieds sur un court de tennis : auparavant, il jouait souvent avec mon frère. Bien sûr, je le sens triste par moments, il a perdu de l'allant, mais quelqu'un qui ne l'aurait pas connu avant la mort d'Olivier le trouverait tout à fait normal et de bonne compagnie. Mère, elle, ne s'est pas remise. D'abord, je lui trouve une expression d'abattement permanent, qu'elle réussit à effacer quelques instants quand elle accueille des nouveaux arrivants, ou lorsqu'elle est reçue chez des amis. Avec moi, elle ne maintient jamais cet effort bien longtemps. Avec mes sœurs, nous avons essayé de lui changer un peu les idées, comme on dit, de l'entraîner dans des activités distrayantes, mais elle refuse le plus souvent. Quand elle accepte par exemple de nous accompagner quand nous emmenons nos enfants au poney-club, on sent que c'est plutôt une épreuve pour elle. En fait, elle passe la plupart de son temps rivée à la télévision ou, parfois, je l'ai surprise immobile à regarder dans le vague, alors qu'auparavant, sans être ce qu'on appelle une grande active, elle trouvait toujours à s'occuper. Au début, nous trouvions sa réaction normale, d'autant plus que nous aussi étions très affectés. Mais cela fait maintenant plus d'un an qu'elle est dans cet état, et nous commençons à militer pour qu'elle aille consulter un psychiatre. Évidemment, elle répond qu'elle n'est pas folle.*

Lorsqu'ils ont perdu un être cher, la plupart des gens, après quelques mois d'abattement, arrivent à retrouver leurs forces et à revivre (tout en pensant avec tristesse au disparu), comme le montre le père de Marine. Mais d'autres n'y parviennent pas et restent englués dans ce que les psychiatres dénomment le *deuil pathologique*, dont la mère de Marine est un exemple. Marine et ses sœurs ont raison, l'état de sa santé nécessite une intervention thérapeutique.

Survivre à la perte

Votre capacité à surmonter ou non la perte d'un être cher (deuil ou rupture) et votre risque dépressif sont le produit de nombreux facteurs[29] :

- *Votre sensibilité personnelle aux pertes* (qui peut avoir été exacerbée par des pertes subies dans l'enfance), composante de votre personnalité. Selon les spécialistes de l'attachement, les expériences infantiles précoces avec votre maman ont contribué à développer votre style d'attachement[30], que vous manifesterez ensuite dans tous les nouveaux liens que vous nouerez au cours de votre vie d'adulte. Nous développerons ce thème dans le chapitre consacré à l'amour.
- *La manière dont se produit la perte*. Il semblerait que vous ayez plus de chances de mieux surmonter un deuil si vous perdez un être cher de façon progressive. Vous avez alors le temps de vous y préparer, comme au cours de la fatale maladie d'un proche. En revanche, les pertes brutales seraient plus dévastatrices[31] : au retour d'un voyage, et sans vous y attendre, vous trouvez votre appartement vidé des affaires de votre ami(e) avec un bref petit mot d'adieu. Ou, comme pour les parents de Marine, le commissariat vous appelle pour vous annoncer le décès brutal d'un être cher avec qui vous parliez gaiement quelques heures auparavant.

— *L'intensité et la durée de la relation.* Chez les adultes, les deuils pathologiques s'observent surtout lors de la perte d'un conjoint ou d'un enfant. Toutefois, il existe des observations de patients qui ont développé un deuil pathologique avec tendances suicidaires à la suite de la mort de leur chien, ce qui prouve que nous ne développons pas des liens intenses qu'avec nos semblables. (Il est vrai que la plupart des maîtres voient plutôt chez leur chien ce qui le rapproche de l'humain, en particulier les mêmes émotions fondamentales, que ce qui l'en différencie. On en trouvera un exemple poignant dans la description de la chienne Karénine que donne Milan Kundera dans *L'Insoutenable légèreté de l'être*.)
— *La complexité des émotions* que vous ressentiez à propos de celui (celle) que vous avez perdu(e), avec cette hypothèse que la tristesse mêlée d'autres émotions serait plus difficile à surmonter que la tristesse « simple ».
— *Enfin, le soutien* dont vous pouvez bénéficier de la part des autres. Certaines études ont montré que le style de communication régnant dans la famille a une influence importante sur l'évolution du deuil chez les veuves[32]. D'une manière générale, un individu isolé socialement est plus vulnérable aux pertes.

Tristesse et dépression

Si la tristesse est un des ingrédients de la dépression, rappelons les différences fondamentales qui les distinguent.

La tristesse est une émotion normale, qui fait partie du répertoire de toute personne en bonne santé. En revanche, la dépression est une maladie, très fréquente puisque deux femmes sur dix et un homme sur dix souffriront d'un épisode dépressif majeur au cours de leur vie.

> ## UN DEUIL PATHOLOGIQUE CÉLÈBRE : MADAME DE TOURVEL
>
> Dans *Les Liaisons dangereuses*, le vicomte de Valmont, un libertin, décide de séduire la jeune et belle Mme de Tourvel, enjeu d'autant plus difficile qu'elle est vertueuse et attachée à son mari. Aidé des conseils épistolaires de sa complice en libertinage la marquise de Merteuil, il parvient à ses fins. Après une savante approche, il rejoint un soir la vertueuse épouse dans sa chambre, puis enfin dans son lit, où ils connaissent les plus doux transports. Mais à peine la liaison a-t-elle commencé que Valmont, mis au défi par la Merteuil de se comporter en vrai libertin, se fait un jeu de la rompre : il disparaît en laissant à son amante une lettre terrible (« Mon amour a duré autant que votre vertu »). Mme de Tourvel s'alite, ne se nourrit plus et meurt en quelques semaines.
> Plus tard, Valmont, qui jouait à l'insensible, s'aperçoit qu'il en éprouve lui aussi un terrible chagrin, qu'il va apaiser en allant au-devant de la mort.
> *Les Liaisons dangereuses* représentent un magnifique exemple des limites du libertinage : Valmont et Merteuil se croient capables de maîtriser parfaitement leurs émotions, tout en jouant avec celles des autres. Mais ils n'y parviennent pas. Même Merteuil devient jalouse en s'apercevant avant lui que Valmont est en fait à son insu amoureux de Mme de Tourvel. C'est la vraie raison pour laquelle elle lui ordonne de rompre avec elle.
> Les défenseurs modernes du libertinage et de l'amour hédoniste feraient bien de se souvenir que même leurs maîtres — les libertins du XVIIIe siècle — n'arrivaient pas toujours à dominer leurs tendances innées à l'attachement : nous ne sommes pas (que) des reptiles.

Hélas, de nombreuses dépressions ne sont pas diagnostiquées, notamment chez les personnes âgées ou celles qui souffrent d'une maladie physique ou d'un handicap, parce qu'on considère (et elles aussi parfois) que ressentir constamment de la tristesse est normal à leur âge ou dans leur situation...

La *dysthymie* est une forme de dépression récemment identifiée par les psychiatres. Ce trouble de l'humeur, qui touche environ 3 % de la population, est une sorte de dépression chronique à bas bruit : la personne se sent triste et pessimiste un jour sur deux pendant au moins deux ans ; elle présente aussi une faible estime de soi, des difficultés à se concentrer ou à prendre des décisions, de la fatigue, des sentiments de perte d'espoir. La dysthymie pose d'ailleurs la question de la frontière entre maladie psychiatrique et trait de personnalité : elle démarre le plus souvent dès l'adolescence, a une évolution chronique, présente souvent un caractère familial.

Différences entre tristesse et dépression

Tristesse	Dépression
Émotion normale	Trouble pathologique
État variable et transitoire	État durable
Retentissement physique modéré et passager (quelques heures ou jours)	Troubles persistant du sommeil et de l'appétit (quelques semaines ou mois)
Améliorée par les événements agréables	Peu sensible aux événements agréables
Vision de soi-même peu modifiée ou transitoirement	Vision négative durable de soi-même

Pour résumer, la dépression est une tristesse particulière : durable, tenace, intense, accompagnée d'une dévalorisation de soi, associée souvent à d'autres émotions.

Les pensées du ou de la déprimée se traduisent souvent par une triple vision négative :

— de soi : sentiment d'infériorité ou d'indignité,
— de l'avenir : pessimisme,
— du monde : le monde est perçu comme dur, exigeant et injuste.

Cette *triade dépressive* et d'autres manières de pensée typiques dans la dépression laissent entendre que le déprimé ne cesse de faire des erreurs de traitement de l'information et que ces erreurs causent ou entretiennent ses émotions tristes. On touche là à un vaste courant de recherche, nourri par la pratique d'un nouveau type de thérapie : les *thérapies cognitives*, qui ont fait la preuve d'une efficacité voisine de celle des antidépresseurs[33], et sont devenues prédominantes dans les pays nordiques et anglo-saxons.

Dépression, tristesse et colère

Le rapport entre tristesse et colère est un des fondements des théories psychanalytiques de la dépression[34]. Pour Freud, dans certaines dépressions graves (que les psychiatres appellent *mélancolie*), le (la) patient(e) a subi une perte (par exemple son conjoint décède), mais il (elle) refoule sa colère contre l'objet perdu (colère « infantile » pour la souffrance qu'il cause en disparaissant) car cette perte est inacceptable pour sa conscience d'endeuillé(e). Comment en vouloir à un cher disparu ? Il (elle) détourne alors cette colère inconsciente contre lui(elle)-même. (C'est ce que d'autres analystes ont décrit comme « l'introjection du mauvais objet ».) D'où, selon cette théorie, la tendance des patients mélancoliques à s'accuser de toutes les vilenies possibles et à tenter de se suicider par des moyens violents. Des études plus récentes ont montré la fréquence des épisodes de colère chez environ un tiers des dépressifs[35]. On a même élaboré le diagnostic de « dépression hostile », lorsque le sujet se sent agressif envers les autres[36], mais ce type est loin de représenter l'ensemble des déprimés.

Dépression, tristesse, dégoût

Écoutons Sophie, en convalescence d'une dépression sévère.

Aujourd'hui, je vais mieux. Mon psy m'a dit qu'il l'a remarqué à un détail : j'ai recommencé à me maquiller, ce qui, paraît-il, est un signe habituel d'amélioration chez les femmes. Cela m'a fait réfléchir. Bien sûr, avec le traitement, j'ai plus d'énergie, alors que, quand j'allais mal, les moindres tâches de la vie quotidienne me paraissaient des fardeaux insupportables, y compris me maquiller. Mais je crois que ce n'était pas la seule raison pour laquelle je ne faisais plus d'effort pour mon apparence. En fait, quand je me regardais dans la glace, je me dégoûtais. J'avais l'impression qu'il ne servait à rien d'essayer d'améliorer l'apparence de cette chose répugnante : moi.

UNE AUTRE ÉMOTION FONDAMENTALE : LE DÉGOÛT

Le dégoût est une des émotions fondamentales, remarquables par plusieurs points[37] :

— Il y a bien une expression faciale caractéristique du dégoût, que l'on peut observer en confrontant les sujets d'expérience à des images répugnantes.

— Le dégoût est provoqué par des objets ou matières susceptibles de nous causer maladies ou empoisonnements : cadavres, aliments avariés, insectes, mollusques. Le dégoût nous fait donc rejeter ou éviter ces dangers.

— Mais il existe de considérables variantes culturelles apprises, particulièrement visibles dans le domaine culinaire : des escargots aux sauterelles grillées, en passant par le cerveau de singe fraîchement tué, ou le foie de phoque encore tiède, innombrables sont les mets recherchés par les uns et considérés comme repoussants par les autres. En revanche, des thèmes de dégoûts assez universels concerneraient ce qui nous rappelle trop fortement notre nature animale (défaut d'hygiène corporelle, défécation, règles).

— Le dégoût, déclenché au départ par des objets physiques, peut s'étendre à des comportements ou à des personnes qui nous « dégoûtent ». La frontière entre dégoût et mépris est l'objet de l'intérêt de certains chercheurs, qui pensent que le mépris est aussi une émotion fondamentale, avec peut-être une expression faciale caractéristique[38]. Selon des recherches actuelles, le vécu de certains dépressifs serait plus proche de l'association émotionnelle tristesse-dégoût (de soi) que de la tristesse-colère.

Tristesse et émotions associées

Écoutons Nicole, encore dans les souffrances d'avoir été quittée par son ami avec qui elle vivait depuis trois ans. (Si nos témoins pour la tristesse sont plutôt des femmes, ce n'est pas en vertu d'un biais machiste ; c'est simplement parce qu'elles en parlent en général mieux et plus volontiers que les hommes.)

> *Je me sens triste la plupart du temps, avec une sensation de solitude très forte, même au milieu des autres. C'est une tristesse très pesante, comme un poids qui me gêne pour agir au quotidien. À d'autres moments, j'ai aussi des moments de grande angoisse pour l'avenir, en me demandant comment je vais réussir à survivre toute seule, à supporter la vie, j'ai même peur de ne même plus arriver à me maintenir professionnellement si je continue à être perturbée comme ça. Et puis quand je pense à lui, j'ai parfois des accès de colère, en pensant à la manière dont il m'a quittée, à tout ce qu'il m'avait promis, à l'avenir possible que nous avions ensemble. Alors, j'essaie vite d'arrêter ce genre de pensées parce que, autrement, cela me conduit à me remémorer certains souvenirs, bien sûr des souvenirs de moments de parfait bonheur vécus avec lui. Cela devient carrément déchirant. Pour finir, je me sens complètement nulle d'être dans cet état, si faible, si émotive. Cela me rappelle tout ce que je n'aime pas chez moi. Je me dis qu'au fond c'est pour cette raison qu'il m'a quittée.*

La tristesse de Nicole est bien liée à la perte de l'être aimé, mais elle n'est pas une émotion « pure », car elle est souvent mêlée à d'autres émotions. Cela ne la consolera sans doute pas, mais la recherche confirme que la tristesse est le plus souvent vécue en même temps qu'une autre émotion fondamentale[39]. Nous verrons, lorsque nous évoquerons l'amour, que les bébés font très tôt l'expérience de ce mélange émotionnel.

Tristesse et émotions associées

Émotion associée à la tristesse après une rupture amoureuse	Pensée associée
Tristesse-anxiété	Que vais-je devenir ?
Tristesse-colère	Quel être infâme !
Tristesse-bonheur (nostalgie)	Oh, comme je regrette ces moments heureux !
Tristesse-dégoût	Je suis lamentable
Tristesse-honte (peut-être plus fréquente chez les hommes)	On doit me trouver ridicule

Malheureusement, ce mélange émotionnel pourrait selon certains chercheurs rendre plus difficile de vous libérer de votre tristesse. Chaque émotion réactiverait l'autre, dans une sorte de réverbération. D'où l'importance, si vous entreprenez une psychothérapie à la suite d'une rupture ou de la perte d'un être cher, d'examiner avec votre thérapeute tous les sentiments que vous éprouvez encore à son égard, y compris les plus contradictoires.

Tristesse et colère

Colère et tristesse sont provoquées toutes les deux par des événements indésirables. Mais la colère nous pousse à agir contre le responsable réel ou supposé, tandis que la tristesse nous amène plutôt à nous concentrer sur nous-même et sur les dommages liés à l'événement.

Les pensées de trois émotions négatives

Pensées de la Tristesse	Pensées de la Colère	Pensées de l'Anxiété
Centrées sur la perte liée à l'événement défavorable certain « Quel malheur ! »	Centrées sur le supposé responsable de l'événement défavorable certain « Il va le payer ! »	Centrées sur le risque de l'événement défavorable incertain « Quel malheur si ça arrivait ! »

> ### TRISTESSE MÊLÉE DE COLÈRE AU CINÉMA
>
> Dans *De beaux lendemains* (1997) d'Atom Egoyan (adapté du roman de Russell Banks), toute une petite ville enneigée de l'Ouest canadien est plongée dans une tristesse écrasante : presque tous les enfants de l'endroit ont péri dans un terrible accident survenu au car de l'école. Un avocat, attiré par la perspective d'une belle indemnisation, visite les parents pour leur proposer d'attaquer en justice les éventuels responsables : la mairie, le constructeur du car, la conductrice. Les parents accablés restent sourds à ses propositions, car l'accident leur semble dû à la fatalité, mais l'homme de loi réussit habilement à transformer leur tristesse (et leur colère naissante contre son insistance) en une vraie colère contre les supposés responsables de cet accident : « Je ne suis pas venu représenter votre chagrin, mais votre colère. » Il parvient à entraîner certains d'entre eux dans une action en justice.
>
> Dans *Les Affranchis* (1990) de Martin Scorsese, le personnage joué par Robert De Niro donne un magnifique exemple du mélange de ces deux émotions. Appelant d'une cabine téléphonique, il apprend le meurtre d'un vieux copain. Il fond aussitôt en larmes, puis subitement se met à frapper la cabine à coups de pied avec une rage incontrôlée, puis fond à nouveau en larmes, puis à nouveau s'acharne contre la cabine, puis fond en larmes...

La colère pour gérer sa tristesse ?

Les deux exemples cinématographiques précédents nous laissent entrevoir que la colère peut être d'ailleurs un moyen de *gérer sa tristesse*. Sans le savoir, Robert De Niro gère ses émotions comme les Ilongots, une tribu de chasseurs-cueilleurs et coupeurs de têtes des Philippines.

Quand ceux-ci éprouvent l'*uget*, une émotion liée à l'échec et à la perte, ils partent aussitôt à la recherche d'une future victime, puisque le meilleur moyen de se libérer de ce douloureux *uget* sera de couper une tête (bien que ce procédé paraisse fort efficace, nous ne vous le recommandons pas[41]).

La tendance à transformer la tristesse en colère serait d'ailleurs commune à toutes les sociétés guerrières, ce que sont la mafia et les Ilongots, mais aussi l'aristocratie médiévale. Comme nous sommes tous les descendants de chasseur-cueilleurs guerriers, il n'est pas surprenant que « trouver un responsable », chercher à le châtier est hélas un mécanisme universel de gestion de la tristesse par la colère, et il a laissé des traces sanglantes dans l'Histoire.

Triste pour les autres : sympathie et empathie

Vous pouvez aussi vous sentir triste en l'absence de perte personnelle, simplement parce que vous êtes le témoin de la perte que subit quelqu'un d'autre.

Vous éprouvez alors de la *compassion* ou de la *sympathie*, termes à l'étymologie identique : souffrir *(pathos)* avec *sun* (grec) ou *cum* (latin).

Toutefois, en français moderne, la sympathie a perdu ce sens de proximité par la souffrance, qui ne persiste plus que dans l'expression un peu désuète « vous avez toute ma sympathie » que l'on prononçait à l'occasion des condoléances.

Les psychiatres et psychologues aujourd'hui utilisent également le terme d'*empathie*[42], très proche étymologiquement, qui signifie que l'on *comprend* l'émotion de l'autre et ses causes (ce qui parfois amène à l'éprouver en partie) et qui est une des composantes de *l'intelligence émotionnelle.*

Votre sympathie a d'autant plus de chances de se manifester que la personne qui subit la perte vous est chère, ou partage avec vous des points communs. Mais si vous éprouvez un fort sentiment d'appartenance commune à l'humaine condition, il peut vous arriver de ressentir empathie (vous comprenez leur émotion) et sympathie (vous la partagez) pour de parfaits inconnus : des gens victimes de catastrophe que vous voyez à la télévision, de malheureuses populations subissant guerre et famine. Les moralistes du XVIIe siècle et certains psychologues pourront dire — peut-être avec raison — que cette sympathie n'est qu'une identification à ces victimes et qu'en pleurant sur elle nous pleurons sur nous, mais qu'importe si cela nous pousse à leur venir en aide ?

Un bel exemple de sympathie/identification est encore donné dans le merveilleux *Voyage en Italie* de Roberto Rossellini. Christine (Ingrid Bergman) et Alex (George Sanders) sont un couple de riches Anglais en voyage dans l'Italie d'après-guerre, sous le prétexte de s'occuper d'une histoire de succession, mais en fait pour essayer de redonner vie à leur amour qui se défait. Entraînés par des amis italiens, Christine et Alex assistent à une fouille à Pompéi, au moment où une équipe archéologique est en train de mettre au jour des victimes de l'éruption du Vésuve, vingt siècles plus tôt. Lorsque apparaissent les formes d'un couple, un homme et une femme allongés côte à côte et saisis ensemble dans la mort, l'homme ayant tenté de protéger sa compagne dans un geste ultime, Catherine éclate en sanglots. Alex, en bon mâle anglais des classes supérieures, lui enjoint aussitôt de se ressaisir (il ne faut pas embarrasser les amis italiens !). Plus tard, en tête à tête, il reconnaît que lui aussi s'est senti *pretty moved*.

Dans ce cas, leur sympathie s'est manifestée non seulement pour des personnes inconnues, mais même *disparues*, comme lorsque la télévision nous montre des souvenirs des victimes des catastrophes ou des génocides du passé.

Comment gérer sa tristesse

La tristesse, rappelons-le, est une émotion normale, qui participe à votre expérience et à votre maturation psychologique. Il ne s'agit donc pas d'évacuer et de refouler toute tristesse, ce qui serait à la fois irréaliste et psychologiquement dommageable.

En revanche, comme toute émotion, la tristesse gagne à être contrôlée dans certaines limites au-delà desquelles elle vous devient nuisible. En face des avantages de la tristesse que nous avons déjà énumérés, voici les inconvénients possibles.

Avantages de la tristesse	Inconvénients d'une tristesse excessive
La tristesse vous apprend à éviter les situations qui la provoquent	Vous inhibe à l'excès
La tristesse vous fait réévaluer la situation et vos erreurs éventuelles	Vous fait ruminer sur vos échecs
La tristesse peut vous attirer l'attention et la sympathie d'autrui	Finit par lasser la bonne volonté des autres
La tristesse vous protège (momentanément) de l'agressivité des autres	Vous fait considérer comme un(e) faible dont on peut profiter sans crainte
Vous permet de développer sympathie et empathie pour la tristesse des autres	Vous rend trop sensible à tout événement triste

Pour vous maintenir du côté des avantages, voici donc quelques conseils. Attention, ces conseils ne sont valables que pour une tristesse normale, si vous êtes déprimé, ils ne vous suffiront pas, une aide médicale et psychologique sera nécessaire.

Acceptez d'être triste

Contrairement à aujourd'hui, où la tristesse est souvent perçue comme une défaillance, elle a été valorisée au cours des siècles.

— par les religieux, qui la considéraient comme un signe d'humilité, une conscience de ses imperfections,

— par les artistes, en particulier les romantiques, comme un signe de sensibilité et une émotion bien compréhensible face à un monde en perte d'idéal,
— par les médecins et les philosophes qui considéraient que la mélancolie était souvent une caractéristique des grands hommes[43].

Même si notre société valorise moins cette émotion, acceptez votre tristesse : elle vous aidera à réfléchir, à vous souvenir, à mieux comprendre le monde qui vous entoure, à éviter de répéter certaines erreurs.

Acceptez-la aussi parce que c'est une émotion inévitable, et que vouloir vivre sans tristesse serait aussi vain que de vouloir vivre sans vieillir.

Exprimez votre tristesse avec précaution

Exprimer votre tristesse peut vous attirer attention et sympathie, et renforcer les liens avec ceux qui vous écoutent ou vous consolent.

Comme pour Jacques, c'est parfois à l'occasion d'un malheur que l'on découvre la générosité insoupçonnée de certains, et ne pas exprimer sa tristesse risquerait de se priver de ces moments intenses de partage émotionnel, expérience humaine fondamentale.

Mais deux risques sont bien réels : épuiser les bonnes volontés des autres ou apparaître comme un faible.

En particulier, évitez d'exprimer de la tristesse dans un milieu compétitif, particulièrement si vous êtes un homme.

Continuez à agir

Le retrait, l'inactivité, le repli sur soi accompagnent souvent la tristesse.

Malheureusement, si vous vous abandonnez trop longtemps à cette attitude, votre tristesse risque de se prolonger : sans activité, votre attention va rester tournée vers la perte éprouvée, d'autant plus facilement que vous vous maintiendrez dans un environnement solitaire, pauvre en événements.

> ## TRISTESSE ET PENSÉE
>
> De même que la bonne humeur favorise action, coopération et créativité, la tristesse semble avoir les effets inverses[44] :
> — La tristesse favorise l'évocation des souvenirs tristes, au détriment des autres.
> — La tristesse fait porter son attention sur les éléments défavorables.
> — La tristesse perturbe l'attention.
> Même si ces phénomènes sont normaux et peut-être nécessaires dans la phase de repli et de bilan de l'échec, on voit comment ils peuvent être accrus par l'inactivité.
>
> *Les attributions*
> La tristesse influe aussi sur notre manière de considérer échecs ou succès. Lorsqu'on est triste, on tend à se trouver plus facilement responsable de ses échecs, et à les attribuer à une caractéristique stable de sa personnalité. C'est ce que les psychologues appellent « les attributions internes et stables » (« j'ai échoué parce que je ne suis pas doué »). À l'inverse, les éventuels succès seront plus volontiers vécus comme dus à des circonstances favorables : attributions externes et instables (« j'ai réussi parce que c'était facile »). Ces mécanismes se perpétuent au cours de la dépression auto-entretenant une tristesse presque constante. De nombreux travaux ont démontré que ce style de pensée si typique de certaines personnes représentait un facteur de risque de survenue d'états dépressifs[45].

Même si une période de retrait est inévitable, gardez en vue la nécessité de continuer d'agir, même modestement. L'*Eudémonia* d'Aristote, l'activité orientée vers un but, peut être un bon remède à la tristesse.

Souvenez-vous du mécanisme du *feed-back* facial : le fait de sourire volontairement a un effet favorable sur votre humeur et rend plus difficile l'évocation de souvenirs tristes. Il est bien sûr inutile d'attendre d'une thérapie par le rire la guérison d'une profonde tristesse, mais soyez sûr à l'inverse qu'une grise mine constante ne fera qu'aggraver votre moral. Surveillez donc votre expression faciale, elle n'est pas sans pouvoir sur votre moral.

Recherchez les événements ou activités qui vous sont habituellement agréables

Sauf si vous êtes très déprimé(e), votre tristesse sera en général modifiée par les événements agréables. N'attendez pas des explosions de joie, mais simplement une atténuation de votre tristesse par de petits moments de contentement.

Attention, nous avons vu que nous ne sommes pas également sensibles à tous les types de joie. Ne vous laissez pas imposer des situations « gaies » que vous n'appréciiez pas vraiment même avant de devenir triste.

Pour certains, la tristesse sera apaisée par une fête endiablée, pour d'autres, par une promenade à deux. Pensez-y aussi avant de chercher à remonter le moral de vos amis tristes.

Ce conseil sera d'autant plus facile à suivre que vous aurez déjà une hygiène de vie tournée vers la recherche d'événements ou d'activités agréables, comme en témoignent Florence et Martin, dont la fille est décédée dans un accident de voiture.

En fait, dans les premières semaines, nous arrivions juste à faire face à nos activités professionnelles, mais de retour à la maison c'était l'effondrement. Aidés par les conseils d'un ami, nous avons décidé de réagir. Nous nous sommes mis à programmer de passer le moins possible de week-ends à la maison, en répondant aux invitations d'amis ou en prévoyant des voyages. L'effet n'a pas été miraculeux : je me souviens des larmes de mon mari quand nous retrouvions un endroit où nous nous étions rendus avec notre fille. Mais nous avons aussi refait l'expérience de partager de bons moments à deux, alors que depuis des semaines nous ne partagions que de la tristesse. Globalement, la situation s'est améliorée, même si je sens que la route est encore longue avant que nous retrouvions vraiment goût à la vie.

Cet exemple montre aussi l'importance de ce que les psychologues appellent « le soutien social », plus simplement le rôle des amis et connaissances, qui vous fourniront compassion, conseils et invitations à passer les voir, voire soutien matériel.

Pensez à consulter

Si votre tristesse se prolonge et possède *l'une* des caractéristiques suivantes :
— elle vous rend difficile de faire face à vos activités habituelles,
— elle ne réagit pas aux événements auparavant agréables,
— elle s'accompagne d'une fatigue inhabituelle, de troubles du sommeil ou de l'appétit,
— elle est associée à des idées de disparition ou de suicide.

Consultez et parlez-en à votre médecin : il cherchera à savoir si vous souffrez d'une dépression, et, dans ce cas, les conseils ne suffisent pas, vous aurez besoin d'un traitement médical et psychologique.

Mieux gérer votre tristesse

Faites	Ne faites pas
Accepter d'être triste	Refouler sa tristesse
Exprimer votre tristesse	Faire bonne figure à tout prix
Continuer à agir	Rester prostré
Rechercher les événements agréables	Se fabriquer un environnement attristant
Penser à consulter	Rejeter toute aide

Chapitre 6

La honte

> *La honte est devenue un mode de vie pour moi.*
> *À la limite, je ne la percevais même plus,*
> *elle était dans le corps même.*
> Annie ERNAUX, *La Honte*.

ÉCOUTONS Anne, cinquante-deux ans, nous raconter un de ses souvenirs de jeunesse :

> *Lorsque j'étais adolescente, je m'étais liée d'amitié avec une autre fille de la classe sans trop me rendre compte qu'elle venait d'un milieu beaucoup plus favorisé que le mien : mes parents étaient de petits agriculteurs qui n'avaient pas dépassé le certificat d'études, tandis que son père était un gros notaire de la région. Elle non plus ne portait pas grande attention aux différences sociales, puisqu'un jour elle m'a invitée à déjeuner dans sa famille. Pendant tout le repas, son père et sa mère ont été charmants avec moi. (Il faut dire aussi que j'étais très bonne élève et paraissais sans doute très « méritante » à leurs yeux.) Je sentais mon amie très contente de cette rencontre.*

> *Mais avec nous se trouvait aussi son jeune frère, plus turbulent, et qui avait l'air impatient de quitter la table. Le plat principal, je m'en souviens parfaitement, était un excellent civet, que j'avais mangé avec appétit, tout en faisant très attention à « bien me tenir » et à répondre intelligemment aux bienveillantes questions de Maître N. et de son épouse. Et puis, quand j'ai eu terminé, voyant qu'il restait de la sauce dans mon assiette, j'ai saisi un morceau de pain et je me suis mise à « saucer mon assiette », comme je l'avais vu faire à la maison. Je ne me serais rendu compte de rien si le jeune frère ne s'était mis aussitôt à m'imiter, à la fois par jeu et peut-être par malignité. Mme N., très fine, n'aurait sans doute rien dit, mais Maître N. n'a pu s'empêcher de foudroyer son fils du regard en lançant un furieux « Benoît ! » qui l'a fait lâcher son pain. J'ai vu, j'ai compris, et j'ai eu l'impression que mon cœur s'arrêtait. Je crois que j'ai réussi à garder bonne figure pendant le reste de la rencontre, mais je me sentais comme enveloppée d'un brouillard brûlant de honte. Le simple fait de m'en souvenir me fait encore monter le rouge aux joues.*

Anne a bien éprouvé de la honte, c'est-à-dire « un sentiment pénible de son infériorité, de son indignité, ou de son abaissement dans l'opinion des autres[1] ».

L'infériorité ici en jeu est sociale : Anne se trouve invitée dans une famille d'une classe « supérieure » à la sienne, et voilà qu'elle révèle involontairement qu'elle n'en connaît pas les usages. À ses propres yeux, pour n'avoir pas su se comporter comme il se doit à une table bourgeoise, elle était donc indigne d'y être invitée. Enfin, elle craint que ses hôtes, d'abord charmés par son bon caractère et son intelligence, ne se rappellent, en la voyant saucer vigoureusement son assiette, qu'elle n'est qu'une petite paysanne et qu'ainsi elle souffre d'un abaissement dans leur opinion. Kaufman décrit la honte comme « l'émotion de l'infériorité[2] ».

Mais, dira-t-on, en quoi le fait de saucer ou non son assiette définit-il la valeur d'une personne ? Pourquoi ce détail de conduite paraît-il si important à Anne alors que ses qualités personnelles ont plu à son amie et à ses parents ?

Anne s'exagère sans doute l'importance que prend ce détail dans la situation présente : après tout, la famille qui l'a invitée sait bien qu'elle est d'un milieu modeste. Ce n'est pas comme si elle avait voulu se faire passer pour une duchesse. Toutefois, ce petit impair est révélateur de son milieu social, composante importante de notre identité aux yeux des autres. C'est d'ailleurs pourquoi Maître N., qui n'aurait pas fait de remarque à Anne, est en revanche furieux quand son fils se « déclasse » en sauçant son assiette.

La honte, émotion cachée

Chère lectrice, cher lecteur, avez-vous déjà éprouvé de la honte ? Vous connaissez-vous encore des sujets de honte personnelle ? Sans doute. Dans ce cas, à qui en avez-vous parlé récemment ?

Des études ont montré que nous prenons plus de précautions pour confier notre honte que lorsqu'il s'agit d'autres souvenirs émotionnels. Les personnes interrogées reconnaissent ne pas parler de leur honte le jour ou l'événement s'est produit et se confier seulement à des proches ou à des amis de même statut, et pratiquement jamais à la personne qui a provoqué la honte[3].

En étudiant des enregistrements de séances de psychothérapie, on s'est aperçu que patient et thérapeute peuvent passer de nombreuses séances avant d'évoquer des sujets de honte qui sont pourtant parfois au cœur des difficultés du patient. En revanche, si le thérapeute pose la question directement, le patient se confie le plus souvent[4].

Dans *La Honte*, Annie Ernaux déclare ainsi qu'il lui a fallu plusieurs romans avant d'oser décrire la honte qu'elle éprouvait dans son enfance. Cette révélation ne lui paraît pas anodine puisqu'elle parle d'« écrire un livre qui après rendrait le regard des autres insoutenable ». Nous verrons qu'au contraire parler de sa honte peut amener à s'en libérer.

Cette réticence à confier sa honte explique peut-être que la honte, comme l'envie, n'a été l'objet d'études systématiques qu'assez récemment, comparée aux autres émotions élémentaires comme la colère ou la tristesse.

Si la honte est une émotion à la fois si intense, si marquante dans nos souvenirs et si difficile à évoquer, à quoi peut-elle bien nous servir ? Pour mieux la comprendre, commençons par étudier ce qui la provoque.

Qu'est-ce qui fait honte ?

Explorons quelques situations de honte, en espérant que le rouge ne vous monte pas trop aux joues, car la honte est aussi une émotion que nous pouvons éprouver par sympathie.

Hubert, trente-quatre ans :

> *Mes parents m'ont eu sur le tard, surtout mon père qui approchait la cinquantaine quand il est devenu pour la première fois papa. Un jour, je devais avoir dix ans, il est venu m'attendre à la sortie du collège. Là, quand je l'ai vu, les cheveux tout blancs, bedonnant, l'air un peu ahuri avec son costume d'une autre époque, au milieu des autres parents qui me paraissaient soudain tous jeunes, dynamiques, bien habillés, j'ai commencé à ressentir de la honte. Il m'a aperçu, il m'a souri, mais je n'ai pas traversé la rue pour aller vers lui, je me suis mis à marcher directement en direction de la maison, pour le forcer à me rejoindre un peu plus loin sur le trottoir sans que nous ayons à nous retrouver au milieu de mes camarades. J'ai vu qu'il était interloqué, mais il a dû comprendre et, sans un mot, il m'a rejoint. Je me souviens de ma honte de l'époque, mais*

aujourd'hui, c'est de mon propre comportement que j'ai honte : avoir blessé un père qui m'aimait.

Hubert décrit ici une honte liée au manque de conformité : par son âge, son père paraît très différent des pères de ses petits camarades. Le sentiment de ne pas être comme les autres est une source de honte dans bien des domaines, que la différence soit liée à l'apparence physique, à l'appartenance ethnique, à l'origine sociale ou à la présence d'un handicap physique ou mental.

Par ailleurs, si Hubert enfant a bien éprouvé de la honte, nous verrons que son émotion d'aujourd'hui est plutôt de la *culpabilité*.

Sandrine, trente-huit ans :

Adolescente, j'étais en pension dans un lycée situé loin de chez mes parents. Sa cuisine n'était pas à la hauteur de sa réputation pédagogique. La nourriture était peu ragoûtante et en quantité insuffisante pour des adolescentes en pleine croissance. Heureusement, la plupart des parents envoyaient des colis pour améliorer l'ordinaire. Dans ma chambre, avec mes camarades, une règle avait spontanément été instituée : chacune partageait un peu de ce qu'elle recevait avec les autres, dans une structure d'échange assez complexe qui aurait intéressé un anthropologue. Ma mère m'envoyait régulièrement des macarons qu'on ne trouvait que dans notre ville et que j'adorais. Je ne sais pas pourquoi, je me suis mise à faire une fixation sur ces macarons : je ne voulais pas les partager, j'ouvrais la boîte en cachette, je les enfermais dans mon placard et je les mangeais en solitaire. Les envois de ma mère dépassaient mes appétits, et j'ai fini par en avoir tout un stock, d'autant plus gênant qu'à ce stade le montrer aurait révélé tous mes efforts précédents pour le cacher. Et puis un jour, catastrophe, les autres filles m'ont trouvée en train de mastiquer un macaron devant mon placard ouvert. Elles ont poussé des exclamations, je me suis sentie rougir de honte, j'aurais voulu disparaître, et elles n'ont par la suite cessé de se moquer de moi en me traitant de « Miss Macaron », surnom qui m'est resté pendant toute l'année et qui m'a fait souffrir.

Sandrine décrit ici une honte déclenchée par la mise au jour d'un manquement aux comportements d'entraide et de réciprocité. Être pris « la main dans le sac » est source de honte. Il est remarquable que, pour désigner ce genre de situation, les Américains utilisent l'expression « être pris culotte baissé » *(pants down)*, ce qui traduit peut-être une différence d'enjeu entre une honte d'inspiration catholique (l'argent) et protestante (le sexe).

Jean-Pierre, quarante ans :

> *Lorsque j'étais étudiant en première année de droit, je m'intéressais beaucoup à une fille de la fac. Tout le monde voulait sortir avec elle. Elle était très sexy, mais avait en même temps l'air assez sage. Personne ne lui connaissait de petit ami parmi nous. Et puis un soir, à ma grande surprise, elle a accepté de sortir avec moi, nous sommes allés au cinéma, je l'ai ramenée prendre un verre dans mon studio, et elle a commencé à se révéler un peu plus hardie. Les yeux rêveurs au-dessus de son verre de Malibu que je veillais à ne jamais laisser vide, elle m'a expliqué qu'elle préférait les hommes plus âgés que nous, jeunes étudiants, et qu'elle avait déjà eu plusieurs liaisons avec des hommes mariés, et même un prof de la fac. J'étais assez impressionné par ces révélations, parce que je l'imaginais assez sage, alors que je découvrais qu'elle avait plus d'expérience que moi. Quand nous nous sommes retrouvés au lit, le moins qu'on puisse dire est que je n'ai pas été brillant. Elle a conclu par un : « C'est tout ? » ironique qui ne m'a laissé aucune possibilité de me rattraper. Je me suis senti très honteux, une sorte d'infirme sexuel à ses yeux, comparé à tous ses précédents brillants amants. Comme j'avais très peu d'expérience, je ne pouvais aucunement relativiser ce fiasco. Nous n'avons pas poursuivi cette relation. Ensuite, dès que je la croisais à la fac, je croyais la voir sourire d'un air ironique et je me sentais rougir de honte.*

Jean-Pierre décrit ici une honte à caractère sexuel, thème particulièrement fécond en hontes diverses chez les deux sexes : performances érotiques, taille et forme de ses attributs sexuels et préférences plus ou moins avouables.

Matthieu, trente-huit ans, cadre dans un laboratoire pharmaceutique :

> *Je ne suis pas ce qu'on appelle un brillant causeur et j'ai toujours un peu le trac quand je dois parler devant un public, surtout en anglais, ce qui m'arrive de temps en temps depuis que je travaille dans une multinationale. Un jour, j'ai dû participer à une matinée de présentation des résultats devant un groupe de dirigeants venus du siège américain. Nous étions plusieurs collègues à défiler les uns après les autres, debout sur une estrade à côté de l'écran de projection, situation que je déteste. J'ai eu l'impression de ne pas trop mal m'en tirer, mais en hésitant beaucoup. Ensuite, j'ai trouvé que tous mes collègues qui passaient après moi étaient meilleurs, plus intéressants, plus à l'aise. Mais je me disais — comme me le conseille mon psy — que je voyais les choses en noir, et que je n'avais pas été si mauvais. Pendant que la présentation continuait, j'étais retourné m'asseoir dans le public, juste derrière deux collègues, qui n'avaient pas dû s'apercevoir de ma présence. L'un d'eux a murmuré à l'autre : « Pour l'instant ça va bien, ça rattrape un peu Matthieu. » L'autre a opiné. Je me suis senti rougir de honte.*

Matthieu a éprouvé une honte liée au thème statut-compétition, si présent dans la vie professionnelle. Mais la protection de notre statut est importante dans tout le reste de notre vie, que ce soit en vacances ou en famille. Elle est source de hontes cuisantes.

Pour les psychologues contemporains, la honte survient quand nous montrons aux autres que nous ne parvenons pas à atteindre les normes du groupe dans un des quatre grands domaines que nous venons d'explorer dans nos témoignages : conformité, comportements d'entraide, sexualité, statut-compétition[5].

Voici quelques autres situations de honte, avec leur thème sous-jacent (plusieurs thèmes peuvent être présents pour une même situation).

Groupe d'appartenance	Norme du groupe	Exemple de source de honte	Thème de la honte
Enfants	Ne plus être un bébé	Faire pipi au lit	Conformité-Statut
Adolescents	Être un mâle viril	Avoir une petite verge (ou la supposer telle)	Statut-Compétition Sexualité
Adolescente 2000	Être mince	Avoir des rondeurs	Conformité
Adolescentes des années 1950	Être une vraie femme	Ne pas avoir de seins, ou si peu	Statut-Compétition Sexualité
Soldats, marins, jeunes mâles en bande, mafia, samouraïs	Être courageux physiquement	Montrer sa peur	Statut-Compétition Réciprocité
Hommes dans les sociétés traditionnelles	Avoir une femme soumise	Être trompé ou dominé par sa femme	Conformité-Statut
Paysans arrivés en ville de la première moitié du siècle	Ne pas faire « paysan »	Utiliser involontairement des expressions de patois	Statut
Personnes au-dessus de quarante ans	Paraître jeune	Avoir des rides et des bourrelets	Conformité-Sexualité
Cadres	Réussir professionnellement	Être au chômage	Statut-Compétition
Jeunes filles des années 1950	Être vertueuse	Ne plus être vierge	Conformité-Sexualité
Jeunes filles des années 1970	Être libérée sexuellement	Être vierge	Conformité-Sexualité

Dans tous ces exemples, le trait ou le comportement source de honte a deux caractéristiques.

— Il est perçu négativement non seulement par le groupe, mais aussi par la personne honteuse elle-même qui aurait préféré « être autrement » ou en tout cas « faire autrement », même si le comportement honteux lui a paru le plus attirant à un instant donné (comme pour la jeune fille vertueuse qui « cède »). Éprouver de la honte veut dire que vous avez fait vôtres les normes du groupe en matière de règles et de buts *(SRG : standard rules and goals)*.

Car, si vous êtes indifférent aux normes de votre groupe, être pris la « main dans le sac » peut vous causer de l'embarras, mais non de vraie honte. Les hommes politiques qui adhèrent aux normes d'honnêteté vont jusqu'à se suicider lorsqu'on expose un de leurs écarts de conduite. Les autres sont seulement embarrassés ou furieux d'être découverts et ils se défendent ensuite avec un sang-froid vaguement moqueur.

— Pour être source de honte, le trait ou le comportement en jeu doit définir votre *identité* dans le groupe concerné : même si, vu d'un autre point de vue, il s'agissait de détails (saucer ou non son assiette, savoir riposter par la force si l'on vous manque de respect), ce « détail » peut tout gâcher aux yeux des gens que vous fréquentez. Le sociologue Erwin Goffman[6] parle de *spoiled self* (identité tachée, gâtée) à propos de la honte.

Le visage de la honte

« Mr Swinhoe a vu des Chinois rougir, mais il pense que c'est rare, bien qu'ils utilisent l'expression "rougir de honte" [...]. Les Polynésiens rougissent nettement. Mr Stack en a vu de nombreux exemples avec les Néo-Zélandais [...]. Mr Washington Mattews a souvent vu rougir les visages de jeunes squaws chez diverses tribus d'Indiens de l'Amérique du Nord [...]. Plusieurs observateurs dignes de foi m'ont assuré qu'ils ont vu sur les visages des Nègres une manifestation ressemblant au rougissement, et dans des circonstances qui l'auraient provoqué chez nous[7]. »

Immobilisé dans la campagne du Kent par sa santé fragile, Darwin continue d'esquisser les fondements de la recherche sur l'universalité des émotions, en questionnant les marins, les explorateurs et les colonisateurs de sa connaissance.

Pour la honte, il en conclut que le rougissement en est un symptôme universel, inné et non culturel, et commun à l'humanité sous toutes les latitudes, même si le rougissement est plus facile à observer (et sans doute à provoquer) chez une jeune paysanne du Kent que chez un guerrier zoulou.

Ces intuitions ont été confirmées par la recherche moderne. Non seulement le « rougissement de honte » (c'est-à-dire la vasodilatation des vaisseaux de la face) peut s'observer sous tous les climats, mais il existe aussi une expression universelle de la honte, à la fois faciale et posturale : abaissement du regard et inclinaison en avant de la tête[8].

Non seulement nous rougissons de honte, mais nous baissons les yeux et nous courbons la nuque. Un geste est aussi reconnu comme signe de honte dans la plupart des cultures : se couvrir les yeux de la main, se masquer le visage, réflexe que l'on peut observer chez les jeunes enfants pris en faute.

Gaëtan décrit le comportement de sa fille Sidonie, quatre ans :

> *Lors d'une dispute avec sa petite sœur Héloïse, âgée de deux ans, Sidonie l'avait poussée hors de sa chambre et avait claqué la porte de toutes ses forces ; l'ennui, c'est que deux doigts d'Héloïse étaient restés coincés dans la porte et avaient étaient déchiquetés par la violence du coup. Nous*

avions dû l'emmener en urgence à l'hôpital, où elle fut opérée sous anesthésie générale, car elle souffrait d'une fracture ouverte des dernières phalanges. J'ai appris à l'occasion que la blessure était classique en pédiatrie et s'appelait un « doigt de porte ». Durant la nuit passée par Héloïse à l'hôpital, nous avions laissé Sidonie chez son oncle. Le lendemain dimanche, lorsque je suis allé la rechercher, elle était particulièrement mal à l'aise avec moi, n'osant pas me parler ni me regarder. Nous n'avions pas pris le temps de la réprimander la veille, tant nous étions pris par le sentiment d'urgence. À peine franchi le pas de la porte de son oncle, Sidonie se recouvrit immédiatement la tête de son manteau et resta ainsi dissimulée à mes regards jusqu'à notre retour à la maison. Je crois que la culpabilité l'avait dévorée toute la nuit, et que c'est mon regard sévère et mécontent qui avait activé sa honte. Pendant toute la journée, jusqu'au retour de sa sœur, elle se montra très fuyante.

Sidonie éprouve de la honte, mais aussi un sentiment voisin, la culpabilité, que nous décrirons plus tard.

QUELQUES GRANDES HONTES DE LA LITTÉRATURE

Dans *Lord Jim* de Joseph Conrad (dont a été tiré le film de Richard Brooks en 1965 où Peter O'Toole incarne le rôle principal), Jim, second d'un cargo, commet une faute indigne : se laissant entraîner par l'équipage paniqué, il abandonne son navire en perdition et, avec lui, en fond de cale, trois cents pèlerins pour La Mecque. Mais le *Patna* à la dérive est retrouvé un peu plus tard par un autre navire, et l'affaire est connue. La honte ne cesse de le tenailler par la suite et le pousse sans cesse vers de nouveaux ports où il ne demeure que tant qu'il n'est pas encore connu (« on le vit successivement à Calcutta, Bombay, Rangoon, Batavia »), pour aller finalement trouver un ultime refuge au milieu de la jungle dans un village malais, où les indigènes le nomment Tuan Jim (« Lord Jim ») : on verra qu'il méritera ce titre.

Dans *La Métamorphose* de Franz Kafka, le malheureux Gregor Samsa ne correspond visiblement plus aux normes du groupe le jour où il se réveille transformé en un énorme scarabée. Sa famille accueille avec horreur et hostilité cette métamorphose, et voilà Gregor cloîtré dans sa chambre. Seule sa sœur montre un peu de compassion, éphémère toutefois. Un jour, comprenant l'horreur qu'il inspire, il se recouvre d'un drap pour ne pas effrayer sa mère. La honte n'est évoquée que deux fois dans la nouvelle. Gregor l'éprouve quand il se glisse pour la première fois sous son canapé pour passer la nuit et, plus tard, quand il entend à travers la porte sa famille discuter de difficultés d'argent et qu'il sent qu'il est devenu incapable d'en gagner. Toutefois, cette émotion semble planer tout au long du récit sur les actes et les pensées du pauvre Gregor[9].

La Honte d'Annie Ernaux est celle qu'éprouve une adolescente normande des années 1950, quand elle prend peu à peu conscience des différences sociales et commence à considérer les habitudes de son milieu (ses parents, anciens ouvriers, sont propriétaires d'un petit café-mercerie) comme autant de signes d'infériorité. Cette honte est ressentie d'autant plus fortement que, bonne élève, elle côtoie à l'école des filles de milieux plus favorisés que le sien. Ce livre excelle à décrire ce sentiment si fréquent mais si caché. « Il était normal d'avoir honte, comme d'une conséquence inscrite dans le métier de mes parents, leurs difficultés d'argent, leur passé d'ouvriers, notre façon d'être [...]. La honte est devenue un mode de vie pour moi. À la limite, je ne la percevais même plus, elle était dans le corps même[10]. »

Dans *Roman avec cocaïne* d'Aguéev, le narrateur est un lycéen moscovite d'avant la Révolution, très soucieux de son prestige auprès de ses camarades. Malheureusement, un jour, sa mère âgée vient payer les frais de scolarité au lycée et apparaît près de la cour de récréation « avec sa pelisse râpée, et son bonnet ridicule qui laissait pendre de petits cheveux gris ». La violente honte qu'éprouve le narrateur se transforme en rage contre sa mère qu'il accueille « avec un murmure haineux ». À ses camarades venus s'enquérir moqueusement de « qui était ce pitre en jupon

avec qui je venais de parler » il déclare en plaisantant qu'il s'agit d'une veille gouvernante tombée dans la misère[11].
Le héros de ce roman révèle par la suite une âme assez noire (quoique non indemne de culpabilité). Mais même les hommes les plus vertueux peuvent éprouver cette honte fondamentale, la honte de ses propres parents, puisque voici ce que raconte saint Vincent de Paul lui-même[12] : « Étant petit garçon, comme mon père me promenait avec lui dans la ville, j'avais honte d'aller avec lui et de le reconnaître comme mon père, parce qu'il était mal habillé et qu'il boitait... Je me souviens qu'une fois au collège où j'étudiais, on vint me dire que mon père, qui était un pauvre paysan, me demandait. Je refusai de lui parler, en quoi je fis un grand péché. » Le bon Vincent n'évoqua cet épisode qu'à la fin de sa vie, ce qui montre que, même pour les saints, la honte est un sujet difficile.

Dans *Mademoiselle Else*, d'Arthur Schnitzler, la pauvre et jeune Else voudrait trouver soixante mille florins pour sauver sa famille de la ruine. Un vieil homme fortuné lui propose de rembourser les dettes de son père, mais en échange de quoi elle devra se montrer nue devant lui. D'abord révoltée, Else finit par céder, mais se dénude en public dans un état second, lors d'une soirée au casino d'un grand hôtel. Submergée de honte, elle entre ensuite dans une sorte de coma avant de s'éteindre. « Le faune m'a vue nue ! [...] Oh ! mais j'ai honte ! J'ai honte. Qu'ai-je fait ? Jamais plus je n'ouvrirai les yeux[13]. »

À quoi sert la honte ?

Certaines émotions ont une utilité immédiatement évidente : la peur qui nous fait fuir le danger, la colère qui nous aide à impressionner nos adversaires, mais la honte ? Mais pourquoi se sentir brusquement inférieur, rougir, baisser les yeux et vouloir disparaître sous terre ? Quelle peut être l'utilité d'une émotion qui nous met si mal à l'aise ?

La honte rend les autres plus indulgents

Pour la même faute, les enfants qui expriment de la honte sont moins sévèrement punis que les autres. Dans des procès réels ou simulés, les délinquants qui montrent de la honte reçoivent des peines plus légères que ceux qui n'en montrent pas ou, pire, montrent de la colère[14].

Et ce phénomène se vit au quotidien, comme nous le raconte Jeanne, patronne d'une agence de voyages.

> *Au bureau, je constatais que Marc, un jeune intérimaire, passait beaucoup de temps sur Internet, au-delà de ce qui me semblait nécessaire à son travail. Un jour, j'ai profité de son absence pour examiner l'historique de ses consultations, et je me suis aperçu qu'il s'agissait de sites pornographiques. J'étais furieuse : il était là pour travailler, pas pour s'exciter sur des images cochonnes !* [Jeanne semble avoir peu d'indulgence pour cette pourtant remarquable sensibilité masculine aux stimuli sexuels visuels.] *Quand il est revenu, je me préparais à le confronter à sa faute et à le renvoyer immédiatement à l'agence d'intérim. Dès que j'ai commencé à lui expliquer ce que j'avais découvert, il a rougi fortement, baissé les yeux et s'est mis à balbutier des excuses. Du coup, je me suis sentie moi-même gênée de l'enfoncer davantage. Je lui ai dit que je lui laissais une dernière chance. Au fond, bien m'en a pris : il a ensuite tout fait pour se « racheter ».*

La honte nous rend sympathiques

D'autres expériences ont révélé que des sujets qui montrent de la honte après un faux pas (renverser une pile de boîtes dans un supermarché) reçoivent plus d'aide que ceux qui n'en manifestent pas. Des personnes présentant une expression faciale de honte (yeux baissés, tête courbée) après une faute supposée sont jugées plus sympathiques que des personnes exprimant simplement de l'embarras[15] (regard de côté, sourire « nerveux »).

Comme la plupart des émotions, la honte a donc une fonction de communication avec les autres. Elle semble jouer un rôle d'apaisement en cas d'impair ou de conflit.

La honte nous aide à « bien nous tenir »

Imaginez un instant que la honte vous soit inconnue, que vous vous sentiez la liberté de faire absolument ce qui vous plaît dans l'instant où vous en avez envie, en vous moquant de l'opinion des autres. Difficile à concevoir.

C'est pourtant ce qui arrive à certains patients atteints de lésions de la partie inférieure et interne du lobe frontal. Ils deviennent émotionnellement indifférents au regard ou à la désapprobation des autres. Que se passe-t-il alors ? Cela dépend bien sûr de l'importance de la lésion neurologique, mais, le plus souvent, on observe un comportement inapproprié par rapport aux normes sociales. C'est ce que raconte Lucy, une patiente d'Antonio Damasio, filmée dans un documentaire[16]. Auparavant épouse timide et effacée, elle s'est mise à devenir très audacieuse, y compris dans son comportement à l'égard des hommes, ce qui n'a pas été apprécié dans son entourage. Lucy vit son nouvel état comme une libération (en particulier elle n'a plus aucune peur en avion), mais aussi comme un grand risque. Sa lésion est toutefois assez minime pour qu'elle puisse arriver à se « surveiller ».

Des patients plus atteints se mettent à jurer trop fréquemment, à se montrer très familiers avec leurs supérieurs, et, pour les hommes, à devenir entreprenants avec les femmes au-delà du raisonnable. La société peut tolérer ces comportements quand le sujet est reconnu comme malade, mais ils provoqueraient autrement dévalorisation, sanction ou exclusion.

La honte est comme un signal d'alarme qui nous informe que nous risquons de transgresser les normes du groupe dans différents domaines :

Vouloir éviter la honte nous empêche de...	Et nous évite ainsi	Domaine à risque
Nous montrer trop différent des autres...	D'être exclu du groupe	Conformité
Montrer notre peur ou nos faiblesses	De perdre du statut, de devenir un « inférieur »	Statut-compétition
Tricher ou d'accumuler en solitaire	D'être perçu comme un tricheur, un égoïste, de ne plus bénéficier des échanges	Comportements d'échange
Montrer nos infériorités ou des comportements déviants	De n'être plus perçu comme un partenaire attirant (bon reproducteur et parent potentiel), de ne plus trouver de partenaire	Sexualité

La honte est donc un excellent régulateur de nos comportements sociaux, qui sert à protéger notre identité dans le groupe comme la douleur nous aide à protéger notre intégrité physique.

De même qu'il n'est pas nécessaire de se faire sans cesse mal pour éviter les dangers, il n'est pas indispensable d'éprouver de la honte pour comprendre qu'on a fait une erreur : sans même y penser, vous agissez au quotidien pour éviter la douleur ou la honte. (Vous n'attendez pas d'éprouver de la honte pour arrêter de vous curer le nez en réunion, le risque de honte vous empêche même de penser à le faire. Un adolescent va acheter ses vêtements de la même marque que ses camarades pour éviter la honte d'apparaître « ringard ».)

La honte n'est donc pas le signe d'une névrose, le résultat d'un conditionnement judéo-chrétien ou un symptôme du conformisme petit-bourgeois : c'est une émotion universelle et très utile qui a permis à nos ancêtres de ne pas se faire dévaloriser ou exclure de la tribu, et ceux-ci nous ont transmis des gènes qui nous permettent de nous « programmer » pour éprouver de la honte.

Honte et pression sociale

Émotion sélectionnée au cours de l'évolution pour favoriser la vie en groupe, la honte a ensuite été utilisée par toutes les cultures pour réguler les comportements.

La première émotion citée dans la Bible semble être la honte qu'Adam et Ève éprouvent de leur nudité, dont ils prennent conscience après avoir goûté au fruit de l'arbre de la connaissance. Les anciens traités religieux faisaient fréquemment référence à la « vergogne », crainte vertueuse de tout ce qui est honteux. Notre époque, c'est une honte, n'en a retenu que l'expression « sans vergogne ». L'orgueil, considéré dans la religion catholique comme un péché capital, est l'inverse de la honte : une évaluation globale et positive de soi-même.

Les inconvénients de trop de honte

Comme toute émotion, la honte est à double tranchant.

Les personnes qui expriment souvent des expressions faciales de honte peuvent être perçues comme inoffensives et ne pas inciter à l'agression, mais des études ont montré qu'elles sont aussi ressenties comme moins intéressantes à fréquenter, moins séduisantes ou moins dignes de confiance[17]. Montrer trop souvent que vous éprouvez de la honte risque de vous faire percevoir aussi négativement que vous vous évaluez vous-même, et donc être moins recherché.

LA NAISSANCE DE LA HONTE : QUAND BÉBÉ ROUGIT

Honte et embarras possèdent une autre caractéristique des émotions fondamentales : on les voit apparaître très distinctement chez l'enfant entre quinze et vingt-quatre mois, nettement plus tard que la joie (trois mois), la colère (quatre-six mois) et la peur (huit-dix mois). Mais cette apparition tardive de la honte s'explique. La honte est une émotion liée à la conscience de soi (classée par les auteurs anglo-saxons parmi les *self-conscious emotions*, avec l'embarras, la fierté, l'orgueil), il faut donc se vivre comme une personne sous le regard des autres pour être honteux. Et cette conscience de soi ne se forme qu'autour de la deuxième année.

Certaines éducations semblent à même de faciliter l'apparition de sentiments de honte chez les enfants et les adultes qu'ils deviendront.

Voici les tristes ingrédients éducatifs du développement de la honte :

— montrer à son enfant une affection conditionnelle (dépendant de la conformité de l'enfant aux souhaits des parents),

— lui imposer des exigences trop élevées par rapport à ses possibilités,

— émettre critiques, moqueries ironiques ou dédaigneuses quand il échoue[18].

Infliger de la honte à un enfant n'est pas un service à lui rendre : les enfants qui éprouvent souvent de la honte sont plus en retrait ou plus agressifs que les autres, avec une estime de soi plus faible. En revanche, faire éprouver de la culpabilité à un enfant pour certains de ses actes favorise les comportements de réparation ou d'entraide, et augmente l'empathie[19].

Honte et embarras

L'embarras se distingue d'abord de la honte par une intensité émotionnelle plus faible (même si l'on peut aussi rougir) et l'absence de pensées de dévalorisation ou d'infériorité.

En cas de gêne ou d'embarras, le comportement est également différent : quand nous sommes embarrassés mais non honteux, nous évitons le regard de l'autre par un regard de côté, nous sourions « nerveusement », nous nous touchons le visage[20]. Ces trois comportements font d'ailleurs partie des signes non verbaux du mensonge, qui font l'objet de beaucoup d'attention de la part des chercheurs[21].

Ce qui cause l'embarras

Un exemple permet de distinguer les causes de honte et d'embarras. Imaginons que vous remettez le brouillon d'un rapport à un supérieur. Après l'avoir lu, il vous assure que le contenu lui convient, mais qu'en revanche il y a trouvé quelques fautes d'orthographe.

Selon votre passé, vous risquez d'éprouver embarras ou honte.

— Passé 1 : vous avez toujours été à l'aise avec l'orthographe ; simplement vous avez tapé ce rapport un peu vite et ne vous êtes pas assez relu. Dans ce cas, vous allez éprouver un certain embarras d'avoir fait une erreur de comportement (ici vous vous êtes montré un peu léger).

— Passé 2 : vous êtes dyslexique, vous avez été humilié pendant toute votre scolarité par des notes indignes en orthographe, et éventuellement des remontrances publiques d'enseignants peu charitables ou des moqueries de vos camarades. Ce n'est qu'après beaucoup d'efforts que vous êtes parvenu à une maîtrise relative de l'orthographe. Dans ce cas, ces erreurs révèlent que vous n'atteignez pas les normes du groupe (vos camarades de classe autrefois, vos collègues aujourd'hui), et vous allez sans doute éprouver de la honte.

Les psychologues diraient aussi que, dans le premier cas, vous attribuez vos fautes d'orthographe à des conditions instables (la plupart du temps, vous ne faites pas de fautes, c'est parce que vous étiez pressé ou surmené) et externes (c'est la surcharge qu'on vous a imposée qui vous a fait faire ces erreurs). Dans la seconde situation, celle de la honte, vos attributions sont stables (vous faites toujours des fautes) et internes (c'est une faiblesse personnelle).

Alors que la honte s'accompagne d'un désir de fuir la situation, l'embarras donne plutôt envie de réparer la gaffe, et parfois en mettant les spectateurs de bonne humeur.

Tandis que Winston Churchill parlait devant la Chambre depuis plusieurs minutes, un collègue proche lui fit discrètement remarquer que sa braguette était ouverte. À peine désarçonné, le vieux lion répondit à voix haute : « Ne vous inquiétez pas, à son âge, l'oiseau ne sort plus du nid. »

Alors qu'un amant inexpérimenté comme Jean-Pierre a éprouvé une honte paralysante à propos de ses piètres performances amoureuses, un homme plus confiant dans ses capacités habituelles aurait éprouvé plutôt de l'embarras, et aurait sans doute réussi à en plaisanter (et peut-être à faire rire sa partenaire).

L'embarras peut aussi survenir sous le simple effet d'être l'objet de l'attention d'autrui, comme lorsqu'on doit parler à une cérémonie, ou entrer dans une pièce où se trouvent plusieurs personnes. Si cet embarras devient intense au point de vous faire fuir ces situations, on parle alors de *phobie sociale*.

Honte	Embarras
+ Intense	− Intense
Infériorité durable	Erreur de comportement
Vision négative de sa personne	Vision négative de son comportement
Attributions stables et internes (« c'est bien moi et je peux le changer »)	Attributions instables et externes (« ça ne m'arrive pas souvent et ce n'est pas vraiment ma faute »)
Abaissement du regard Pas de sourire Difficulté à s'exprimer	Regard dévié de côté Parfois sourire Tendance à s'exprimer
Désir de disparaître, de s'enfuir	Désir de rattraper l'erreur, de se « rattraper » aux yeux de ses interlocuteurs

Honte et humiliation

Écoutons Michel nous raconter une expérience de jeunesse.

> Quand j'étais adolescent, j'étais assez timide, mais j'avais réussi à m'introduire dans une bande de garçons plus délurés que moi. Certains m'acceptaient bien, mais d'autres s'amusaient à se moquer de moi, de ma timidité avec les filles, de ma voix un peu fluette. Au début, je faisais semblant de prendre ça à la plaisanterie, mais un jour l'un d'eux s'est amusé à me pousser violemment, juste pour rire. Mais mon amour-propre était déjà trop à vif pour que je riposte au même niveau, je me suis jeté sur lui pour le frapper. Mais comme il était beaucoup plus fort que moi, il a détourné mon attaque comme en se jouant, et il m'a plaqué au sol, sous les rires et les quolibets des autres, pendant que j'essayais en vain de me libérer. Quand il m'a relâché

(sur l'intervention du chef), je me suis senti tellement honteux que je suis parti immédiatement. Mais j'ai commencé à être obsédé par des idées de vengeance à son égard. Finalement, je suis revenu dans le groupe, je l'ai poussé à mon tour pour le provoquer, il a riposté, et nous avons recommencé à nous battre. On a dû nous séparer, il reprenait l'avantage, mais cette fois-ci j'avais réussi à le faire tomber et à lui mettre le nez en sang. À partir de ce moment, les autres se sont beaucoup moins moqués de moi, et j'ai senti que je faisais vraiment partie de la bande.

Dans la première partie de l'épisode, Michel décrit une humiliation (du latin *humilis* : bas), c'est-à-dire une perte de statut provoquée volontairement par un autre. En le poussant, son camarade cherche d'abord à montrer que Michel est incapable de répondre à une provocation, puis, lorsque Michel riposte, l'autre démontre au groupe son incapacité à se battre. Michel éprouve de la honte liée à son incapacité à atteindre une des normes du groupe (savoir se défendre, être considéré comme redoutable). Mais il nourrit aussi du ressentiment à l'égard de son agresseur. En l'attaquant à son tour, il rejoint les normes du groupe et retrouve un meilleur statut.

Michel utilise ainsi un des grands moyens de réparation de l'humiliation : la colère et l'agression.

Heureusement, Michel appartient à un groupe où l'agression est régulée : lui comme son adversaire n'utilisent que leurs armes « naturelles », et chaque fois les autres sont intervenus pour séparer les combattants, le combat s'est ainsi arrêté avant que des dommages irréparables aient été commis. David Lepoutre décrit bien les rôles des *sépareurs*[22] :

« Chacun est bien conscient, pour l'avoir vécu plus ou moins directement, que la violence, pour autant qu'elle est considérée comme nécessaire, soit souhaitée ou encouragée, doit être contenue dans certaines limites pour que les combattants ne courent pas de risques trop importants [...]. La séparation a lieu quand la domination du gagnant est éclatante, ou bien selon l'émotion des spectateurs, à l'apparition du premier sang : "Quand le keumé il est par terre, quand il le chiffonne, moi si je vois qu'il est en train d'agoniser, je sépare." »

En revanche, certains adolescents mal socialisés peuvent riposter de manière disproportionnée et « revenir » armés d'un couteau ou d'une arme à feu, comme la rubrique des faits divers l'illustre tristement. On peut supposer que la riposte peut être d'autant plus violente que la honte éprouvée est forte parce que le sujet ressent en effet une infériorité. Le 20 avril 1999, deux adolescents du collège de Columbine (Ohio) firent irruption dans l'établissement, lourdement armés, et tuèrent treize de leurs camarades et un de leurs professeurs avant de se suicider. Élucider les causes de ce massacre ne sera jamais possible, mais on peut remarquer qu'ils n'étaient ni populaires, ni bons en sport, ni bons élèves, et souvent la cible des quolibets des élèves « dominants ».

Les chercheurs qui se penchent sur le problème de la violence mâle ont découvert le schéma du meurtre le plus fréquent : deux hommes qui s'affrontent pour une question de statut devant des témoins qu'ils connaissent. Les psychologues décrivent ainsi le redoutable *shame-rage spiral*, où l'individu humilié réagit par une rage belliqueuse[23].

Comme le dit un des jeunes banlieusards du film *La Haine* (1995) de Mathieu Kassovitz : « Avant j'avais la honte, maintenant j'ai la haine. »

Dans les petites tribus de nos ancêtres, le maintien de son statut était vital pour la survie au sein du groupe : aujourd'hui, nous sommes encore prêts à la violence pour préserver notre statut, surtout si nous n'avons guère d'autres moyens de le garantir. Si j'ai un bon réseau d'amis qui m'apprécient, un statut professionnel, un sentiment de réussite de ma vie, j'arriverai sans doute à mieux gérer l'humiliation de subir, sans sortir de ma voiture, les insultes d'un conducteur irascible.

Si je n'ai plus que mon « honneur de mâle » comme capital, je serai plus enclin à tout faire pour le préserver, et malheur à celui qui viendra m'insulter, surtout devant ma bande.

> ## UNE AUTRE ÉMOTION À CONSCIENCE DE SOI : LA FIERTÉ
>
> La fierté semble être une émotion fondamentale inverse de la honte, avec une expression faciale pratiquement opposée : regard « altier », tête et posture redressées, et peut-être même une expression buccale caractéristique. Elle aussi apparaît chez l'enfant pendant la deuxième année. Qui ne se souvient pas d'avoir vu nos petits tout fiers de réussir un dessin ou d'assembler les pièces d'un jeu, et de guetter avec intérêt la réaction de leurs parents ?
> Les psychologues distinguent la *fierté*, liée à la réussite d'un comportement, et l'*orgueil*, lié à une estimation positive globale de sa personne.
> Pour les catholiques, l'orgueil est un péché capital. Les Grecs de l'Antiquité désignaient par le terme *hubris* la folie de celui qui se croit libéré de tout devoir et de toute contrainte, comme l'égal des dieux.
> Fierté et culpabilité-embarras sont provoqués par une autoévaluation positive ou négative d'un de nos comportements, tandis que honte et orgueil, par une autoévaluation de notre personne.
> D'un point de vue sociologique, il est intéressant de constater que des minorités dont les membres ont été longtemps humiliés (quand ce n'est pas mis à mort) sont désireuses de ritualiser l'expression d'une fierté : la *Gay Pride* en est le plus flamboyant exemple.

Les quatre émotions à « conscience de soi »

Attribution de l'événement à...	Échec	Succès
... *votre personne*	Honte	Orgueil
... *votre comportement*	Embarras-culpabilité	Fierté

La honte des victimes

Pourquoi, parmi les souffrances psychologiques causées par un viol ou une agression, la honte est-elle souvent présente ?

Comme le raconte Claire, violée par plusieurs inconnus qui l'avaient remarquée lorsqu'elle faisait régulièrement du jogging en suivant le même parcours, et l'ont enlevée dans leur voiture.

> *En plus de tout le reste, la peur de ressortir, les insomnies, les cauchemars, la terreur d'avoir été contaminée par le sida, il y avait la honte. Je n'osais pas en parler à mes amis, je ne me suis confiée qu'à une amie très proche, et bien sûr au psy que j'ai vu par la suite. Pourtant, il est absurde de me sentir honteuse. Je n'ai rien à me reprocher, je n'ai même pas été spécialement imprudente, il n'y avait pas de délinquance dans ce quartier, c'est le manque de bol absolu. Mais j'ai honte, je le sens, je me sens inférieure, souillée. Jamais je n'oserai en parler à un homme.*

Si Claire appartenait à une culture où la vertu des femmes est à ce point valorisée que celle qui a été violée doit être exclue de la communauté, sa honte se comprendrait plus facilement : violée, elle n'atteindrait plus les normes du groupe. Mais ce n'est pas le cas : elle vit dans une société ou la compréhension et l'aide en ce qui concerne les victimes de viol ont fait des progrès considérables.

On pourrait aussi comprendre sa honte si elle avait fait preuve d'un manque de discernement qu'elle se reprocherait ensuite : cette honte (et culpabilité) peut tourmenter les femmes qui sont violées par un homme qu'elles avaient volontairement amené chez elle, ou qui ont fait du stop seules, etc.

Les chercheurs ont émis l'hypothèse que nous avons tous intégré une norme interne d'autonomie et de contrôle de nos conduites, qui font partie de notre *dignité*[24]. Dans ce cas, se retrouver en position de victime impuissante, terrifiée, implorante, est source de honte, même en l'absence de faute préalable.

La honte jouerait un rôle important dans les séquelles psychologiques observées chez les enfants et adolescents victimes de violence ou abusés sexuellement : ils éprouvent fréquemment de la honte une fois adultes, avec une tendance à s'attribuer la responsabilité de tous leurs échecs ultérieurs[25].

Honte, maladie, handicap

Maladies et handicaps peuvent être source de honte, en atteignant nos idéaux d'autonomie ou de statut. Certains patients décrivent d'ailleurs leur maladie comme une *humiliation*.

Les associations qui regroupent les personnes souffrant d'un trouble et leur famille, parmi tous leurs rôles utiles, ont aussi celui de redonner fierté à leurs membres. Elles créent chez eux à la fois un sentiment d'appartenance à un groupe qui ne les rejette pas et s'efforcent aussi d'obtenir la reconnaissance du groupe par le reste de la société, au lieu de stigmatisation, rejet ou peur. Pour mesurer le chemin parcouru, il suffit de se souvenir que Betty Ford, la femme du président Gerald Ford, avait été considérée comme très courageuse de révéler publiquement son cancer du sein. Ronald Reagan a sans doute beaucoup fait pour la dignité des victimes de la maladie d'Alzheimer en révélant qu'il en était lui-même atteint.

Quand les malades parlent de mourir avec dignité, ils expriment ce besoin d'autonomie et de contrôle que la maladie grave met en danger. D'où l'intérêt de préserver leur dignité en soulageant leur douleur, en leur laissant le plus d'autonomie possible, en leur évitant les situations humiliantes d'attente, de nudité ou de malpropreté, ou en évitant de désigner leurs symptômes ou handicaps par un vocabulaire dévalorisant[26].

Existe-t-il encore des maladies honteuses ?

Les maladies dites honteuses étaient sans doute désignées ainsi non seulement parce qu'elles concernaient les parties dites honteuses (le nom est resté en anatomie ou veines et artères *honteuses* irriguent toujours nos organes génitaux), mais aussi parce qu'elles supposaient une infraction aux normes de retenue sexuelle et de fidélité prêchées par la religion. Le terme a disparu en même temps que la sexualité devenait moins coupable, pour laisser place aux maladies vénériennes (de Vénus, déesse de l'amour). Mais cette référence à l'amour, qui il est vrai n'est pas toujours présent dans tout rapport sexuel, a disparu à son tour pour ne plus laisser place qu'au sexe : maladie sexuellement transmissible. Peut-être le terme sexe sera-t-il bientôt considéré comme trop chargé d'affect, et les MST disparaîtront-elles à leur tour au profit des MCM (maladie par contact muqueux).

Honte et culpabilité

Honte et culpabilité sont parfois utilisées l'une pour l'autre, alors qu'elles diffèrent sur bien des points, comme le montre le tableau suivant.

Alors que la honte pousse à disparaître ou parfois à agresser, la culpabilité amène à des comportements plus

Quelques différences entre honte et culpabilité

Honte	Culpabilité
Composante physique forte : rougissement, etc.	Composante cognitive forte : pensées torturantes, rumination, etc.
Centrée sur une infériorité vue par les autres	Centrée sur un dommage causé aux autres
En présence d'un public	Public non nécessaire
Vision négative de soi	Vision négative de son comportement (qui peut s'étendre à soi)
Désir de disparaître, de s'enfuir ou d'agresser en cas d'humiliation	Désir de s'excuser, de se confesser, de réparer

constructifs pour soi ou pour l'autre : chercher à réparer ou à dédommager l'autre du mal ou de la souffrance imposée[27].

Mais, comme la honte, elle peut devenir excessive, source de souffrance inutile et véritable « gâcheuse de bonheur », comme nous le raconte Hélène, cadre bancaire.

> *J'ai une fâcheuse tendance à me sentir toujours coupable, alors que personne ne me reproche rien. Coupable de quoi ? En fait, de tous les avantages que je peux avoir sur les autres. Cela remonte à loin : enfant, j'étais une élève plus brillante que ma sœur aînée. Adolescente, je plaisais plus aux garçons, ensuite j'ai épousé un mari charmant et j'ai deux beaux enfants alors qu'elle a vite divorcé. Professionnellement, j'ai un bon job, alors qu'elle est allée d'échec en échec. Cette culpabilité précoce vis-à-vis de ma sœur s'est étendue à d'autres domaines de ma vie. Aujourd'hui, je me sens toujours vaguement coupable vis-à-vis de mes collaboratrices, en me disant qu'elles ont une vie moins agréable que la mienne, coupable aussi face à des gens qui ont des problèmes conjugaux ou des enfants difficiles, et ne parlons pas de ce que je ressens lorsque je croise un SDF. Je n'en parle jamais, mais mon mari a fini par me deviner, et il me dit que je me gâche la vie. C'est excessif, j'ai une vie heureuse, mais c'est vrai que la culpabilité est toujours*

présente en arrière-plan. J'ai fini par aller voir un psy, et même là je me suis sentie coupable de solliciter son aide pour améliorer mon petit confort, alors qu'il doit voir des gens qui souffrent de maladies terribles. Il m'a fait révéler ce nouveau thème de culpabilité et nous avons tout de suite commencé à travailler dessus !

Le thérapeute d'Hélène utilise une approche cognitive : à partir d'une situation actuelle où elle éprouve de la culpabilité, il va chercher à lui faire trouver les pensées et croyances (cognitions) qui la déclenchent. Pour Hélène, la croyance de base mise au jour après quelques semaines de thérapie était : « Si je me montre supérieure aux autres, les gens me rejetteront. » Le travail des séances suivantes sera consacré à tester cette croyance par différentes questions :

— La croyance est-elle fondée ? Est-il vrai qu'on est toujours rejeté si on se montre supérieur ? Hélène peut-elle se souvenir d'exemples personnels probants ?
— Si le rejet par les autres se produisait effectivement, serait-ce si grave ?

Le travail sur cette question fit émerger la deuxième croyance de base (« Je dois être aimée et acceptée de tous ») qui fut à son tour testée. Dans le même temps, Hélène prit conscience de la manière dont s'étaient formées ces croyances : l'attention que sa mère consacrait à sa sœur moins douée lui donna très tôt un sentiment d'abandon, abandon qu'elle vécut comme provoqué par ses propres supériorités. Elle comprit alors qu'elle s'était d'ailleurs bridée elle-même dans sa carrière, qui, bien que plus brillante que celle de sa sœur, ne correspondait pas complètement à ses envies et à ses capacités. La thérapie l'aida à se libérer de sa culpabilité et à mieux accepter le risque de déplaire.

Échapper à la culpabilité

Notre culpabilité est provoquée par la vision négative d'une de nos actions, avec l'idée qu'elle a causé du mal aux

> **CULPABILISEZ LES AUTRES,
> NE LES HUMILIEZ PAS !**
>
> Si quelqu'un vous a nui ou vous a déçu, rendez-le coupable, non honteux.
> En effet, la culpabilité l'incitera plutôt à vouloir réparer l'offense, la honte le poussera à vous fuir ou à vous agresser en retour *(shame-rage spiral)*.
> Cette règle se retrouve dans la manière de faire des critiques, au bureau ou en couple : critiquez le comportement (et culpabilisez), non la personne (ne rendez pas honteux). D'autant plus que, si vous avez lu le chapitre sur la colère, vous savez maintenant que les collaborateurs humiliés se vengent.

autres. Par rapport à la honte, on peut lui trouver des avantages et des inconvénients.

Avantages de la culpabilité :

— Elle est due à une évaluation négative d'un de nos actes, sentiment de dévalorisation moins global que celui que nous éprouvons dans la honte.
— Si nous « réparons » le mal causé par cet acte, nous pouvons atténuer ou faire disparaître cette culpabilité. En revanche, les infériorités qui nous rendent honteux sont plus difficiles à modifier.

Les chercheurs ont d'ailleurs trouvé que la tendance à éprouver de la culpabilité est liée à des comportements altruistes[28]. On critique souvent les gens qui aident les autres « pour se donner bonne conscience », mais, après tout, n'est-ce pas le mécanisme fondamental de l'entraide ? Et comment fonctionnerait une société peuplée de gens qui n'auraient jamais mauvaise conscience ?

Inconvénients de la culpabilité :

— La culpabilité agite moins fortement qu'une émotion comme la honte, mais souvent de manière plus chroni-

que. C'est un *sentiment* durable, qui peut peser sur nous pendant des mois, des années, voire une vie entière.
— On peut éviter la honte, en se préservant des situations ou des personnes face auxquelles on se trouve confronté à son infériorité perçue : s'il m'arrive de me sentir honteux de mon physique, de mon origine sociale ou de mes préférences sexuelles, je peux m'arranger pour ne fréquenter que des gens qui les acceptent ou partagent les mêmes caractéristiques.
— En revanche, comment faire disparaître sa culpabilité si le mal causé n'est plus réparable ? Notre expérience de psychiatre nous a souvent confronté à des personnes éprouvées par une culpabilité très tenace : celle liée au suicide d'un proche. Tout suicide est le triste résultat d'une accumulation de circonstances défavorables : vulnérabilité psychologique ancienne, parfois trouble mental en cours, échecs ou pertes récentes, abus d'alcool ou d'autres toxiques, disponibilité des moyens de suicide au domicile, antécédents familiaux de suicide, etc. Malheureusement, les proches se concentrent souvent sur les moindres aléas de leur relation avec la personne décédée, en se reprochant obstinément de n'avoir pas montré assez d'attention ou d'affection.
— Il peut même arriver d'éprouver de la culpabilité sans être en rien responsable du malheur survenu aux autres : dans le « syndrome du survivant », certaines personnes qui ont survécu à une catastrophe où d'autres ont péri éprouvent parfois une culpabilité persistante, alors qu'elles n'auraient rien pu faire pour éviter la mort des autres victimes.

Toutefois, la culpabilité peut s'exprimer plus facilement que la honte, et la confier à un interlocuteur bienveillant, du confesseur au thérapeute, a toujours été le meilleur moyen de s'en libérer ou de l'alléger.

La plupart des culpabilités que nous risquons d'éprouver au quotidien sont heureusement moins tragiques, et nous pouvons y échapper par des moyens plus simples : respecter les normes de comportement de notre groupe social, être attentif aux besoins de nos proches.

> ### EMBARRAS, HONTE, CULPABILITÉ : LES TROIS MOMENTS D'UNE HISTOIRE
>
> Pour résumer la différence entre honte, culpabilité et embarras, nous vous proposons la petite fable suivante, assez arrosée de champagne :
>
> *Ma femme et moi, nous avons été invités au mariage du fils Dupond. En arrivant, j'ai été* embarrassé *de voir que je ne m'étais pas habillé de manière assez formelle, pour la circonstance, c'était un mariage plus mondain que je croyais. Pour me mettre à l'aise, j'ai bu plusieurs coupes de champagne, tout en liant connaissance avec pas mal de gens, mais, à un moment, mon épouse m'a glissé :* « Tu te ridiculises. » *Là, j'ai eu* honte, *car je sais que j'ai tendance à parler trop fort quand je bois. Je me suis donc éloigné pour me retrouver seul, et là, près du buffet, je tombe sur une ancienne amie, dont j'ai été fou à une certaine époque, et que je n'avais pas revue depuis mon mariage. On a parlé, parlé, et puis sous le coup de l'émotion et aussi pour chercher un peu de tranquillité, nous sommes montés au premier étage, et là, voilà que nous nous sommes retrouvés en train de faire l'amour dans une chambre pendant que la réception continuait en bas. Mais en retrouvant ma femme, je me suis senti très* coupable, *d'autant plus qu'elle regrettait de m'avoir vexé, et voulait se montrer très gentille avec moi.*
>
> Dans cet exemple, le narrateur se sent coupable bien que son épouse ne soit pas au courant de son infidélité, et n'en éprouve donc pas de souffrance. Mais nous pouvons ressentir de la culpabilité quand nous transgressons une *norme morale,* même si nous sommes les seuls à en être conscients. Ce genre de culpabilité est d'ailleurs souvent associée à l'imagination de la souffrance ou de la réprobation des autres s'ils découvraient nos méfaits. Les religions favorisent cette culpabilité de la faute cachée en rappelant que Dieu *voit tout.*

Honte, embarras, culpabilité, et troubles psychiques

Honte, embarras, culpabilité sont des émotions et non des maladies. Toutefois, leur excès ou leur insuffisance peut se retrouver dans certains troubles psychiatriques ou trouble de la personnalité.

> ### UNE MALADIE DE L'EMBARRAS ET DE LA HONTE : LA PHOBIE SOCIALE
>
> La phobie sociale se définit par une crainte très forte de se rendre ridicule sous le regard d'autrui, en manifestant une émotivité inadéquate ou un comportement inadapté. Elle induit chez ceux qui en souffrent une peur permanente d'être négativement jugés par les interlocuteurs ou les observateurs, bien plus intense que dans la simple timidité. La phobie sociale est une maladie mêlant deux émotions fondamentales : la *peur* (avant et pendant les situations sociales) et la *honte* (pendant et après les situations sociales). Ces deux émotions, très pénibles par leur intensité, poussent peu à peu les patients à fuir ou à éviter de nombreuses situations de la vie courante.
> Voici le témoignage de Latifa, qui souffre d'une forme particulière de phobie sociale, l'éreutophobie (peur et honte obsédantes de rougir devant autrui).
>
> *Chaque fois qu'il m'arrive d'avoir rougi devant quelqu'un, je suis littéralement morte de honte. Il m'est impossible de continuer à me comporter normalement : je dois fuir la situation au plus vite, et je ne peux pas supporter de revoir ceux devant qui j'ai rougi. Je me souviens d'une formation que j'avais suivie alors que j'étais au chômage. Lors du tour de table de la première matinée, chacun avait dû se présenter, mon cauchemar. J'avais bafouillé et m'étais montrée ridicule. J'avais ensuite gardé*

> *la tête baissée tout le reste de la matinée jusqu'à la pause, sans oser croiser le regard des autres stagiaires ou du formateur. À la pause, j'étais allée m'enfermer dans les toilettes jusqu'à la reprise du cours ; je serais bien partie mais mes affaires étaient enfermées dans la salle. À midi, j'ai prétexté un problème familial pour ne pas aller déjeuner avec tout le monde, j'ai repris mes affaires discrètement et je ne suis pas revenue. À la suite de ça, je suis restée enfermée chez moi pendant trois jours sans oser sortir ni répondre au téléphone. J'avais l'impression que la terre entière, mes voisins, les commerçants, tout le monde était au courant de ce que j'avais fait.*
>
> La phobie sociale, contrairement à la timidité, ne s'améliore pas spontanément et nécessite un traitement spécialisé. De grands progrès ont été réalisés depuis une dizaine d'années en combinant souvent psychothérapie et médicaments.

Une maladie où culpabilité et honte prennent le dessus : la dépression

La dépression se manifeste sur le plan émotionnel par une tristesse particulière que nous avons déjà décrite. Mais d'autres émotions sont souvent présentes.

Dans certaines formes de dépression que les psychiatres appellent *mélancoliques*, la culpabilité est au premier plan. Les patients s'accusent d'avoir mal agi, dramatisent la moindre de leurs fautes passées, et s'accusent (parfois de manière délirante) de péchés plus ou moins vraisemblables. Insomnie du petit matin et perte de l'appétit complètent le tableau. Le risque suicidaire est élevé, et sa prévention nécessite souvent une hospitalisation avant que le traitement agisse.

	Dépression mélancolique
Émotion prédominante	La culpabilité
Norme apprise par l'éducation	Faire son devoir
Domaine enfreint	Comportements d'échange « Je suis une mauvaise mère, épouse, travailleuse, etc. »
Mécanisme de défense	Perfectionnisme, être au-delà de tout reproche, s'interdire le plaisir

Chez les personnalités dépressives, une forme de culpabilité chronique est souvent associée à de la honte elle-même liée à un sentiment d'infériorité. D'ailleurs, pour certains chercheurs, culpabilité chronique et honte seraient très souvent associées[29].

Comment gérer sa honte

Nous avons vu que la honte est une émotion utile qui, dès nos premiers pas, nous prévient des normes sociales à ne pas enfreindre et nous aide à apaiser l'hostilité de ceux que nous aurions pu choquer.

Malheureusement, la honte peut aussi devenir paralysante, une source de souffrance d'autant plus tenace qu'on ne la confie à personne. Elle a en effet une tendance redoutable à s'auto-entretenir : repenser à sa honte redonne honte, et ainsi de suite.

Par ailleurs, il serait vain de nier que certaines de nos infériorités, dans des contextes précis, peuvent être source de honte.

C'est pourquoi quatre conseils nous semblent fondamentaux.

Confiez votre honte

> *Le pire dans la honte,*
> *c'est qu'on croit être seul à la ressentir.*
> Annie ERNAUX.

Dans *Paris est une fête*, Hemingway raconte sa jeunesse à Paris dans les années 1920, au temps, dit-il, « où nous étions très pauvres et très heureux[30] ». Un jour, Scott Fitzgerald, alors au faîte de sa gloire tandis qu'Hemingway est encore peu connu, l'invite à déjeuner dans un restaurant de la rue des Saints-Pères et lui déclare qu'il a une question très grave à lui poser et « que c'était ce qui lui importait le plus au monde et qu'il exigeait une réponse absolument sincère ». À la fin du repas, Scott finit par se confier. Il explique à son ami qu'en dehors de sa femme Zelda il n'a jamais couché avec d'autres femmes, alors que certaines le regardent avec bienveillance. Il avoue la raison de sa vertu : Zelda lui a déclaré qu'avec un sexe comme le sien, il ne pourrait jamais « rendre une femme heureuse ». « Elle m'a dit que c'était une question de taille. Je ne me suis plus jamais senti le même depuis qu'elle m'a dit ça et je voudrais savoir ce qu'il en est. » Un peu désarçonné par cette confidence, Hemingway propose à Scott de se rendre ensemble aux toilettes pour qu'il puisse lui donner un avis éclairé. Et voici donc deux géants de la littérature mondiale dans les toilettes de *Chez Michaud* pour une petite consultation d'urologie. Après examen de l'objet, Ernest déclare à son ami qu'il est tout à fait normalement constitué et qu'il n'a pas à rougir de la taille de son attribut, mais Scott n'est toujours pas rassuré. Ernest lui propose alors de se rendre au Louvre pour qu'il puisse observer comment sont faites les statues, mais Scott s'interroge sur la validité de cette confrontation. (« Ces statues ne sont peut-être pas à la bonne dimension. ») Finalement, la tournée d'inspection des statues est effectuée, et après quelques explications éclairantes d'Ernest (« Quand tu te regardes de haut en bas, tu te vois en raccourci »), Scott se sent mieux.

Scott Fitzgerald était bien tourmenté par la honte (sentiment de dévalorisation — « Je ne me suis plus jamais senti le même depuis » — liée à la croyance de ne plus atteindre les normes de son groupe : les hommes doivent être capables de « rendre une femme heureuse »).

On peut penser que confier sa honte à Ernest a été un soulagement pour Scott. Il a bénéficié d'une écoute bienveillante, et d'une confrontation à ses propres croyances sources de honte.

Malheureusement, cela n'a pas constitué une thérapie : il continua à souffrir d'un alcoolisme sévère et de son union avec une épouse destructrice, Zelda, elle-même atteinte d'un grave trouble de la personnalité compliqué, à partir de la trentaine, d'une maladie maniaco-dépressive[31]. Heureusement, Scott connut sur le tard une liaison plus heureuse avec une jeune femme très amoureuse de lui, Sheilah Graham, pour qui il arrêta complètement de boire.

Cet exemple rappelle quand même que confier votre honte peut avoir plusieurs effets bénéfiques :

— formuler sa honte, c'est déjà la maîtriser, créer des phrases avec lesquelles vous pourrez prendre de la distance,
— décrire sa honte sous le regard d'un autre qui reste bienveillant vous fera réaliser que, contrairement à ce que vous ressentez, votre personne n'est pas ridicule ou méprisable.

Attention, faites comme Scott Fitzgerald, confiez-vous en toute sécurité, c'est-à-dire à quelqu'un que vous connaissez assez pour être assuré de sa bienveillance à votre égard.

Ou alors confiez-vous à quelqu'un dont c'est le rôle (thérapeute, ecclésiastique, « écoutant » d'une association d'aide) et vérifiez ses capacités d'écoute avant d'aborder les thèmes qui vous tiennent le plus à cœur.

Le conseil de parler de votre honte reste valable même si vous avez déjà entrepris une thérapie : les patients ont tendance à éviter d'aborder leurs sujets de honte avec leur thérapeute, alors qu'ils pourraient être l'objet d'un travail fructueux[32].

Transformez votre honte en embarras

Si vous éprouvez souvent de la honte, il est probable qu'elle vous tourmente dans des situations où de l'*embarras* serait approprié. Il est donc important, si c'est votre cas, d'apprendre à moduler l'importance à accorder aux événements et aux émotions qu'ils engendrent, comme nous le montre l'exemple de Sylviane, vingt-huit ans, journaliste.

Un nouveau collègue est arrivé récemment au journal, très sympathique, naturel et à l'aise. Un jour, lors d'une réunion de travail, il a renversé par mégarde sa tasse de café sur la chemise du rédacteur en chef. Comme ce dernier a un sens de l'humour assez limité et n'est de surcroît pas très commode, il y a eu une ou deux secondes durant lesquelles tout le monde a retenu son souffle en attendant sa réaction. Moi, j'aurais été morte de honte — et de peur — à la place de mon collègue. Mais avant que le patron n'ait réagi, il a pris un air sincèrement navré en s'exclamant : « Houla, et moi qui étais content de ne pas avoir encore fait de bêtise de ce genre ici, alors que c'est ma spécialité. » Il a couru prendre de l'eau pour aider le boss à se nettoyer un peu, puis a repris la discussion où elle en était, sans plus de cérémonie. À la fin de la réunion, il s'est à nouveau excusé auprès de notre supérieur en lui disant : « Vraiment désolé... ». Finalement, il a mis le problème à sa juste place : un incident. Depuis, je réfléchis beaucoup à ma tendance à me sentir honteuse à l'excès. Et j'ai appris à dire : je suis désolée, au lieu de me taire en regardant mes chaussures et en attendant que le ciel me tombe sur la tête.

Le collègue de Sylviane affiche les comportements de l'embarras — tenter de réparer, de « se rattraper » —, tandis qu'elle aurait manifesté les signes de la honte (baisser les yeux, rester figée).

Réfléchissez à vos situations de hontes et voyez s'il n'est pas possible de réagir par une attitude plus proche de l'embarras. En vous préparant mentalement à un programme « embarras », vous éprouverez moins de honte, et ne serez pas perçu comme honteux par les autres.

Réfléchissez à vos croyances

Votre honte vient du contraste entre deux évaluations :
— l'évaluation des normes du groupe auquel vous appartenez ou souhaitez appartenir (norme de règles et de buts : *standards rules and goals* [SRG]),
— l'évaluation de votre échec à atteindre ces normes,
— enfin, l'importance que vous attachez au fait d'appartenir à ce groupe va bien sûr intensifier votre réaction de honte en cas d'échec.

Vous pouvez examiner ces trois croyances sources de honte à l'aide de ces trois questions :
— Les normes du groupe sont-elles aussi exigeantes que celles que j'imagine ?
— Est-ce que j'échoue vraiment à les atteindre ?
— Est-il si important d'appartenir à ce groupe ?

Appliquons cet exemple au cas de Sylviane.

Le groupe d'appartenance souhaité	1re croyance : norme imaginée : exigence du groupe pour être accepté	2e croyance : échec perçu	3e croyance : importance d'appartenir au groupe
Une équipe de collègues dynamiques	Être à l'aise et sûre de soi.	« Mon manque d'assurance et ma maladresse me font remarquer. »	« Si je ne suis pas acceptée par ce groupe, je suis inférieure. »
	Question : Est-il vrai que tous les membres du groupe sont à l'aise et sûrs d'eux ? Que le groupe rejetterait toute personne défaillante sur ces points ?	Question : Est-il vrai que vous paraissez ainsi aux yeux des autres ?	Question : Pourquoi ? (Être rejeté par un groupe est toujours douloureux, mais est-ce le signe de votre infériorité ?)

À supposer que Sylviane se retrouve au sein d'une équipe ou règne une ambiance de compétition arrogante, et où toute défaillance est ridiculisée, serait-il si catastrophique d'en être exclue ? Ne vaudrait-il pas mieux nouer d'autres relations dans un contexte plus accueillant ?

Ces trois questions sont des pistes de réflexion, elles ne sauraient ni vous protéger de toute honte ni vous soulager d'une honte intense ou ancienne. Dans ce dernier cas, vous confier à un thérapeute compétent pourra vous aider, souvent en vous interrogeant plus longuement sur vos pensées honteuses.

Revenez sur le « lieu du crime »

Souvenez-vous aussi que la honte pousse à fuir ensuite les personnes devant lesquelles on s'est senti honteux (« Ça me gêne de revoir cette jeune femme, alors que j'ai rougi et bafouillé devant elle ») ou les situations dans lesquelles on a eu l'impression de ne pas être à la hauteur (« Je ne veux plus parler en public, j'ai eu l'air ridicule »). En fait, ces évitements vont chroniciser votre émotion de honte : celle-ci ne s'éteindra durablement que si vous retournez sur les lieux du « crime » supposé.

Écoutons le témoignage de Philippe, déjà cité au chapitre 3 pour n'avoir n'a pas su contrôler une réaction d'envie devant le beau voilier de son ami, et qui s'est ensuite emporté contre lui au cours d'une conversation sur la guerre de Bosnie :

> *Dès que ma femme m'a fait comprendre que j'allais trop loin, j'ai senti une bouffée de honte m'envahir. Je me suis calmé brusquement, et d'autres amis ont vite orienté la conversation vers un sujet moins conflictuel. Mais comme il était tard, tout le monde a commencé à partir, et du coup j'avais l'impression que la soirée se terminait sur cette note de malaise, sans qu'on ait eu le temps de ressusciter une ambiance cordiale. La honte m'a tourmenté ensuite : dès que je pensais à mon comportement, que je revoyais le visage de mon ami se crisper sous mes remarques insultantes,*

je me sentais rougir et j'imaginais ce que les autres avaient dû penser de moi. Je crois qu'à ce moment le mouvement naturel aurait été de ne plus jamais revoir ceux qui avaient été présents à cette soirée, mais d'un autre côté je réalisais que c'était très négatif. J'ai commencé par appeler mon ami pour lui demander de m'excuser, et il a accepté, mais assez froidement. Finalement, ma femme m'a convaincu de refaire une soirée où c'était notre tour d'inviter tout le monde. J'étais très anxieux ce soir-là, en attendant les coups de sonnette. Mais finalement tout s'est très bien passé, je crois qu'ils ont senti mon embarras et ma volonté de me faire pardonner. Mais je crois que, sans ma femme, j'aurais peut-être coupé les ponts pour éviter la honte.

Philippe a réussi à ne pas se laisser dominer par sa honte, qui l'aurait amené à fuir définitivement les témoins de sa faute de comportement. Il a plutôt adopté les comportements de l'embarras : tentatives d'excuses ou de réparations, qui se sont avérées positives à la fois sur son sentiment de honte et sur ses relations avec ses amis.

Évitez les humiliateurs en série

Provoquer la honte chez son interlocuteur est un des moyens de le dominer et de se faire craindre des autres. (Avec le risque cependant d'avoir à faire face un jour à une réaction de rage.) Certaines personnes, pour des raisons sûrement complexes (modèles éducatifs, revanche d'humiliations subies), sont des adeptes de l'humiliation, parfois sous le masque de la plaisanterie.

Dans « Bons et mauvais en sport[33] », une nouvelle de William Boyd, un des garçons du collège, Niles, sous le prétexte qu'il est né en Afrique, est sans cesse appelé par ses camarades « Métèquou ». Il fait bonne figure en feignant de prendre cela comme une plaisanterie et doit endurer inlassablement ce surnom, jusqu'à ce qu'une jeune fille, l'apprenant, en soit choquée.

Sachez reconnaître ces humiliateurs, même sous leur masque d'amuseurs, et ne les laissez pas vous blesser.

Selon vos capacités et le contexte, vous pouvez soit riposter et leur faire sentir que l'escalade ne serait pas à leur avantage, soit vous affirmer plus simplement en leur exprimant que vous n'appréciez pas leur remarque, soit les éviter pour de bon.

Mieux gérer sa honte

Faites	Ne faites pas
Confiez votre honte	La laisser vous ronger en secret
Transformez votre honte en embarras	Rester figé dans la honte
Réfléchissez à vos croyances	Croire que votre honte est toujours justifiée
Revenez sur le « lieu du crime »	Se retirer de la scène
Évitez les humiliateurs en série	Se laisser donner le rôle de la tête de Turc

Chapitre 7

La jalousie

Il y a dans la jalousie plus d'amour-propre que d'amour.
LA ROCHEFOUCAULD.

CLAUDINE, trente-deux ans, se présente en consultation et décrit ses difficultés conjugales à un psychiatre de plus en plus inquiet.

Quand j'ai connu Germain, j'ai très vite remarqué qu'il était jaloux, mais cela me rassurait plutôt : s'il était jaloux, c'est donc qu'il tenait à moi, et aussi qu'il pensait que je pouvais intéresser d'autres hommes, et, d'une certaine manière, cela me flattait. Comme j'avais plutôt une mauvaise image de moi, cela me faisait du bien de sentir qu'un homme pouvait se passionner pour ma petite personne. Malheureusement, sa jalousie s'est aggravée au fil du temps. Maintenant, je ne sais plus où j'en suis. Il a commencé par me faire abandonner mon métier, en prétextant que, comme il gagnait beaucoup plus d'argent, ce n'était pas nécessaire que je travaille. En fait, c'est parce qu'il ne supportait pas l'idée que je rencontre d'autres personnes, et bien sûr des hommes, sans qu'il soit au courant. Depuis que je vis à la maison, il m'appelle plusieurs fois par jour, en apparence pour prendre de mes nouvelles, mais en fait pour contrôler mes déplacements et mes rencontres. Je dois toujours lui annoncer mon emploi du temps, et gare s'il s'aperçoit que j'en change. Il m'est arrivé de le voir arriver en trombe à la maison simplement parce que je n'avais pas répondu à un de ses appels. D'ailleurs, il ne veut pas que j'aie un téléphone mobile, ni une voiture, il affirme que, puisque je ne travaille pas, ce n'est pas nécessaire, mais en fait c'est pour restreindre ma liberté de déplacement. Dois-je aussi préciser qu'il m'interdit de me maquiller, sauf en de rares occasions, et que je ne peux acheter des vêtements qu'avec son accord ? Un jour, nous étions allés dîner avec un couple d'amis et il a fait la gueule toute la soirée, pour finir par une scène parce qu'il trouvait que ma jupe était provocante. Dans les lieux publics, quand un homme me regarde, il le fixe aussitôt d'un air agressif, et cela décourage vite l'autre, car il faut dire que mon mari est assez impressionnant. Il m'a éloignée de mes anciennes amies, il était toujours très critique à leur égard, et surtout il ne supportait pas l'idée que je leur fasse des confidences. Aujourd'hui, nous n'avons plus de vie sociale, nous ne voyons que nos parents respectifs, ou alors je l'accompagne dans des soirées professionnelles (car, d'un autre côté, je crois qu'il est fier de me montrer) à condition que je me tienne toujours près de lui, et que j'évite de parler aux hommes. Mais ça n'empêche pas les scènes. De retour à la maison, il me reproche d'avoir fait du charme, d'être provocante, il m'insulte et parfois je le sens tout près de me frapper. Mais après, il se sent coupable, et le lendemain j'ai droit à un cadeau ou il me rapporte des fleurs. Mais sa gentillesse ne dure pas. Quand j'essaie de lui parler de sa jalousie, il coupe court, il dit que c'est la preuve qu'il m'aime, et que c'est normal pour un homme d'être comme ça. De temps en temps, il me fait peur. Et d'ailleurs, je ne sais pas si c'est une bonne idée d'être venue vous voir, docteur, parce qu'il accepte seulement que je voie des médecins femmes.

Effectivement, ce n'était pas une très bonne idée, Claudine, et nous vous avons recommandé à une de nos consœurs. On dira peut-être que nous ne sommes pas très courageux, mais nous répondrons que le meilleur moyen d'aider une femme à gérer un mari jaloux n'est pas d'exacerber cette jalousie à l'égard d'un autre mâle, surtout un psychiatre qui recueille des confidences dans un climat d'intimité.

Selon nos critères d'aujourd'hui, la jalousie de Germain peut être considérée comme pathologique. Il utilise d'ailleurs les trois grandes stratégies des grands jaloux :

— *surveillance étroite* : il se tient au courant de l'emploi du temps de sa femme minute par minute ;
— *restriction des contacts* : il veille à l'isoler, à la séparer de ses amis, à contrôler tout ce qui pourrait lui faciliter de nouvelles rencontres (interdiction du téléphone mobile, de la conduite automobile) ou l'intérêt d'autres hommes (interdiction du maquillage, contrôle des vêtements) ;
— *dévalorisation de l'autre* : il amène Claudine à se sentir incapable et impuissante, allant jusqu'à l'insulter et la menacer.

Comment l'histoire s'est-elle terminée ? Claudine a réussi à quitter son mari, mais en déménageant clandestinement pour une autre ville. Entre-temps, la police et la justice ont dû intervenir après que Germain l'eut battue à deux reprises. Claudine a eu raison d'être prudente, car la majorité des femmes qui sont assassinées le sont par leur mari ou ami[1], et partout dans le monde la jalousie est le premier des mobiles[2].

Le comportement de Germain semble justifier la triste image de la jalousie, émotion particulièrement décriée dans les années 1970 : à cette époque de libération sexuelle et d'effervescence politique, la jalousie était souvent considérée comme une fabrication de l'ordre bourgeois, une forme de l'aliénation de la société capitaliste, un symptôme de névrose et de manque de confiance en soi. L'individu éclairé se devait de s'épanouir par une sexualité ouverte et spontanée, au mieux pratiquée dans des communautés où s'échangeaient librement idées et partenaires sexuels. L'idéal était de retrouver l'innocence des « bons sauvages » des îles Samoa décrits par Margaret Mead qui ne connaissaient pas la jalousie et avaient même du mal à comprendre de quoi il s'agissait quand une anthropologue essayait de le leur expliquer[3].

Écoutons Luc, quarante-huit ans, nous évoquer ses souvenirs de jeunesse du début des années 1970 :

> *Des amis m'avaient entraîné dans une petite île en Grèce, où se trouvait déjà tout un groupe de jeunes, filles et garçons, la plupart allemands ou d'Europe du Nord. Certains restaient là presque toute l'année, mais la plupart ne se rassemblaient là que pendant les vacances. L'endroit était paradisiaque, nous passions nos journées à philosopher à l'ombre, à nous baigner, à plonger, à absorber ou fumer pas mal de substances illicites. Du point de vue sexuel, la règle était que n'importe qui avait le droit de faire des propositions directes à n'importe qui d'autre (qui bien sûr pouvait refuser). Au début, j'ai trouvé ça assez fantastique en comparaison des Françaises qui mettaient un temps fou à se décider. Jusqu'au jour où j'ai approché d'assez près une belle Sabine, et son Helmut m'a cassé le nez. Tout le monde s'est indigné, il a eu droit à un véritable tribunal populaire, mais il s'en est assez bien tiré, c'était un ex-leader gauchiste et il avait de la dialectique. Le pire, c'est qu'après il a eu des liaisons avec d'autres filles. Du coup, d'autres garçons se sont énervés, et il a dû quitter l'île précipitamment pour ne pas se faire lyncher. Les seuls que nos histoires faisaient rire, c'étaient les pêcheurs grecs du coin.*

Comme Luc l'a constaté en pratique, ces idées généreuses sur l'abolition de la jalousie reposaient sur des bases erronées, comme le confirment des observations variées. Bien que préservés de l'ordre bourgeois depuis trois générations, les Moscovites de l'ex-URSS n'étaient pas épargnés par les crimes passionnels. Quant à ces fameux paradis tropicaux où la jalousie est absente, de nouvelles enquêtes de terrain ont permis d'affirmer, comme le dit le psychologue spécialiste de la jalousie David Buss, que « ces paradis n'existaient que dans l'imagination d'anthropologues romantiques[4] ». Pour résumer, toutes les cultures du monde connaissent la jalousie sexuelle, même s'il existe bien sûr des variantes culturelles dans la manière de traiter l'infidélité, surtout féminine (de la lapidation immédiate au divorce avec pension alimentaire).

LES SAMOANS ÉTAIENT-ILS VRAIMENT DES « BONS SAUVAGES » ? QUAND L'ANTHROPOLOGIE CRÉE SES PROPRES MYTHES

En 1925, Margaret Mead, alors âgée de vingt-quatre ans, revient d'un séjour d'un an des îles Samoa, et publie trois ans plus tard un livre intitulé *Coming in Age of Samoa*[5] qui connaîtra un grand succès public et une grande influence auprès des anthropologues et des éducateurs. Elle y décrit des indigènes doux et ne connaissant pas la violence ni la jalousie sexuelle, et en conclut que notre éducation occidentale est responsable de ces maux.

Une quinzaine d'années plus tard, un anthropologue australien, Derek Freeman, effectue un plus long séjour aux Samoa, y apprend la langue du pays et découvre un tableau entièrement différent : les Samoans connaissent la jalousie sexuelle, ils ont même un mot pour la désigner : *fua*, et elle est à l'origine d'un grand nombre de violences. Quant à la culture occidentale, il semble au contraire que l'influence des missionnaires ait abouti à une *diminution* des faits de violences conjugales et des cérémonies de défloration, y compris depuis le précédent voyage de Mead. Enfin, il rapporte que certains Samoans qui se souviennent de Mead lui ont confessé avoir un peu abusé de la bonne foi de la jeune anthropologue, en exagérant le nombre de leurs aventures amoureuses[6] (voilà au moins une caractéristique masculine universelle).

La controverse Mead-Freeman divisa assez violemment l'anthropologie, et même si Margaret Mead reste aujourd'hui plus renommée dans le grand public que son contradicteur, il semble que ses enthousiasmes de jeunesse aient troublé son objectivité scientifique[7].

On éprouve ce sentiment à la seule lecture de *Mœurs et sexualité en Océanie*. Au milieu d'une description idyllique de la vie des Samoans, Mead note quand même qu'il existe une cérémonie publique de la défloration des jeunes filles des hautes castes, et que « autrefois, si elle ne se révélait plus être vierge, ses parents se jetaient sur elle et, à coups de pierre, la défiguraient, blessaient mortellement parfois celle qui avait couvert de honte leur famille ».

Mais quelques pages plus loin elle affirme que « les Samoans ignorent l'amour romanesque tel que nous le connaissons, exclusif et jaloux, étroitement lié à des notions de monogamie et de fidélité inébranlable », pour nous apprendre un peu plus tard que, si la femme d'un chef commet l'adultère, « elle est habituellement chassée » et que, là encore, « autrefois, quand les cœurs étaient plus durs », il arrivait que le mari tue à coups de massue non seulement son rival, mais aussi les hommes de sa famille, même quand ceux-ci étaient venus se présenter à lui pour faire pénitence. Elle conclut cependant en fin d'ouvrage : « Nous avons vu que les mœurs sexuelles des Samoans ont pour conséquence de limiter le nombre de névroses » ! Nous savons désormais que conseiller à nos patients !

Les formes de la jalousie

Les chercheurs décrivent une première réaction automatique, le « flash de jalousie », qui se déclenche dans les premières secondes où l'on perçoit la menace sur la relation.

Dans ce « flash », les deux émotions les plus fréquentes sont la colère et la peur.

Écoutons Jean-Pierre, qui un jour vient chercher sa femme à la sortie du bureau.

> *Je ne connais pas les collègues de ma femme, nous ne mélangeons pas du tout nos vies privées et professionnelles. Mais ce jour-là, c'était pratique que je passe la chercher en voiture, parce que je sortais d'un rendez-vous avec un client tout près de là. Quand je suis arrivé devant l'immeuble où se trouve sa société, je l'ai aperçue sur le trottoir, en train de discuter avec un homme, visiblement un collègue, et au fur et à mesure que je me rapprochais j'ai réalisé que le type avait l'air d'un vrai tombeur, beau, à l'aise, sûr de lui, tiré à quatre épingles, et que surtout lui et ma femme avaient l'air de bien s'amuser, ils se parlaient en riant, en donnant l'impression d'être très intimes. Je me suis senti tellement bouleversé que j'ai calé en m'arrêtant. Dès qu'elle m'a vu, ma femme l'a quitté et est montée dans la voiture. J'ai essayé de faire bonne figure, mais elle a vite compris, à la tête que je faisais. Je me sentais partagé entre une colère terrible contre elle, contre lui, et puis aussi un sentiment de panique. J'avais en quelque sorte oublié que d'autres hommes pouvaient s'intéresser à ma femme, et réciproquement, et cette scène venait de me le rappeler très brutalement.*

Après le « flash de jalousie », qui est probablement une émotion assez fondamentale, les cognitions (pensées) interviennent. Nous réévaluons les différents éléments de la situation, et la réalité du risque, et surtout décidons de la conduite à tenir, comme le montrent les exemples suivants.

Vous êtes venu avec votre conjoint ou ami à une soirée où sont réunies de nombreuses personnes, dont certaines que vous rencontrez pour la première fois. À un moment de la soirée, vous êtes éloigné de votre partenaire mais vous l'apercevez en train de converser avec quelqu'un du sexe opposé. Chacun semble très intéressé par ce que dit l'autre, et ils se regardent intensément, rient ensemble à plusieurs reprises, et vous voyez votre partenaire animé et plein de vie alors qu'il était venu à cette soirée en traînant les pieds.

Comment vous sentez-vous ? Voici quelques réponses recueillies auprès de personnes à qui on a demandé d'imaginer cette situation.

Marie-Claire : « *Une bouffée de colère, de rage même. Je crois que j'aurais beaucoup de mal à ne pas me précipiter vers eux et à faire une scène. Et puis, je crois, la peur, aussi, la peur qu'Adrien me quitte, qu'il trouve cette fille plus intéressante que moi. Au final, je crois que j'irais me servir un double whisky et je me mettrais à draguer un autre homme pour attirer son attention.* »

Jocelyne : « *Un sentiment d'abandon terrible, l'idée que ma vie va peut-être se terminer là. Je pense que j'irais parler avec une amie pour me réconforter et lui demander conseil. Mais même imaginer cette situation est trop pénible pour moi. Je crois qu'au fond je la redoute en permanence, qu'il trouve une fille plus intéressante et plus désirable que moi.* »

Tom : « *Je crois que j'évaluerais tout de suite le type. Est-ce qu'il est globalement plus fort que moi, ou c'est juste un petit mec qui tente sa chance ? Remarquez, même ceux-là il faut s'en méfier. J'irais me mêler à la conversation, et je m'arrangerais pour prendre l'avantage sur le mec. Mais je ne vous dis pas la scène que je ferais à Ève pendant le retour à la maison. D'ailleurs, vu ce qui s'est passé la fois où elle m'a plus ou moins fait ce coup-là, ça m'étonnerait qu'elle recommence.* »

Arnaud : « *Je me sentirais très mal. En même temps, je me dirais que, de toute façon, soit elle s'intéresse vraiment à ce garçon et dans ce cas c'est qu'elle ne m'aime plus, et c'est trop tard pour faire quoi que ce soit, soit je ne risque rien et dans ce cas pourquoi me manifester et avoir l'air jaloux ? On m'a tellement appris que la jalousie était une émotion vile, un manque de confiance en soi et en l'autre, que je ferai toujours tout pour ne pas la montrer. »*

Ces quatre exemples montrent que la jalousie est une émotion complexe, où se mêlent au moins trois émotions : peur, colère, tristesse, et parfois la honte, et leurs pensées associées.

Type d'émotion jalouse	Mécanisme	Pensées associées
Colère	Frustration Atteinte au statut	« Il (elle) va voir ! » « Me faire ça à moi ! » « Pour qui se prend-il (elle) ? »
Peur	Crainte de la perte	« Et si il (elle) me quittait ? » « Je ne contrôle plus la situation ! »
Tristesse	Atteinte à l'estime de soi Sentiment d'abandon	« Il (elle) préfère un(e) autre, hélas. » « Je ne sais pas le (la) retenir »
Honte	Honte d'être jaloux Honte d'être perdant	« C'est une émotion vile » « Je me fais ridiculiser »

Bien sûr, chacun de nous a sa manière d'être jaloux, comme le montrent les quatre témoignages précédents, et de plus ses émotions peuvent se succéder ou s'associer au cours du temps.

Dans les exemples précédents, les réactions jalouses semblaient surtout dépendre de la personnalité du jaloux. Mais notre réaction de jalousie dépend aussi bien sûr de la nature du rival.

Qu'est-ce qui peut vous rendre le plus jaloux(se) ?

Répétons l'expérience précédente. Au cours d'une soirée entre amis, vous apercevez votre partenaire en grande conversation avec un(e) inconnu(e), et ils ont l'air de très bien s'entendre.

Pour mieux vous faire imaginer cette situation, nous allons vous montrer des photographies de ce(tte) rival(e) potentiel(le), ainsi qu'un descriptif de leur personnalité.

Portrait A : très beau, belle.
Portrait B : physique banal.
Personnalité A : affirmé(e), sait entraîner les gens, décide vite, comprend vite les situations.
Personnalité B : effacé(e), doute de lui (d'elle), se décide lentement.

Parmi les quatre combinaisons possibles, choisissez le (la) rival(e) qui excite le plus votre jalousie :

Madame, qu'est-ce qui vous rendrait le plus jalouse ?

Physique A et personnalité A : votre rivale est une belle fille à la personnalité affirmée	Physique B et personnalité A : votre rivale a un physique banal mais une personnalité affirmée
Physique A et personnalité B : votre rival est une belle fille à la personnalité plutôt effacée	Personnalité B et physique B : votre rivale a un physique banal et une personnalité plutôt effacée

Monsieur, qu'est-ce qui vous rendrait le plus jaloux ?

Physique A et personnalité A : votre rival est un beau garçon à la personnalité affirmée	Physique B et personnalité A : votre rival a un physique banal mais une personnalité affirmée
Physique A et personnalité B : votre rival est un beau garçon à la personnalité plutôt effacée	Personnalité B et physique B : votre rival a un physique banal et une personnalité plutôt effacée

Personnalité de votre rival(e) et pire scénario pour vous

Les résultats de cette expérience menée par des chercheurs hollandais[8] ne vous surprendront peut-être pas :

— Pour les hommes, c'est surtout le caractère affirmé ou non du rival qui affecte leur jalousie (le plus affirmé les énerve le plus), tandis que l'aspect physique a moins d'impact.

— Pour les femmes, c'est surtout l'aspect physique de la rivale qui excite leur jalousie (la plus belle, bien sûr), et la dimension « dominante » a très peu d'impact.

Ce qui prouve que la jalousie de chaque sexe est bien adaptée aux désirs dominants de l'autre : depuis les origines, les femmes éprouvent de l'attirance pour les hommes affirmés et leaders, et les hommes pour les femmes belles. (Nous ne parlerons même pas des hommes à la fois beaux et leaders et qui jouissent d'avantages absolument scandaleux.)

Pour les évolutionnistes, cette différence relative des priorités de chaque sexe peut expliquer pourquoi la plupart des hommes dépensent leur énergie à tenter d'élever leur statut ou à en acquérir des signes (ah, ces voitures inutilement puissantes), tandis que la gent féminine dépense des milliards de dollars par an en embellissements cosmétiques.

Il est vrai que, comme les rôles sexuels deviennent moins différenciés dans notre société, les hommes aussi s'intéressent de plus en plus à leur apparence, et les femmes à valoriser leur carrière, mais il n'en reste pas moins que cela ne correspond sans doute pas aux désirs prioritaires de l'autre sexe : un homme qui se maquille ou diminue sa calvitie par des implants, une femme ambitieuse préoccupée par sa carrière ne sont pas (encore) considérés comme des idéaux de séduction. (Écoutez des femmes parler des hommes qui se maquillent, ou écoutez des hommes parler des *career-women*.)

Comment dévaloriser un(e) rival(e)

D'autres chercheurs ont été plus loin : ils ont étudié comment les hommes et les femmes essaient de dévaloriser un rival potentiel aux yeux de leur partenaire[9]. Qu'allez-vous dire à votre chéri(e) pour le dissuader de s'intéresser à l'autre ? Les résultats sont éclairants : si vous êtes une femme, vous aurez tendance à attirer son attention sur ses défauts physiques (« tu as vu ses jambes ? ») ; si vous êtes un homme, à dénigrer ses aptitudes à la réussite (« il paraît qu'il n'arrive pas à garder un job ! »).

Un exemple de cette stratégie nous est raconté par Victoire, vingt-sept ans.

> *J'étais partie en vacances, emmenée par un nouvel ami, dans une île paradisiaque où se retrouvaient des habitués qui se connaissaient. Parmi eux, une top model, aussi belle dans la réalité que sur les couvertures des magazines. J'ai tout de suite senti qu'elle s'intéressait à mon ami. Elle n'essayait même pas de le cacher. Un jour, j'étais allongée avec lui sur la plage, entre deux baignades, quand la voilà qui arrive avec un maillot de bain réduit à son minimum, ce qui lui allait terriblement bien. Nous commençons à parler, et brusquement elle déclare : « Oh, comme tu as un joli corps, Victoire. » Et se tournant vers mon ami : « N'est-ce pas qu'elle est magnifique ? » Je me suis sentie rougir jusqu'aux cheveux. Elle était très forte : sous forme d'un compliment, elle attirait l'attention de mon ami sur sa propre supériorité. Je sais que je ne suis pas mal en*

maillot, mais comparée à elle, évidemment... D'ailleurs, dès notre retour, elle a réussi à me le piquer.

Finalement, au bord de ces mers tropicales, les squales les plus redoutables sont parfois sur la terre ferme...

La jalousie rétrospective

La jalousie n'est pas seulement orientée vers le futur, elle peut aussi se porter sur le passé. Le terme de *jalousie rétrospective* décrit le tourment qui peut nous saisir lorsque nous entrevoyons les extases qu'a partagées notre partenaire avec ceux ou celles qui nous ont précédé. Une règle non écrite du savoir-vivre amoureux consiste d'ailleurs à rester discret sur les épisodes précédents, ou, s'ils sont déjà connus de l'autre, à les décrire en termes mesurés, ou, mieux, comme des erreurs avant la réussite tant attendue.

Car la violence de la jalousie rétrospective ne doit jamais être sous-estimée, comme nous le montre un personnage de Proust, Swann, qui veut à tout prix connaître le passé de la femme qu'il aime, Odette de Crécy[10].

Alerté par une rumeur, et n'y croyant pas vraiment, Swann demande à Odette si dans le passé elle n'a pas eu de relations amoureuses avec d'autres femmes. Celle-ci nie avec indignation. Mais Swann s'obstine, en lui garantissant que, si c'était le cas, il l'accepterait parfaitement (ce qu'il croit en effet à cet instant), mais qu'en revanche rien ne le peinerait plus de découvrir plus tard qu'elle lui a menti, signe qu'Odette ne comprendrait pas l'étendue de son amour et sa compréhension. Harcelée, Odette finit par s'écrier avec colère : « Mais je n'en sais rien, moi, peut-être il y a très longtemps, sans me rendre compte de ce que je faisais, peut-être deux ou trois fois. »

Et, nous dit Proust de Swann, « ces mots, "deux ou trois fois", marquèrent à vif une sorte de croix dans son cœur ».

Et Proust de s'étonner d'ailleurs de l'influence des mots sur nos réactions physiologiques : « Chose étrange que ces mots, "deux ou trois fois", rien que des mots, des mots prononcés dans l'air, à distance, puissent ainsi déchirer le cœur comme s'ils le touchaient véritablement, puissent le rendre malade comme un poison qu'on absorberait. » Proust rejoint ici les psychologues cognitivistes : nous sommes émus parce que nous pensons. À d'autres moments, il est plus proche de William James : c'est le mouvement des sens, le goût de la madeleine, l'inégalité d'un pavé qui réveillent l'émotion, puis le souvenir associé à cette émotion (le thé chez sa grand-mère ou un séjour à Venise).

Moralité : ne cherchez pas à apprendre de votre amour ce qu'il ou elle ne tient pas forcément à vous raconter.

À quoi sert la jalousie ?

Si, comme nous l'avons vu, la jalousie est une émotion universelle, l'aptitude à la jalousie fait donc partie du patrimoine génétique de l'humanité. Puisque, selon les évolutionnistes, nos émotions sont des adaptations à notre environnement de chasseurs-cueilleurs, à quoi la jalousie a-t-elle bien pu servir ?

Deux malentendus et quelques précautions

Lorsqu'on expose les théories évolutionnistes de la jalousie, on risque de choquer, voire de provoquer rejet, accusation de « machisme », ou pire. Notre expérience nous a appris que ces réactions sont souvent dues à trois malentendus. Les voici[11].

Premier malentendu : « Pour les évolutionnistes, tous nos comportements sont programmés génétiquement. » Faux. Même les porte-parole les plus vigoureux de cette approche reconnaissent bien volontiers que nos comportements naissent d'une prédisposition, certes génétique et universelle, mais qui va se développer et s'exprimer sous des formes variables selon l'éducation et le groupe social. La jalousie comme la colère ou la tristesse vont se manifester différemment d'une culture à l'autre, ou même d'une famille à l'autre, selon la manière dont elles seront interprétées, valorisées, réprimées. Simplement, les évolutionnistes ont réagi à certains excès de l'approche culturaliste, illustrée par Margaret Mead, qui voulait imposer un modèle d'homme au psychisme entièrement produit par sa culture et où la jalousie ou la honte seraient des inventions occidentales.

Deuxième malentendu : « Pour les évolutionnistes, tout ce qui est naturel est souhaitable, moral. » Faux. Les évolutionnistes vous rappellent déjà que, pour commencer, la sélection naturelle — la survie du plus apte — n'est pas morale, pas plus que les volcans ou le vieillissement. Darwin comme Freud considéraient que nous étions animés de pulsions animales et immorales, mais ils ont recommandé à leurs contemporains et mené eux-mêmes des vies très morales. Un livre qui expose les théories évolutionnistes, *L'Animal moral*[12] de Robert Wright, prolonge ce point de vue. La civilisation s'est construite sur la régulation de tendances naturelles innées comme la violence envers des inconnus ou la polygamie, ce qui nous a permis de construire de grandes communautés moins violentes et plus égalitaires (une des conséquences de la polygamie, on l'oublie souvent, est que les hommes de statut inférieur ne peuvent avoir de femmes, tandis que d'autres en ont plusieurs, ce qui crée des tensions et une source de violence, et n'est pas propice aux valeurs démocratiques. Ce qui explique aussi que, dans les sociétés de chasseurs-cueilleurs, qui sont assez égalitaires (tout le monde doit participer à la recherche de nourriture, pour assurer la survie du groupe), la polygamie, bien qu'habituelle, dépasse rarement deux épouses, et beaucoup d'hommes sont monogames. C'est avec l'apparition de l'agriculture et de l'élevage, qui permet une accumulation de ressources, et la constitution de castes aristocratiques qu'apparaissent les grands harems[13].

Troisième malentendu : « Tout ce qui est naturel n'est peut-être pas moral, mais nous rendrait plus heureux. » Faux. Robert Wright fait remarquer que nos gènes ne nous déterminent pas pour être durablement heureux, mais simplement prolifiques[14] ! Même pour les hommes, la polygamie vous garantit plus de descendants, mais non le bonheur : pour maintenir l'ordre entre vos femmes ou décourager vos rivaux frustrés d'en approcher, vous vivrez dans une tension constante, comme tout mâle dominant qui veut le rester.

Examinons maintenant la vision évolutionniste de la jalousie, en nous souvenant :

— qu'elle propose un socle commun, mais que votre éducation et vos expériences peuvent vous faire vivre la jalousie assez différemment ;
— que les mécanismes mis au jour s'ils sont naturels, ne sont pas des modèles moraux ;
— que ces mécanismes sont *inconscients*, comme nous le verrons.

Voici enfin à quoi sert la jalousie

Une première réponse évidente : la jalousie sert à garder l'exclusivité dans notre relation avec l'autre. Mais pourquoi ? Pourquoi l'homme et la femme n'ont pas évolué vers une sorte de communauté sexuelle totalement libre, où chacun verrait avec indifférence son partenaire copuler avec tout ce qui se présente ? (Imaginez à quoi ressemblerait une séance de diapos des vacances.)

La réponse tient en un mot : bébé.

Depuis l'aube de l'humanité jusqu'à une époque récente, tout rapport sexuel avait de fortes chances d'être suivi d'une naissance quelques mois plus tard. Si vous lisez ce livre aujourd'hui, c'est que vous êtes un incroyable succès évolutif. Des milliers d'ancêtres successifs ont réussi à répéter ce cycle : capter l'intérêt d'un partenaire, avoir des rapports sexuels, donner naissance à un bébé et ensuite assurer sa survie et son éducation jusqu'à ce qu'il atteigne l'âge adulte. Un seul faux pas dans cette séquence répétée des milliers de fois, et vous ne seriez pas là, avec vos gènes hérités de tous ces ancêtres.

Imaginez maintenant qu'en ne remontant qu'aux primates nos ancêtres ont vécu pendant huit millions d'années dans les dures conditions des chasseurs-cueilleurs, où les ressources étaient maigres et incertaines, et les dangers nombreux. (L'agriculture n'est apparue qu'il y a environ dix mille ans et s'est répandue lentement.)

En tant que mâle, quelles sont les meilleures chances d'avoir le plus de descendants possibles ? Comme votre réserve de spermatozoïdes est pratiquement illimitée, le plus rentable est de la disperser au maximum, c'est-à-dire d'avoir des relations sexuelles avec le plus de femmes différentes. Nous sommes les descendants de ces mâles volages, ce qui explique l'intérêt des hommes pour des relations sexuelles avec des femmes qu'ils connaissent à peine, et le long règne universel de la polygamie. (Sur les 1 180 sociétés humaines anciennes et actuelles, comptabilisées par les anthropologues, 954 étaient ou sont polygames, et toutes les sociétés de chasseurs-cueilleurs l'étaient[15].)

En tant que femme, la situation est radicalement différente. Votre nombre d'enfants possible est beaucoup plus limité. Pour assurer une descendance à vos gènes, vous n'avez pas seulement besoin d'être fécondée, mais aussi de maximiser les chances de survie de votre bébé qui va dépendre de vous pendant des années. D'où l'importance de choisir un partenaire apparemment motivé pour veiller sur vous pendant tout ce temps, et doué d'un statut et d'une vigueur suffisants pour assurer nourriture et protection. Et d'où la plus grande prudence des femmes, également universelle, avant de s'engager dans des relations sexuelles. (Nous verrons qu'il existe des entractes à cette réticence.)

N'oubliez pas que nous vivons de la chasse et de la cueillette, que ces activités sont dangereuses à cause des prédateurs, que la nourriture est précieuse, la vie courte et brutale.

Dans ce cas, que se passera-t-il si vous, monsieur, laissez votre femme rire aux plaisanteries d'autres mâles de la tribu ? Vous aurez de grands risques de vous retrouver en train de dépenser de l'énergie et de risquer votre vie pour nourrir des enfants qui ne seront pas les vôtres, ce qui diminue vos chances d'avoir une descendance nombreuse, et donc de transmettre vos gènes.

Et vous, madame, que se passera-t-il si vous laissez votre mari échanger des confidences avec vos supposées bonnes amies ? Vous risquerez un jour de le voir partager le produit de sa chasse avec les autres mères de ses enfants, ce qui diminuera la ration du vôtre et du même coup ses chances de survie. Malheureusement, comme vous êtes moins musclée et moins douée pour la violence, vous supporterez plus ou moins ce risque pendant quelques millénaires. (Un seul avantage, dans une société très polygame : vous êtes forcément avec un mâle de statut plutôt élevé, puisque les autres n'ont pas de femmes.)

Les évolutionnistes nous apprennent donc que la jalousie, en nous poussant à contrôler notre partenaire, sert à nous garantir le maximum de succès reproductif quel que soit notre sexe, et c'est parce que vos ancêtres étaient jaloux qu'ils ont pu transmettre leurs gènes jusqu'à vous qui êtes en train de lire ce livre.

En toute inconscience

Pour les psychologues évolutionnistes, ces stratégies jalouses n'ont bien sûr pas été choisies consciemment, elles sont même apparues à une époque ou nous ne connaissions pas la relation entre rapports sexuels et grossesse (d'ailleurs, la plupart de nos cousins singes sont aussi jaloux). Nos ancêtres ne se sont pas dit « je vais surveiller mon partenaire parce que, autrement, je risque de diminuer mon capital reproductif et mes chances de transmettre mes merveilleux chromosomes ». Simplement, ceux qui n'ont pas été assez jaloux ont eu moins de descendants, et donc les jaloux ont eu tendance à mieux se perpétuer jusqu'à nous.

Ce qui explique que, bien qu'aujourd'hui nous puissions éviter d'avoir des enfants grâce la contraception, que les ressources à partager soient plus abondantes, que la société permette à une femme seule d'élever un enfant, la jalousie continue de nous tourmenter, legs de nos ancêtres chasseurs-cueilleurs et de leurs prédécesseurs préhumains.

JALOUSIE FÉMININE ET JALOUSIE MASCULINE : LE SCÉNARIO DU PIRE

Un des moyens d'éprouver les théories évolutionnistes serait de vérifier s'il existe des différences dans la jalousie homme-femme, en fonction de la menace maximale sur « l'avenir reproductif » de chacun des deux partenaires. Imaginez que votre partenaire actuel vienne de rencontrer un de ses ex. Mais attention, nous allons vous demander d'imaginer deux scénarios différents :

Scène « sexe » : votre partenaire et son ex réveillent une relation sexuelle passionnée, mais sans s'impliquer autrement.

Scène « tendresse » : votre partenaire et son ex réveillent une relation affective intense, mais sans relations sexuelles.

Si l'on demande à des hommes et à des femmes d'imaginer ces deux scénarios avec leurs scènes caractéristiques, ils les trouvent tous les deux très perturbants. Mais, ô surprise, la majorité des hommes haïssent le plus le scénario « sexe », tandis que la plupart des femmes exècrent au plus haut point le scénario « tendresse ». Il ne s'agit pas simplement d'une affaire d'opinion (la question posée était : *laquelle des deux situations trouveriez-vous la plus difficile à pardonner ?*), mais aussi de réactions physiques : la fréquence cardiaque et le tonus musculaire des hommes et des femmes réagissent différemment à l'évocation de ces deux types de scènes. Ce qui rejoint les théories évolutionnistes : pour les hommes, la pire des menaces est la fécondation venue d'ailleurs, et donc les rapports sexuels avec un autre, pour les femmes, c'est la menace de dispersion des ressources, très probable en cas d'engagement affectif

> avec une autre. (Monsieur, n'espérez quand même pas calmer votre épouse en lui disant : « Ne t'inquiète pas, chérie, avec elle, c'est purement sexuel » car les femmes savent que le sexe peut aussi mener l'homme à un engagement affectif.) Des expériences similaires répétées dans divers pays de cultures pourtant différentes (États-Unis, Hollande, Suède, Chine, Corée, Japon), ont confirmé cette universelle différence homme-femme quant au pire scénario de la jalousie[16].

Une dernière salve d'évolutionnisme avant que vous soyez complètement déprimé par ces réalités animales qui s'agitent en vous à votre insu. « Babouineries, babouineries ! » s'indigne d'ailleurs Solal, le héros de *Belle du Seigneur,* quand il décrit les lois de l'amour à sa belle.

Pourquoi cette préférence des femmes pour les hommes affirmés et les *leaders* : parce qu'ils sont potentiellement garants de meilleures ressources pour elles et leurs bébés potentiels.

Pourquoi cette préférence des hommes pour les femmes jeunes : parce qu'elles sont les plus fécondes (encore plus élémentaire !).

L'histoire de l'humanité n'est pas notre seule histoire

Bien entendu, ces tendances innées s'agitent en nous mais ne nous déterminent pas complètement. Notre éducation, nos modèles parentaux, nos premières expériences sentimentales, nos valeurs déterminent aussi nos choix amoureux. Enfin, l'attachement — dont nous reparlerons longuement — que nous développons avec notre partenaire le rendra unique à nos yeux. Une femme peut donc rester fidèle à un homme doux malgré les avances d'un rival sûr de lui et d'un statut supérieur, un homme peut rester vertueux malgré les invites de femmes plus jeunes ou plus belles que la sienne. (Le plus sage est sans doute de ne pas s'exposer à la tentation, et Darwin pensait d'ailleurs que, si l'on voulait rester fidèle, il valait mieux vivre à la campagne !)

Pourquoi rendre l'autre jaloux ?

La jalousie peut entraîner beaucoup d'inconvénients, mais elle a aussi un intérêt : elle attire l'attention de votre partenaire sur vous, et vous permet de vérifier (ou en tout cas le pensez-vous) le prix qu'il attache à votre relation, et lui rappelle que vous restez désirable par d'autres. Et c'est pourquoi la tentative volontaire de rendre l'autre jaloux est assez utilisée dans près d'un tiers des couples, et, semble-t-il, plus fréquemment par les femmes que par les hommes[17].

Un bel exemple de cette stratégie nous est donné dans *L'Insoutenable Légèreté de l'être*.

Tomas vit avec Tereza et l'aime, mais il la rend malheureuse par ses infidélités incessantes, qu'il s'efforce pourtant de lui cacher. Mais, à deux reprises, à l'occasion de soirées entre collègues de travail, il ne peut s'empêcher d'éprouver une bouffée de jalousie quand il voit Tereza danser avec un autre homme, bien qu'il la sache fidèle. Comme elle a vu Tomas se rembrunir, elle insiste pour savoir pourquoi, et il finit par lui avouer qu'il s'est senti jaloux en la voyant danser. « "C'est vrai que je t'ai rendu jaloux ?" Elle répéta ces mots une dizaine de fois comme s'il avait annoncé qu'elle avait reçu le prix Nobel et qu'elle eût refusé de le croire. Elle le prit par la taille et se mit à danser avec lui dans la chambre[18]... »

La provocation à la jalousie vue par deux chefs-d'œuvre

Voyage en Italie

Une partie du magnifique *Voyage en Italie* (1953) de Roberto Rossellini (voir chapitre 5) peut être considérée comme une escalade dans la provocation à la jalousie. Au cours d'un dîner avec des amis dans un restaurant de Naples, Catherine (Ingrid Bergman) éprouve un premier « flash » de jalousie en voyant son mari, Alex (George Sanders), tenir un peu trop longtemps la main d'une belle blonde assise à ses côtés, ce qui lui fait réaliser qu'elle est une de ses anciennes maîtresses. Plus tard, de retour à la maison, elle tente à son tour de provoquer sa jalousie en évoquant le souvenir d'un jeune et romantique poète anglais, Charles, qui fut apparemment très épris d'elle avant son mariage. Alex fait mine de ne pas y attacher d'importance et répond ironiquement. (Leur conversation est interrompue par des éclats de voix au-dehors : ce sont de jeunes fiancés du lieu qui se disputent, et pourquoi ? Pour une histoire de jalousie, leur répond-on.) Plus tard, Catherine fait monter les enchères de la jalousie : lors d'un cocktail à Naples chez le comte Lipoli, elle se laisse courtiser en riant aux éclats par des Italiens empressés qui la complimentent sur sa beauté. Malgré tout son *self-control* britannique, Alex ne peut s'empêcher de faire grise mine. Le lendemain matin, il exerce prestement des représailles en quittant la maison avant le réveil de Catherine, en ne lui laissant qu'un mot annonçant qu'il va « prendre du bon temps à Naples ». Nous n'en dirons pas plus pour vous inciter à voir ou à revoir ce chef-d'œuvre.

Eyes Wide Shut

Une illustration plus contemporaine de la jalousie est montrée par Nicole Kidman dans *Eyes Wide Shut* (1999), le dernier film de Stanley Kubrick.

En sous-vêtements et mollement allongés sur le lit conjugal, les personnages joués par Nicole Kidman et Tom Cruise commentent la soirée new-yorkaise très chic à laquelle ils ont participé la veille. Lorsque Tom demande à Nicole qui était l'homme élégant avec laquel il l'a vue danser, Nicole répond en riant que c'était un ami de leurs hôtes, et qu'il voulait l'emmener dans les chambres du premier « pour la sauter ». Tom prend ça avec humour, en disant qu'après tout c'est compréhensible, Nicole est si belle. Nicole prend assez mal son calme et elle commence une discussion houleuse sur la jalousie et l'infidélité, en lui demandant d'imaginer que certaines de ses patientes (Tom est médecin) pensent peut-être à coucher avec lui. Essayant de calmer le débat qu'il sent s'envenimer, Tom répond que les femmes ne sont pas comme ça, que, contrairement aux hommes, elles ont besoin d'une relation plus personnelle avant de penser au sexe. Nicole attaque ce point de vue évolutionniste sur les différences hommes-femmes. Elle trouve Tom bien naïf. Un peu contrarié, celui-ci lui fait remarquer qu'elle essaie de le rendre jaloux. « Ah, oui, mais toi, tu n'es pas du genre jaloux, hein ? », lui réplique-t-elle d'un ton peu amène. Il confirme qu'en effet il n'est pas du genre jaloux, en expliquant que c'est parce qu'il a confiance en elle. À ces mots, elle se tord de rire, puis, une fois qu'elle a repris son souffle, elle finit par lui raconter ce qui suit : alors qu'ils étaient en vacances dans un hôtel, à Cape Cod, un officier de marine déjeunait à la table voisine de la leur. Lorsque Nicole a croisé son regard, elle s'est sentie aussitôt comme paralysée, et elle aurait été prête à abandonner sur-le-champ Tom et leur avenir heureux pour se retrouver dans les bras de cet homme. Et pendant la journée qui a suivi et où Tom et elle ont fait l'amour et parlé de leur petite fille, elle ne cessait de penser au beau marin.

Cette première scène montre déjà un malentendu fréquent sur la jalousie entre hommes et femmes.

Quand Nicole Kidman provoque une première fois la jalousie de Tom, et qu'il réagit calmement, cela l'énerve au contraire et elle surenchérit dans l'agressivité. Et quand il lui déclare plus tard que, non, il n'est pas jaloux, elle a recours à une riposte quasi nucléaire : lui apprendre qu'elle a violemment désiré un inconnu. Apparemment, il règne (au moins) un malentendu entre eux : pour Tom, ne pas montrer sa jalousie est une preuve de confiance en l'autre et d'amour. Nicole, elle, semble lui en vouloir de ce qu'elle prend pour un manque de passion ou de virilité.

Le bon Tom est par la suite obsédé par une scène imaginaire typique de la jalousie masculine : il imagine Nicole enlevant fiévreusement sa petite culotte tandis que le fameux officier de marine couvre son corps de baisers.

Tourmenté par cette vision, il erre à l'aventure dans les rues de New York et, là, il se fait aborder par une prostituée belle comme nous n'en avons jamais croisé. (Mais, après tout, c'est *Tom Cruise* !)

Nicole Kidman campe-t-elle dans ce film une femme complètement marginale, capable de désirer des inconnus alors qu'elle est heureusement mariée avec le gentil Tom ? Ou, à l'inverse, a-t-elle raison d'attaquer l'évolutionnisme qui prédit que les femmes sont plus fidèles que les hommes ? Eh bien, disons qu'elle a une vision un peu simpliste des théories évolutionnistes sur la fidélité.

Pourquoi les femmes sont-elles infidèles ?

Il y a peu d'honnêtes femmes qui ne soient lasses de leur métier.
La Rochefoucauld.

Toute aventure amoureuse, licite ou non, est une histoire particulière favorisée par des circonstances difficiles à réduire à un seul principe explicatif, et qui paraît de toute façon unique à ceux qui la vivent.

Mais, d'un point de vue évolutionniste, puisque la femme a intérêt à garder l'affection du père de ses enfants pour qu'il la protège et la nourrisse dans un environnement hostile, pourquoi risquer cette sécurité pour une aventure sans lendemain ?

Pour les psychologues évolutionnistes, la réponse est toujours impitoyablement la même : parce que l'infidélité optimise son avenir reproductif.

En effet, toute femme est le théâtre de deux désirs : se sentir attirée par un futur papa capable de s'engager sur le long terme, mais aussi par un « beau mâle » robuste et dominant qui assurera de bons gènes à sa progéniture. Malheureusement, ces deux grands types de caractéristiques ne sont pas toujours réunis dans le même individu, ou en tout cas perçues comme telles. Dans *Eyes Wide Shut*, le personnage de Nicole Kidman vit alors un dilemme commun à beaucoup de femmes : se retrouver avec un homme gentil et rassurant qui lui assure la sécurité, mais se sentir de temps en temps fondre pour un mâle plus agressif, dispensateur de « bons » gènes. Pour Nicole Kidman dans *Eyes Wide Shut*, c'est le jeune officier de marine, dont l'uniforme galonné exprime à la fois la dominance guerrière et l'aventure.

Bien entendu, le même officier se révélerait peut-être encore plus pantouflard et sentimental que Tom dans une relation de couple, mais une aventure repose toujours sur une part d'illusion. Celui qui est devenu le plus prévisible pour l'une peut toujours paraître un troublant aventurier à une autre. Comme le déclame encore Solal, le héros de *Belle du Seigneur* : « Le pauvre mari, lui, ne peut pas être poétique. Impossible de faire du théâtre vingt-quatre heures par jour. Vu tout le temps par elle, il est forcé d'être vrai, donc piteux. Tous les hommes sont piteux, lorsqu'ils sont seuls, et non en scène devant une idiote émerveillée ! Tous piteux, et moi le premier ! »

Dans *Eyes Wide Shut*, au cours de la grande soirée new-yorkaise, Tom est d'ailleurs perçu comme un très séduisant inconnu par deux belles créatures.

Pour les évolutionnistes, une dernière preuve du caractère « inné » de la tendance féminine à l'infidélité : si, depuis des millénaires, des générations de femmes avaient toujours été fidèles, la jalousie masculine aurait été inutile, et donc n'aurait pas été sélectionnée au cours de l'évolution. Si les hommes sont jaloux, c'est bien parce que les femmes peuvent être infidèles, même si elles le sont moins qu'eux...

Mais, si l'on se contente de demander aux femmes infidèles pourquoi elles ont des aventures, elles citent deux motifs principaux : augmenter leur estime de soi et vivre des expériences sexuelles agréables, et les deux arguments semblent liés, puisqu'elles déclarent que le fait de se sentir désirables fait beaucoup de bien à leur image d'elles-mêmes[18].

Jalousie et personnalité

Y a-t-il des personnalités plus jalouses que d'autres ? À l'évidence oui. Cette tendance a-t-elle un rapport avec d'autres aspects de la personnalité ? Peut-être, mais la réponse n'est pas simple. Les personnes jalouses ont souvent des problèmes d'estime de soi, mais, à l'inverse, des études ont aussi montré que les personnalités en haute estime d'elles-mêmes pouvaient être plus jalouses[19].

Les difficultés de la recherche sur la jalousie tiennent à plusieurs facteurs :

— La jalousie est une émotion complexe, associée à d'autres émotions.
— Elle ne dépend pas seulement de la personne qui l'éprouve, mais aussi des caractéristiques du partenaire et de l'équilibre de la relation. Des chercheurs se penchent en particulier sur le rôle joué par la diffé-

rence entre les deux partenaires en termes d'attrait aux yeux de l'autre sexe.
— L'histoire personnelle est importante, et souvent difficile à explorer. Par exemple, parmi les hommes « grands jaloux », il semblerait que certains aient été témoins directs de l'infidélité de leur mère, ce qui leur a sans doute laissé une empreinte traumatique sur le peu de fiabilité de la gent féminine.

Dans une relation de couple, indépendamment de la survenue d'un(e) rival(e), votre tendance à la jalousie dépendrait de trois facteurs[20] :

— Votre engagement dans la relation, en termes de dépendance affective et d'espoir pour l'avenir.
— Votre insécurité, c'est-à-dire la manière dont vous percevez l'engagement de l'autre. Est-il aussi engagé que vous ?
— Votre émotivité, au sens de votre capacité à ressentir fortement les émotions.

Mais il existe bien d'autres modèles[21], la jalousie n'a pas fini d'intéresser les chercheurs...

JALOUSIE AU CINÉMA

Nous avons déjà cité *El* (Tourments) (1952) de Luis Buñuel dans un livre précédent. Il demeure un des plus beaux portraits de jaloux pathologique, à la fois poignant et inquiétant. Rappelons cette scène révélatrice du début du film : le nouveau marié, vêtu d'un élégant peignoir, entre dans la chambre nuptiale, où l'attend sa promise dans une pudique chemise de nuit. (Cela se passe à une époque et dans un pays, le Mexique, où la nuit de noces gardait tout son sens.) L'époux se penche sur sa belle pour l'embrasser, celle-ci ferme les yeux, tout émue. Aussitôt, le marié interrompt son geste et lui demande d'un air crispé : « À qui penses-tu ? »
El a trouvé un descendant digne de lui en la personne de François Cluzet dans *L'Enfer* (1994) de Claude Chabrol.

Dans une jalousie d'intensité croissante, il soumet sa malheureuse épouse, Emmanuelle Béart, à une surveillance et à des menaces de plus en plus violentes et folles. Le titre du film rappelle bien que la jalousie est un enfer, pour le jaloux comme pour sa victime.

Dans *Raging Bull* (1980) de Martin Scorsese, Robert De Niro incarne un champion de boxe et jaloux pathologique. Excédée par ses soupçons, en particulier quand il lui demande pour la centième fois si elle a couché avec son frère (Joe Pesci), sa femme finit par lui répondre « oui » alors que c'est faux. Mal lui en prend, elle se fait sévèrement rosser ainsi que le frère un peu plus tard. Auparavant, comme elle remarque incidemment qu'un des futurs adversaires de son mari est « beau gosse », il lui demande de répéter ça, ce qu'elle refuse, déjà terrorisée, et là encore la scène se termine très mal. Plus tard, sur le ring, il n'aura de cesse de détruire le visage du « beau gosse ».

Dans *American Beauty* de Sam Mendes (1999), nous vérifions que la jalousie survit rarement à l'amour. Kevin Spacey joue le rôle d'un quadragénaire en pleine crise du milieu de vie, qui devient complètement obsédé par une jeune amie de sa fille. Pendant ce temps, sa femme, jouée par Annette Bening, le trompe avec un bel agent immobilier (Peter Gallagher). Quand il les surprend ensemble, elle est mortifiée, puis terrifiée. Elle redoute tellement une réaction violente de la part de son mari qu'elle se sent obligée de se munir d'un revolver avant de retourner l'affronter au domicile conjugal. Mais elle n'a rien compris : il est fou d'une autre et, de son point de vue, elle peut batifoler avec qui elle veut.

Ce film nous montre aussi comment notre morale nous permet d'échapper à nos pulsions héritées de l'évolution : certes, le personnage de Kevin Spacey est obsédé sexuellement par une adolescente aguicheuse, mais quand, au moment de passer à l'acte, elle lui avoue qu'elle est beaucoup moins expérimentée qu'elle ne le faisait croire, il interrompt son déshabillage et retrouve sa dignité d'homme responsable.

Variantes culturelles

Le « flash » de jalousie est sans doute une émotion connue sous toutes les latitudes, mais ce qui le provoque et ce qu'il déclenche ensuite varient selon les cultures.

Dans *La Vérité*[22], Mouna Ayoub raconte son mariage avec un entrepreneur saoudien qui l'a remarquée alors qu'elle gagnait son argent de poche comme serveuse dans un restaurant libanais de Paris. Au début, elle pense que, bien que saoudien, son mari est tout à fait ouvert aux valeurs occidentales. (Ne l'a-t-il pas choisie pour épouse, alors qu'elle est chrétienne ?) Elle commence à réaliser son erreur d'appréciation lors d'un des premiers dîners donnés par le couple à Riyad. Alors qu'elle est en train de parler avec animation avec un sénateur américain invité, le silence se fait autour d'eux parmi les convives consternés, et elle est brusquement rappelée à l'ordre par un retentissant « *Mouna, shut up !* » de son mari (qui pourtant l'aime, comme la suite le montre). Elle comprend qu'en entretenant une conversation animée avec un homme elle n'a pas agi comme une Saoudienne respectable. Tous les interdits imposés aux femmes par l'islam radical sont autant de solutions drastiques à l'apaisement de la jalousie masculine dans une société où l'homme a tous les pouvoirs, et correspondent d'ailleurs aux trois procédés du « grand jaloux » occidental.

Surveillance : interdiction de sortir non accompagnée d'un parent ou d'un domestique.

Restrictions des contacts : interdiction de conduire, voile porté en permanence à l'extérieur.

Dévalorisation : maintien forcé dans un rôle d'épouse et de mère.

Sanction possible de l'adultère : la mort.

Mais la violence n'est jamais loin de la jalousie, même dans les sociétés les plus égalitaires et les plus libérées sexuellement.

Dans le douloureux *Scènes de la vie conjugale* (1973) d'Ingmar Bergman, le couple formé de Marianne (Liv Ullmann) et de Johan (Erland Josephson) rompt parce que ce dernier est tombé amoureux d'une jeune collègue et part vivre avec elle. Mais, quelques mois plus tard, quand les ex-époux se retrouvent pour signer des papiers de divorce, Marianne apprend à Johan qu'elle a surmonté sa souffrance, qu'elle a maintenant un homme dans sa vie et qu'elle doit d'ailleurs aller le rejoindre l'instant d'après. Johan prend très mal cette nouvelle, et la scène se termine en pugilat. (Une manifestation de plus du rêve polygamique de tout homme, même chez un Suédois protestant et social-démocrate : découvrir de nouvelles femmes tout en se gardant les précédentes disponibles. Mais, depuis vingt siècles, les femmes, qu'elles soient épouses ou maîtresses, s'efforcent de mettre un frein à cette tendance innée.)

La manière dont a été punie l'infidélité féminine dans l'histoire de l'humanité ressemble à un catalogue de tortures : lapidation (traditions du Moyen-Orient), ébouillantement (Japon), écrasement entre deux pierres (Chine traditionnelle), section du nez ou des oreilles (certaines tribus indiennes d'Amérique du Nord) et, les mœurs s'adoucissant, simple marquage au fer rouge. Quant à l'excision, c'est-à-dire des mutilations plus ou moins étendues des organes génitaux féminins, encore largement pratiquée en Afrique et autour de la péninsule arabique, elle est considérée, entre autres, comme un moyen de mieux garantir la vertu des femmes. Quand il s'agit de protéger leur capital reproductif, les hommes ne manquent pas d'imagination.

Au milieu de toute cette frénésie machiste émerge heureusement l'image réconfortante de l'Eskimo (ou plutôt Inuit) traditionnel, qui vous prête bien volontiers sa femme comme cadeau de bienvenue. Mais, là aussi, la réalité est moins riante : il s'agissait d'un rituel très précis réservé à un étranger de passage. En revanche, le visiteur qui n'aurait pas attendu le rituel pour se servir, ou le voisin qui se serait risqué à folâtrer avec l'épouse, aurait couru — comme partout dans le monde — le risque de se faire tuer[23].

Les femmes, moins autorisées à exercer de la violence, peuvent aussi y recourir. David Buss cite le cas des femmes indigènes des îles Samoa qui attaquent leur rivale en leur mordant cruellement le nez, ou les Jamaïcaines qui lui jettent de l'acide au visage (deux représailles qui diminuent son attrait aux yeux des hommes). Les « drames de la jalousie » continuent aussi d'endeuiller les pages de nos quotidiens occidentaux, même si les femmes en sont beaucoup plus souvent victimes que les hommes.

Énigme évolutionniste

Don José
(avec violence)
Ainsi, le salut de mon âme,
Je l'aurai perdu pour que toi,
Pour que tu t'en ailles, infâme,
Entre ses bras, rire de moi !
Non, par le sang, tu n'iras pas,
Carmen, c'est moi que tu suivras !

Carmen
Non, non, jamais !

Don José
Je suis las de te menacer !

Carmen
(avec colère)
Eh bien, frappe-moi donc, ou laisse-moi passer.

Pourquoi cette fâcheuse tendance masculine à mettre à mort des femmes infidèles, qui se révèle encore aujourd'hui dans l'un des plus fréquents crimes masculins : tuer sa femme quand elle vous trompe ou essaie de vous quitter ? Assassiner la mère ou future mère de ses enfants paraît un calcul aberrant même d'un point de vue évolutionniste. Mais nous sommes tellement habitués à la monogamie que nous oublions que nos mécanismes psychologiques ont été sélectionnés dans une société qui a été polygame depuis que nous sommes primates. Et, dans ce cas, tuer une de nos femmes est un moyen certes radical, mais efficace, pour encourager les autres à se tenir tranquilles et réoptimiser notre capital reproductif. De plus, en empêchant notre rival de profiter de sa bonne fortune, nous retrouvons aux yeux du groupe notre statut de mâle dominant qui ne se laisse pas faire, et dissuadons les autres de s'intéresser aux épouses restantes. Affreux, mais peut-être vrai (et moralement condamnable !).

> ### LE COMPLEXE D'ŒDIPE REVISITÉ[24]
>
> D'un point de vue freudien, le complexe d'Œdipe décrit à la fois le désir inconscient qu'éprouve le fils pour sa mère et la jalousie qu'il ressent envers son père, qu'il perçoit comme un rival. Pour les psychologues évolutionnistes, le fils n'éprouve pas de désir sexuel pour la mère, mais les réactions « œdipiennes » s'expliquent par trois autres mécanismes :
> — Une rivalité non sexuelle : père et fils sont concurrents pour capter l'attention de la mère.
> — Une jalousie « demi-sexuelle » : le petit enfant ne désire pas sa mère, mais supporte mal le désir du père pour elle, car il n'a pas intérêt à ce que sa mère soit fécondée trop tôt et donne naissance à un rival qui accaparerait à son tour les ressources et l'attention de la mère, à son détriment.
> — Une rivalité sexuelle quand le fils devient adolescent. Dans « la horde originelle » de Freud et de Darwin, le père et le fils deviennent rivaux pour la conquête des femmes.

Comment gérer sa jalousie

Reconnaissez que vous êtes jaloux

Nous espérons vous avoir montré que la jalousie est une émotion normale, naturelle, et que, bien qu'elle soit très décriée, elle fait partie de l'équipement psychologique d'un humain en bonne santé.

Ne vous mortifiez donc pas pour vous être senti jaloux, ne vous accusez pas de névroses enfouies ou d'égoïsme : vous êtes jaloux comme tous vos contemporains, et tous vos ancêtres humains et préhumains. On pourrait même dire que, si vos ancêtres, mâles et femelles, n'avaient pas été jaloux, vous ne seriez pas là, d'autres lignées vous auraient supplanté.

Bien entendu, cela ne veut pas dire qu'il ne faille pas apprendre à domestiquer sa jalousie, à éviter qu'elle vous gâche la vie ou celle de l'autre, à savoir reconnaître quand elle devient excessive.

Mais cela vous sera pratiquement impossible si vous vous aveuglez sur votre propre jalousie.

Dans notre premier témoignage, le mari de Claudine s'aveugle sur sa propre jalousie en trouvant qu'il adopte simplement un comportement « normal », et d'ailleurs il n'exprime jamais directement à Claudine sa peur d'être trompé.

À l'inverse, Arnaud, aussitôt qu'il éprouve une bouffée de jalousie en voyant son amie parler à un rival potentiel, s'interdit aussitôt cette émotion, et fait « comme si de rien n'était », ce qui n'est pas forcément bon pour ses affaires.

D'une manière différente, aucun des deux ne reconnaît sa jalousie, ce qui leur rend impossible de bien la gérer et met en péril leur relation.

Exprimez votre jalousie

Silvio, le héros de *L'Amour conjugal* d'Alberto Moravia, est un noble propriétaire à qui son éducation n'a guère appris la lutte pour la vie. Un coiffeur vient régulièrement lui tailler sa barbe. C'est un homme étrange, bâti en force, très laid mais dégageant un certain magnétisme. Un jour, la belle épouse de Silvio, Leda, lui assure avec indignation que cet homme l'a frôlée de manière équivoque pendant qu'il la coiffait. Silvio est troublé, mais comme il lui semble à la fois honteux d'être jaloux, et malcommode de se séparer de ce coiffeur qui vient à domicile, il ne le renvoie pas. Quelques semaines plus tard, il découvre que sa femme et le coiffeur sont devenus amants.

Comme Tom Cruise dans *Eyes Wide Shut*, Silvio trouve sans doute que montrer du soupçon et de la jalousie est le signe d'une âme basse et d'un manque de confiance en l'autre (en plus d'une tendance qu'il se reconnaît à la passivité). Erreur, l'autre partenaire peut prendre cette apparente indifférence pour un manque d'intérêt ou, si vous êtes un homme, pour un manque de virilité.

Mais les femmes ont également intérêt à exprimer leur jalousie, comme le montre le témoignage suivant :

> *Je continue à trouver mon mari très séduisant, ce qui est bien sûr une bonne chose, mais aussi une cause de souffrance. En effet, non seulement il plaît aux femmes, mais, en plus, il est toujours très aimable avec elles, et d'une conversation agréable. Souvent dans les dîners ou autres occasions, je vois une femme tenter d'accaparer son attention, et lui se prête au jeu, à la fois par amabilité naturelle, par goût de la conversation, et peut-être parce qu'il est flatté. J'insiste sur le fait qu'il n'essaie pas de les séduire, que ce n'est pas une conversation équivoque, qu'il ne fait que donner la repartie avec son charme naturel. Mais de les voir captivées, essayant d'exciter son intérêt, cela me devenait de plus en plus insupportable. Je n'osais pas lui dire, parce que cela me paraissait mesquin, en plus je pense (on ne peut jamais savoir, c'est vrai) qu'il est fidèle. Mais un soir, après un dîner où deux excitées l'avaient accaparé pendant une partie de la soirée, j'ai explosé. Je lui ai dit que cela me faisait beaucoup souffrir, que pendant ces moments-là je me sentais très jalouse, que j'avais l'impression que je ne comptais plus pour lui. Tout en parlant à travers mes larmes, j'avais l'impression d'être lamentable. Il s'est défendu d'être infidèle, mais je lui ai répondu que ce n'était pas ce que je lui reprochais. Finalement, il a compris. Et depuis il en tient compte. Quand une femme commence à l'entraîner dans une conversation, il s'interrompt et se tourne vers moi.*

En fait, le comportement de votre conjoint à la suite de votre aveu de jalousie peut vous apprendre beaucoup sur l'importance qu'il accorde à votre point de vue.

Exprimer votre jalousie vous permet :

— De montrer à l'autre que vous tenez à lui (ce qui n'est pas inutile, puisqu'il tente parfois de provoquer votre jalousie pour le vérifier).
— De l'avertir de ce qui vous fait souffrir.
— De mieux maîtriser vous-même votre jalousie en vous aidant à définir ce qui la provoque.

Bien sûr, ce conseil vaut dans le cadre d'une relation de couple que chacun cherche à maintenir stable. Si vous êtes adepte de la passion et de la prise de pouvoir, vous aurez plutôt tendance à paraître indifférent aux provocations de l'autre et à exercer des représailles, mais ces stratégies sont très risquées...

Réfléchissez à votre suspicion

Tout le monde est jaloux, mais si vous l'êtes plus qu'il est normalement admis dans votre groupe culturel, pourquoi ?

Attention, il est trop facile d'accuser l'autre de la responsabilité de votre jalousie : vous êtes jaloux parce que l'autre a une nature infidèle, ne sait pas dire non, est une allumeuse, un don juan, etc.

Cela bien sûr peut être vrai, en particulier si vous constatez que la jalousie n'était pas votre attitude prédominante habituellement, mais que vous êtes devenu très jaloux avec une personne en particulier. Comme Swann avec Odette ou Scott Fitzgerald avec Zelda, vous êtes peut-être avec quelqu'un qui s'efforce consciemment de vous rendre jaloux.

Mais si votre jalousie est un trait de votre personnalité, qui se manifeste quel que soit votre partenaire amoureux, posez-vous ces quelques questions.

Avez-vous été traumatisé par une infidélité précédente ?

Ce peut être le cas, mais évitez d'en faire porter le poids à votre nouveau partenaire, posez-vous plutôt des questions sur ceux de vos comportements qui ont pu favoriser l'infidélité de votre partenaire précédent.

Avez-vous souffert de l'infidélité d'un de vos parents ?

Si c'est le cas, vous auriez intérêt à explorer ces souvenirs traumatiques avec un thérapeute compétent.

Avez-vous le sentiment que vous n'êtes pas assez intéressant pour retenir durablement quelqu'un ?

Votre jalousie peut être favorisée par un problème d'estime de soi. La plupart des gens s'adaptent en évitant de choisir un partenaire qu'ils jugeraient « trop bien pour eux ». Mais, pour certaines personnes, l'instabilité de leur estime de soi leur donne ce sentiment d'infériorité avec presque n'importe quel partenaire, et nourrit leur peur d'être trompées pour quelqu'un de plus séduisant.

Ces problèmes d'estime de soi font aussi apparaître encore plus dramatique le risque d'une séparation. Les grands jaloux ne sont pas simplement plus suspicieux, mais aussi plus dépendants de leur partenaire. Se faire quitter par quelqu'un qu'on aime est toujours tragique, mais la plupart des gens arrivent à vivre au quotidien sans être obsédés par ce risque inévitable.

Avez-vous une mauvaise opinion en général de la fidélité du sexe opposé ? D'où vous vient-elle ?

Peut-être partagez-vous le point de vue de Denis, aujourd'hui marié mais assez jaloux : « *Je sais très bien pourquoi je suis jaloux. J'ai été un grand tombeur de filles, y compris de femmes mariées. J'en ai eu des dizaines, je ne compte pas. Alors je sais trop combien certaines femmes peuvent être vulnérables, face à un type qui sait s'y prendre (même si je me suis ramassé des vestes de temps en temps). Résultat, aujourd'hui, je suis jaloux.* » On pourrait faire remarquer à Denis que sa femme aurait autant de raisons que lui d'être jalouse, connaissant son passé agité, et pourtant elle ne l'est pas.

Ces quelques questions vous amèneront à réfléchir, mais si votre jalousie devient une épreuve pour vous ou pour l'autre, un seul conseil : allez consulter.

Laissez l'autre respirer

Chaque année, des milliers de personnes perdent la vie ou la santé dans des accidents de la route. En avez-vous conclu que vous ne vous déplacerez désormais qu'à moins de soixante-dix à l'heure et dans un camion, afin de réduire ce risque à presque zéro ? Par ailleurs, des milliers de touristes reviennent régulièrement de pays tropicaux avec des parasitoses ou des affections virales variées. Si vous allez là-bas, avez-vous décidé de porter sans cesse gants et masque chirurgicaux et de ne manger que la nourriture que vous aurez apportée avec vous ?

Ces attitudes pourraient paraître surprenantes, mais elles sont pourtant proches de celle d'un grand jaloux : ils veulent contrôler par tous les moyens un risque impossible à ramener à zéro.

Contrairement à ce que notre premier témoignage pourrait laisser penser, la jalousie excessive ou pathologique n'existe pas que chez les hommes. Écoutons Francis nous parler de son enfer conjugal.

> *Au fil des années, ma femme est devenue de plus en plus jalouse. Elle l'a toujours été, mais, dans les premières années de notre mariage, je prenais cela comme un signe de passion pour moi. Depuis qu'elle a dépassé la quarantaine, sa jalousie est devenue anormale.*
> *Elle ne cesse de s'imaginer que j'ai des relations avec les femmes que je rencontre au bureau. Comme je travaille au siège d'une grande entreprise qui rassemble des centaines de salariés, en majorité féminins, elle a de quoi nourrir ses hantises. Elle est d'ailleurs persuadée que j'ai eu une liaison avec mon ancienne assistante, ce qui m'a amené à en changer, mais, bien sûr, c'est maintenant de la nouvelle qu'elle doute. Quand nous marchons dans la rue, au restaurant, en vacances, elle guette toutes les femmes attirantes*

pour aussitôt m'accuser de les regarder, ou si je ne les regarde pas, elle m'accuse de cacher mon jeu, ou pire, quand nous sommes à proximité de mon bureau, elle soupçonne que j'en connais certaines mais fais mine de les ignorer parce qu'elle est là (et en plus, c'est parfois vrai ! Quand je reconnais une salariée de la boîte plutôt mignonne, je préfère qu'elle n'imagine pas que je la croise tous les jours !). Le plus terrible, c'est que, quand je finis par exploser, elle fond en larmes, et elle finit par reconnaître qu'elle exagère, qu'elle a tort, qu'elle se rend compte que je vais finir par la détester, mais elle me dit que c'est plus fort qu'elle, et je veux bien le croire. Mais ces moments de honte et de culpabilité ne durent pas. Dès le lendemain, je la sens de nouveau à l'affût. Je l'encourage à aller voir un psychiatre, ce qu'elle est en train d'accepter, mais, l'autre jour, elle m'a demandé : « En fait, je me demande si tu ne veux pas que je voie un psychiatre pour qu'il s'occupe de moi quand tu vas m'annoncer que tu me quittes ! » Je n'arrive pas à la détester, car je sens qu'elle souffre terriblement, et puis je l'aime, et je l'ai toujours aimée. Mais c'est vrai qu'en ce moment je me sens vulnérable aux signes d'intérêt des autres femmes, c'est un tel enfer à la maison. Elle va finir par favoriser ce qu'elle craint le plus.

La femme de Francis a clairement besoin d'aide, ce ne sont pas de simples conseils qui pourront restaurer l'harmonie de ce couple. Dans cet exemple, grâce à une psychothérapie centrée sur la crainte de l'abandon (il est à remarquer que cette dame avait été abandonnée par ses parents dans sa tendre enfance et élevée par des familles d'accueil) et un médicament antidépresseur, la jalousie de cette malheureuse épouse redescendit à un niveau supportable. Quant à Francis, il resta toujours fidèle, par amour et par conviction.

Mais si vous êtes un grand jaloux ou une grande jalouse, cet exemple pathologique peut vous inspirer. Imaginez ce que vit l'autre, oppressé par vos soupçons, votre surveillance et vos interdits. Bien sûr, il est raisonnable de ne pas trop s'exposer aux tentations extérieures dans un couple, mais ce doit être une attitude volontaire et partagée par les deux conjoints. En empêchant l'autre de respirer, vous aggravez un risque que vous croyez diminuer.

Mieux gérer sa jalousie

Faites	Ne faites pas
Reconnaissez votre jalousie	La nier ou s'en sentir honteux
Exprimez votre jalousie	Tout faire pour la masquer
Réfléchissez à votre suspicion	Accuser l'autre d'être la cause unique
Laissez l'autre respirer	Sombrer dans la suspicion systématique

Chapitre 8

La peur

> *Un frisson d'épouvante me surprit,*
> *et fit cliqueter tous mes os :*
> *un souffle passait sur ma face,*
> *hérissait le poil de ma chair !*
> Job, IV, 14.

JEAN, trente-cinq ans.

Un jour, dans le RER, il était tard et j'étais dans un compartiment presque vide. À une station sont montés plusieurs grands adolescents, avec un chien, et comme souvent dans cette banlieue, c'était un pitbull, et sans muselière. Une fois le train reparti, les jeunes ont commencé à plaisanter assez bruyamment, à se pousser, à se bousculer les uns les autres. Cela n'a pas plu au pitbull qui s'est jeté sur l'un d'eux avec un grognement terrifiant, mais son maître l'a retenu brutalement avec la laisse. Ils se sont mis à rire à nouveau et à plaisanter, mais je voyais bien que celui qui avait été attaqué avait eu très peur, même s'il essayait de le cacher. Puis ils se sont aperçus que je les regardais, et ont commencé à s'adresser à moi : « Eh, toi, t'es pas content ? » J'ai réalisé que j'avais peur depuis qu'ils étaient entrés. Mais j'ai essayé de faire bonne figure, et j'ai dit : « Non. Vous avez un beau chien. » Évidemment, c'était stupide, ils ont tout de suite senti que c'était un moyen primaire de les amadouer. Le maître a ricané et a dit : « Ah oui, t'aime les chiens ? » et il est venu vers moi, entraînant son animal. J'aime bien les chiens, et je n'en ai pas peur, mais les pitbulls me font une sensation différente... Maître et chien se sont arrêtés tout près de moi, en me fixant tous les deux, et le pitbull avait l'air très attentif. Je sentais l'envie de me mettre debout, pour m'enfuir ou frapper, ou les deux, mais j'ai réussi à me contrôler. À ce moment-là, le train s'est arrêté dans une station, et ils sont tous descendus. J'ai réalisé que je tremblais, et il m'a fallu un bon moment avant que mon cœur revienne à la normale. J'ai jeté un œil aux quelques autres passagers qui étaient encore là, et j'ai senti qu'eux aussi avaient eu très peur.

Le témoignage de Jean décrit bien le rôle social principal du pitbull : inspirer de la peur quand on n'est pas sûr de susciter le respect. Mais surtout, il nous rappelle plusieurs caractéristiques de la peur.

— *La peur est l'émotion du danger.* Ou en tout cas de la perception du danger. Jean craint pour son intégrité physique, car il perçoit le pitbull comme dangereux (d'autant plus que le chien vient de faire une démonstration de son agressivité) et le maître comme irresponsable (il ne lui a pas mis de muselière).

— *La peur est une émotion à fort impact physiologique :* notre cœur et notre respiration s'accélèrent, nos muscles se contractent, nos mains tremblent. Toutes ces manifestations sont liées à l'activation de notre système nerveux sympathique (qui avec le système parasympathique constitue le système nerveux autonome, c'est-à-dire indépendant de la volonté) et à ses deux neurotransmetteurs, l'adrénaline et la noradrénaline, qui agissent sur l'ensemble de notre organisme en cas de peur. Jean aurait pu ainsi remarquer que ses mains devenaient plus froides et que son visage pâlissait, tandis que les muscles de ses jambes étaient mieux irrigués. La peur nous donne également la chair de poule : discret souvenir de l'époque où nous étions couverts de poils, quand hérisser notre fourrure nous donnait un aspect plus imposant, pouvant faire hésiter nos éventuels agresseurs (les chats, un peu moins les chiens, et la plupart des animaux à fourrure ont conservé ce mécanisme). De même, chez la plupart des espèces de mammifères, les testicules des mâles tendent à remonter sous l'effet de la peur. Cette mise en sûreté d'organes ô combien importants et toutes les manifestations que nous venons de décrire soulignent donc clairement la fonction principale des réactions de peurs : *nous aider à fuir ou à limiter les dommages.*

— *La peur prépare à une action physique :* surtout la fuite, mais Jean sent aussi qu'il pourrait frapper. Heureusement, il arrive à rester calme et à offrir le moins de prise possible à l'agressivité de ses interlocuteurs humains et canin. Mais les comportements que nous inspire la peur ne sont pas toujours contrôlés par notre volonté, comme le notait Montaigne : « Tantost elle nous donne des aisles aux talons... tantost elle nous cloüe les pieds et les entrave. » On sait aujourd'hui que la peur prépare à la fuite, mais permet aussi le passage rapide à d'autres stratégies. C'est ce que les Anglo-Saxons appellent les « 3 F » : *fight* (combat), *flight* (fuite), *freeze* (immobilisation). On pourrait dire que Jean utilise une forme du *freezing* face à un danger. Michael Crichton, célèbre auteur de best-sellers (*Jurassic Park*, *Soleil levant*, *Harcèlement*), mais aussi ancien médecin et producteur de la série *Urgences*, donne un exemple encore plus éclairant de l'utilité du *freezing* dans un livre[1] où il raconte son observation des gorilles dans les montagnes du Zaïre. Un jour, très soucieux de prendre de belles photos, l'intrépide Michael s'approche un peu trop près d'un gros mâle :

La scène qui suivit fut d'une extraordinaire rapidité. Il y eut un rugissement assourdissant aussi fort que le bruit d'une rame de métro qui rentre en trombe dans une station. Levant les yeux, je vis le mâle immense charger sur moi...
Gémissant, je plongeai la tête dans les broussailles et tâchai de me faire tout petit. Un bras énergique attrapa ma chemise à la hauteur des épaules. Ça y est ! Il était déjà arrivé que des gorilles s'attaquent à des touristes, les saisissent par la peau du coup, les mordent et les balancent comme un torchon. Des mois d'hospitalisation. C'est à moi que le gorille en voulait...
Mais c'était Mark (le guide) qui me retenait, qui m'empêchait de détaler.
— Ne bougez pas ! dit-il d'une voix basse mais ferme.
J'avais le visage enfoui dans l'herbe. Mon cœur battait la chamade. Je n'osais pas lever les yeux. Le gorille était juste devant moi. Je l'entendais renifler, je sentais la terre trembler tandis qu'il frappait du pied. Puis je compris qu'il se retirait...
— C'était juste pour nous rappeler que c'est lui le patron, dit Mark.

— *La peur est une émotion souvent inconsciente.* À deux reprises, dans notre témoignage du RER, Jean se rend compte de sa peur rétrospectivement, d'abord au moment où elle augmente, quand le maître du chien s'adresse à lui, puis après le départ des jeunes quand il prend conscience de son cœur qui bat la chamade. Des personnes venant d'éviter de justesse un accident de voiture décrivent le même phénomène : on se rend compte qu'on a eu peur, après, en sentant son cœur encore affolé. La mère qui réprimande son enfant qui vient de traverser la rue en courant sans regarder a masqué sa peur par de la colère.

— *La peur a un visage, comme toutes les émotions fondamentales.* Ici, le témoignage de Jean est moins instructif, car il était au milieu de gens qui essayaient tous de contrôler leur expression de peur, que ce soit l'adolescent attaqué par le chien ou les autres passagers de la rame. Il est cependant probable que, si l'on avait pu filmer le visage de l'adolescent au moment où le pitbull s'élance vers lui, on aurait pu observer pendant quelques fractions de secondes au moins l'esquisse de l'expression faciale caractéristique de la peur : « les yeux et la bouche s'ouvrent largement, les sourcils s'élèvent », comme le constate Darwin. Toutefois, ils s'ouvrent d'une manière particulière, bien différente de la joie, sous l'action de muscles subtils comme l'orbiculaire de la paupière et le muscle frontal, dont vous ignorez sans doute l'existence, mais qui se contractent sous l'effet d'une trouille intense.

L'expression de la peur peut sembler universelle (et Darwin en son temps l'avait déjà constaté pour les Kafirs, les Ceylanais, les Abyssins, les Fuégiens, les Dayaks), cependant, dans son étude initiale en Nouvelle-Guinée, l'anthropologue Paul Ekman fut surpris de voir que, par rapport aux autres émotions, ses amis papous avaient plus de difficultés à reconnaître une expression de peur sur un visage occidental : ils la confondaient souvent avec la surprise. Ce qui n'est pas très étonnant : le premier instant de nombreuses peurs n'est-il pas un mouvement de surprise ? Par ailleurs, dans un environnement naturel, pratiquement tout ce qui surprend, c'est-à-dire un événement soudain ou inhabituel, est potentiellement dangereux et évoque l'approche d'un prédateur ou d'un ennemi : mieux vaut avoir peur à tort que peur trop tard... La peur, avec la colère, est d'ailleurs l'une des premières émotions qui apparaît nettement chez le bébé. Ensuite, elle ne nous quitte jamais, tantôt amie qui nous sauve ou ennemie qui nous paralyse.

Peur, angoisse et phobie

Peur ou angoisse ?

Si vous vous promenez dans un quartier réputé dangereux d'une grande ville, vous vous sentez sans doute sur le qui-vive : le moindre bruit vous fait sursauter, vous vous retournez souvent, vous n'osez pas soutenir le regard des passants, etc. Votre réaction est plutôt une *réaction d'angoisse*, car vous êtes dans l'attente d'un danger. Elle va se transformer en *réaction de peur* si des inconnus armés de battes de base-ball se mettent à courir vers vous en vous montrant du doigt à leurs comparses : cette fois, le danger est bien là.

De même, un jeune enfant aura *peur* s'il assiste à une violente dispute de ses parents, et il sera ensuite *anxieux* qu'ils ne divorcent (une des grandes peurs des enfants modernes, dont nombre de camarades d'école sont issus de couples divorcés).

Les différences (théoriques) entre peur et anxiété

Peur	Anxiété
En réaction à un danger actuel	En anticipation à un danger à venir ou supposé
Durée brève	Peut être chronique
Objet précis (je sais de quoi j'ai peur)	Objet parfois flou (je ne sais pas quelle forme va prendre le danger)
Manifestations physiques prédominantes (tension, tremblements...)	Manifestations psychologiques prédominantes (souci, inquiétude...)
Maladie psychiatrique dérivée : phobies (peurs incontrôlables de diverses situations)	Maladie psychiatrique dérivée : anxiété généralisée (soucis incontrôlables sur la vie quotidienne)

Êtes-vous peureux ou phobique ?

Comment établir la différence entre une simple peur et une phobie ? Imaginons que vous ayez peur des araignées. Vous n'aimerez guère descendre à la cave, mais la perspective d'en remonter une bonne bouteille pour recevoir des invités vous motivera pour surmonter votre dégoût des arachnides. De même que vous ne tremblerez pas à l'avance à l'idée d'un week-end à la campagne chez des amis sous prétexte qu'il s'y trouve quelques araignées dans les placards. Et, d'ailleurs, si vous en rencontrez une, vous l'écraserez sans pitié. Si, par contre, vous êtes phobique des araignées, vous refuserez formellement de monter au grenier chercher de vieilles photos de famille, même sous la menace. L'idée de vous rendre en vacances dans un pays exotique, peuplé de grosses araignées, va vous hanter plusieurs mois à l'avance. Et si vous vous trouvez nez à nez avec une araignée, votre peur sera si grande que vous risquerez de ne même pas pouvoir l'écraser ; vous pourrez même ressentir une attaque de panique, c'est-à-dire une montée de peur incontrôlable.

Les peurs naturelles

Il existe de nombreuses peurs que l'on pourrait qualifier d'universelles, car elles sont retrouvées à toutes les époques et dans toutes les cultures, chez une majorité d'individus. Les études épidémiologiques montrent qu'environ une personne sur deux souffre durant sa vie d'au moins une peur excessive de ce type[2].

Comment faire peur au cinéma ?

Les grands metteurs en scène ont toujours excellé dans l'art de manipuler les émotions des cinéphiles, et notamment

Principales peurs chez les adultes[3]

Type de crainte	Pourcentage dans la population générale de personnes souffrant de peur significative
Animaux (surtout insectes, souris, serpents)	22,2 %
Hauteurs (balcons, parapets, échelles, routes escarpées...)	20,4 %
Sang (voir du sang, subir une piqûre ou une prise de sang...)	13,9 %
Espaces clos (ascenseur, petites pièces fermées à clé, lieux sans fenêtres...)	11,9 %
Eau (mettre la tête sous l'eau, nager sans avoir pied...)	9,4 %
Orages (bruit de tonnerre, vision des éclairs...)	8,7 %

la peur. Deux films cultes en matière de phobies animales, *Les Oiseaux*, d'Alfred Hitchcock (1963), et *Les Dents de la mer*, de Steven Spielberg (1975), s'avèrent particulièrement instructifs sur l'art et la manière de communiquer insidieusement des sueurs froides chez leurs spectateurs... Dans les deux films, on assiste peu à peu à une réduction progressive du périmètre de sécurité des humains face aux animaux : les oiseaux n'attaquent tout d'abord qu'à l'extérieur, puis agressent à l'intérieur même des maisons, des voitures ; quant au requin, sa première attaque a lieu de nuit au large, puis de jour tout au bord de la plage, et enfin sur des pontons (qu'il arrache) ou des bateaux (qu'il attaque). Plus aucun lieu n'est sûr en leur présence. Le spectateur est également amené à se convaincre de la réalité et de la gravité du danger lié aux animaux : de nombreuses scènes sont filmées en caméra subjective (avec les yeux de la bête) en présentant les humains comme des proies ; les animaux ont des capacités qu'on ne leur imaginait pas (le requin est intelligent, les oiseaux sont organisés) ; leur intentionnalité agressive est largement soulignée (le requin cherche à se venger d'une attaque, les oiseaux, selon les mots d'un personnage, « ne sont pas là par hasard, ils sont venus ») ; les blessures sont atroces (membres arrachés ou yeux crevés) ; la menace est bien sûr extrême (le requin est un « blanc gigantesque », les oiseaux sont « innombrables »). Les prises de vues en caméra subjective (filmer avec les yeux de l'animal) renforcent l'idée que l'humain n'est qu'un gibier. D'un point de vue technique, les scènes angoissantes sont conçues pour créer de véritables conditionnements à la peur : elles sont brèves, de manière à empêcher une habituation ; elles ne sont pas trop rapprochées, de manière à laisser à l'organisme le temps de se détendre, avant la prochaine décharge d'adrénaline, qui n'en paraîtra que plus spectaculaire ; elles sont associées à une phrase musicale angoissante, qui nous transforme en véritables chiens de Pavlov (dès que la musique apparaît, nous nous crispons intérieurement et commençons à chercher d'où va pouvoir venir le danger...). Enfin, le fait d'être spectateurs passifs de scènes terrifiantes ne fait qu'augmenter la sensibilité à la peur : tous les travaux ont montré qu'être confronté à ses peurs sans pouvoir agir est le moyen le plus sûr de les accroître.

Les mêmes remarques pourraient s'appliquer à *Alien* (1983) de Ridley Scott, en particulier pour la brièveté des séquences d'attaque du monstre extraterrestre, que l'on a à peine le temps d'apercevoir.

À quoi nous servent nos peurs ?

La plupart des peurs universelles correspondent — ou ont correspondu — à des dangers habituels de l'environnement d'un chasseur-cueilleur. Ces peurs ont donc été salutaires, puisqu'elles leur ont permis de survivre et de transmettre leurs gènes jusqu'à nous. Ceux d'entre eux qui n'avaient pas assez peur des fauves, des hauteurs, de la nuit, des occasions de verser du sang, n'ont sans doute guère eu le temps de laisser de descendants, comparés à leurs congénères plus prudents... Mais, à l'inverse, les trop peureux ont manqué des opportunités intéressantes de chasse ou de cueillette, ou même de guerre, si favorable à la descendance puisque le rapt de femmes semble avoir été souvent l'un des buts de la guerre dans les sociétés protohistoriques. Cette double contrainte — pas assez de peur rend la vie trop risquée, mais trop de peur limite aussi les chances de survie — explique que, de l'avis de nombreux philosophes, comme André Comte-Sponville, la vertu à opposer à la peur est la prudence, cette « science des choses à faire et à ne pas faire[4] », et non le courage.

Le rôle des peurs dans la survie de l'espèce humaine

Objet de la peur	Risque couru dans l'histoire de notre espèce
Animaux	Être attaqué, mordu, blessé (à une époque où l'homme était encore un gibier potentiel)
Inconnus	Violences de la part d'hommes d'autres tribus
Obscurité	Se perdre, être agressé par un prédateur nocturne
Hauteurs	Tomber et être handicapé
Sang	Se blesser
Eau	Se noyer

Les peurs culturelles

Ces peurs se différencient des peurs naturelles par leur caractère fluctuant selon les périodes de l'histoire. En effet, elles naissent et disparaissent à certaines époques de l'humanité : peur de la fin du monde, du diable, des loups-garous, de l'impureté selon des critères religieux, des vampires, des sorcières et des revenants sous différentes formes. Leur appellation de « peur » est d'ailleurs discutable au plan

PEURS « RÉFLEXES »

L'intervention de la pensée est quasi constante dans la plupart des peurs : j'ai peur parce que je perçois un danger (et parfois même parce que je le grossis). Mais quelquefois, il semble que l'émotion de peur puisse aussi exister avant même qu'une évaluation consciente ait eu lieu. Un bruit violent et, soudain, quelqu'un qui s'est approché de nous sans bruit et pose sa main sur notre épaule, tout cela peut nous procurer de violentes émotions de peur. Ces peurs sont sans doute les plus primitives et animales que nous puissions ressentir : elles correspondent à l'irruption brutale et non contrôlée d'un phénomène potentiellement menaçant dans notre périmètre de sécurité. Il faut noter que, chez les sujets vulnérables à la peur, on observe une grande fréquence des « réactions de sursaut », avec très nette accélération du rythme cardiaque, en réponse à des stimulations soudaines (porte qui claque, coup de téléphone ou de sonnette, interpellation par quelqu'un qu'ils n'ont pas vu arriver...).

Ce type de peur correspond tout à fait au point de vue de William James et de ses successeurs : « J'ai peur parce que je tremble ! »

D'un point de vue biologique, les organes des sens envoient des signaux vers le thalamus, sorte d'ordinateur central des influx sensoriels. Face à certains messages de danger, le thalamus envoie directement des signaux à une des parties les plus primitives de notre cerveau, le rhinencéphale, qui va déclencher des réactions physiologiques de peur sans que le cortex et la pensée consciente aient eu le temps d'intervenir.

L'avantage évolutif est évident : face à certains dangers naturels, mieux vaut ne pas perdre une fraction de seconde à réfléchir...

strict des émotions. Il s'agit davantage d'inquiétudes psychologiques, avec un contenu physiologique moindre que celui de la peur. Comme l'anxiété, ces peurs correspondent à l'attente d'un danger à venir, plus qu'à sa présence : c'est pourquoi elles portent sur le futur (au-delà, évolutions sociales ou scientifiques). Mais elles figurent en tant que « peurs » dans le langage courant. Certaines de ces peurs résistent mal à l'épreuve du temps ou des faits : rappelons que de doctes experts avaient prédit que le chemin de fer serait une tragédie, puisque le système nerveux de l'être humain n'était pas conçu pour supporter les variations rapides du paysage et autres effets d'une vitesse jusque-là jamais atteinte par le corps humain.

D'autres, bien que culturelles, sont liées à des dangers réels, comme la peur des maladies infectieuses : la peste, la syphilis, puis la tuberculose, et aujourd'hui le sida marquèrent leurs époques, tout comme les peurs alimentaires (organismes génétiquement modifiés, maladie de la vache folle...) vont peut-être marquer le XXIe siècle.

À quoi servent les peurs culturelles ?

On peut supposer que les peurs culturelles remplissent une fonction de régulation sociale. Pendant longtemps, on a pensé qu'inspirer de la peur était un excellent moyen pédagogique : les enfants devaient avoir peur de leurs parents pour ne pas faire de bêtises, les domestiques peur de leurs maîtres pour travailler efficacement, les femmes peur de leurs maris pour rester à leur place, etc. Ce qui permettait — en théorie — à chacun de remplir correctement ses fonctions sociales : les écoliers obéissaient par peur de la punition, les croyants se rendaient à l'église et ne commettaient pas de péché par peur de l'enfer...

Cependant, la peur n'était souhaitable que pour les membres « dominés » de la société, afin qu'ils restent dans le rang. Pour les « dominants », en revanche, elle était indésirable. Virgile écrivait ainsi : « La peur est le signe d'une naissance basse[7]. » Sans doute parce que dans la plupart des sociétés l'aristocratie était issue de la caste des combattants, pour lesquels la peur représentait effectivement un handicap.

Les sociétés guerrières ont toujours fait montre d'une intolérance exacerbée face à la peur au combat, comme le

LA MASTURBATION :
UNE GRANDE PEUR SOCIALE[5]

Il nous est aujourd'hui difficile d'imaginer ce que fut la peur de la masturbation au XIXe siècle. La plupart des médecins, moralistes et hygiénistes de l'époque la considéraient en effet comme un danger considérable pour l'individu et la société.
Voici ce que l'on pouvait trouver, par exemple, dans un *Traité d'hygiène et de physiologie du mariage* publié en 1828 : « La masturbation est un de ces fléaux qui attaquent et détruisent sourdement l'humanité. À mon avis, ni la peste, ni la guerre, ni la variole, ni une foule de maux semblables, n'ont des résultats plus désastreux pour l'humanité que cette fatale habitude. C'est l'élément destructeur des sociétés civilisées, et d'autant plus actif qu'il agit continuellement et mine peu à peu les générations... »
Un autre ouvrage, illustrations à l'appui, décrit ainsi la lente déchéance d'un jeune homme masturbateur : « Il était jeune, beau : il faisait l'espoir de sa mère [...]. Il s'est corrompu ! Bientôt il porte la peine de sa faute : vieux avant l'âge, son dos se courbe. Un feu dévorant embrase ses entrailles ; il souffre d'horribles douleurs d'estomac. Voyez ces yeux naguère si purs, si brillants : ils sont éteints, une bande de feu les entoure. Il ne peut plus marcher, ses jambes fléchissent. Des songes affreux agitent son sommeil, il ne peut dormir. Ses dents se gâtent et tombent. Sa poitrine s'enflamme, il crache le sang. Ses cheveux, si beaux, tombent comme dans la vieillesse ; sa tête se dépouille avant l'âge... Sa poitrine s'affaisse, il vomit le sang. Tout son corps se couvre de pustules, il est horrible à voir ! Une fièvre lente le consume, il languit : tout son corps brûle. Tout son corps se roidit ! Ses membres cessent d'agir. Il délire, il se roidit contre la mort ; la mort est plus forte. À dix-sept ans, il expire, et dans des tourments horribles... » Les petites filles étaient aussi concernées, d'où l'invention de chemises de nuit à baleines rendant inaccessibles les parties coupables, voire la cautérisation du clitoris pour les cas vraiment rebelles[6]. Cette

crainte obsédante se prolongea dans la plupart des pays occidentaux jusqu'aux années 1950. Un de nos patients d'une soixantaine d'années nous avait raconté qu'adolescent il avait complètement cessé de se masturber après qu'il eut entendu son père murmurer en croisant l'« idiot » du village : « Complètement abruti par la masturbation ! »

Quelques peurs culturelles...

Peurs liées à la religion et au surnaturel	Peurs liées à des ennemis lointains	Peurs liées aux connaissances et aux innovations scientifiques
Peurs de la fin du monde, de l'enfer, du diable et des démons. Peurs du retour des morts (esprits, revenants, fantômes et zombies)	Huns, barbares, péril jaune, extraterrestres, etc.	Le train, la pollution, la pilule, le nucléaire, les OGM, la vache folle, le sida... Attention, culturel ne veut pas dire irréel !

montre cet exemple tiré du traité des samouraïs, écrit au XVIIIe siècle[8] (et livre de chevet de l'écrivain Mishima) : « Lors de la chute du château d'Arima, survenu le vingt-huitième jour dans le voisinage de la Citadelle, Mitsuse Genbei s'assit sur une digue, en plein milieu des champs. Quand Nakano passa par là et lui demanda pourquoi il était là, Mitsuse répondit : "J'ai des douleurs dans le ventre et ne peux faire un pas de plus. J'ai envoyé mes hommes à l'assaut et je vous prie de prendre le commandement." Ce fait fut rapporté par un témoin. On le jugea lâche et il fut condamné à faire *Seppuku* (hara-kiri). Il y a longtemps, les douleurs abdominales étaient appelées "Herbe de lâcheté". Elles viennent sans crier gare et immobilisent l'homme. »

Pour les militaires d'aujourd'hui, ce n'est pas tant l'apparition de la peur qui représente un problème, mais l'incapacité à la maîtriser. Cette tolérance à la peur (nous pourrions dire cette intelligence de la peur), même chez les combattants professionnels, est cependant une donnée récente. La lâcheté face à l'ennemi (en général explicable par la peur) était autrefois une des fautes les plus graves que pouvait commettre un homme. De très nombreux soldats furent fusillés pendant la Première Guerre mondiale pour lâcheté au combat[9]. L'examen ultérieur des documents médicaux datant de l'époque révéla que la « lâcheté » qu'on leur reprochait faisait partie en fait des séquelles d'un choc psychologique lors de l'exposition à des combats très violents, auxquels ils n'étaient pas correctement préparés (jeunes recrues ou hommes épuisés). Fort heureusement, la situation évolua ensuite, et les psychiatres militaires apprirent à diagnostiquer ce qu'on nomme aujourd'hui « stress posttraumatique » ou « névrose de guerre ». Durant la Seconde Guerre mondiale, le général américain Patton avait giflé un soldat lors d'une de ses visites dans un hôpital militaire, parce que celui-ci n'avait aucune blessure physique, mais était psychologiquement traumatisé par des combats violents : Patton estimait qu'il s'agissait d'un lâche. Mais, dès cette époque, les plus hautes autorités militaires le forcèrent à s'excuser en public pour son acte.

Les peurs des enfants

Mes souvenirs d'enfance les plus précis sont des souvenirs de peur : tous les soirs je redoutais d'aller au lit. Ma chambre était à l'étage, très éloignée (selon mes critères) du salon où mes parents passaient leurs soirées ; lorsqu'ils m'envoyaient me coucher, une fois arrivée dans ma chambre, j'avais peur qu'un monstre soit dissimulé sous mon lit. Je ne montais dans mon lit qu'en y sautant car j'avais peur qu'il me happe par les jambes si je m'approchais de cet espace obscur sous le sommier. Évidemment, une fois couchée je dormais enfouie sous les draps, ne laissant dépasser qu'une narine pour respirer. J'avais peur qu'un rôdeur survienne et ne me coupe la gorge, comme l'ogre du Petit Poucet (qui, je vous le rappelle, avait égorgé ses sept filles en croyant tuer le Petit Poucet et ses sept frères). Je ne vous parle même pas du placard, dont la porte ne fermait jamais complètement. Inutile de vous dire que mes parents avaient depuis longtemps renoncé à : m'envoyer à la cave, au grenier, fermer le portail du jardin une fois que la nuit était tombée, etc. Un soir, rentrant à vélo de chez une amie, je m'étais fait surprendre par la nuit : je n'ai jamais pédalé aussi vite pour rentrer chez moi. J'étais persuadée que des hordes de monstres et d'assassins me couraient après, attendant le moindre ralentissement d'allure pour se jeter sur moi et me dépecer, sucer mon sang, etc. J'avais l'impression que plus je pédalais vite, plus ma terreur augmentait. Aujourd'hui encore, je n'aime pas du tout marcher seule la nuit dans la campagne, ou même conduire sur une route déserte dans une forêt. C'est idiot, parce que ce sont des endroits certainement plus sûrs que la grande ville dans laquelle j'habite, mais c'est plus fort que moi : ces peurs de l'enfance ne me quitteront sans doute jamais. Et mes amis sont toujours étonnés de ma connaissance encyclopédique des contes de fées, alors que je n'ai pas encore d'enfants. Je n'ai aucun mérite : toutes ces histoires dont mon grand-père m'abreuvait — j'avoue que j'adorais ça — m'ont tellement fait trembler que leurs moindres détails sont gravés dans ma mémoire.

Ce récit de Pauline, trente-cinq ans, nous rappelle la grande fréquence des peurs enfantines, mais aussi le rôle des contes de fées et autres histoires dans l'apparition ou le maintien de ces peurs. La fonction éducative de ces « bedtime stories », comme les nomment les Anglais, a été attestée par de nombreux travaux d'historiens et de sociologues[10] : en attirant l'attention des enfants sur certains dangers environnementaux (ne pas suivre les inconnus, ni goûter leur nourriture, ne pas s'éloigner des parents, etc.), ces contes étaient censés les dissuader de prendre eux-mêmes trop de risques. Il est difficile d'évaluer l'efficacité pédagogique des contes de fées, mais il semble qu'ils puissent s'avérer indigestes pour un certain nombre d'enfants anxieux. Et encore peuvent-ils être modulés par les parents lorsque ceux-ci les racontent, ce qui n'est pas le cas de la télévision : parfois utilisée comme *baby-sitter* par des parents débordés, celle-ci véhicule souvent des images violentes ou angoissantes, même au sein des programmes pour enfants.

La science de la peur

La peur est sans doute l'une des émotions les plus étudiées par les scientifiques. La masse de données existantes est imposante et impossible à résumer de façon simple. Aussi avons-nous préféré puiser dans différents travaux pour répondre à quelques-unes des questions souvent posées aux chercheurs...

La peur rend-elle plus vigilant ?

Si on présente à des personnes phobiques devant un écran d'ordinateur des images défilant très vite, au point de ne pouvoir être identifiées clairement (mais cependant « perçues » subliminalement par le cerveau, sinon par la conscience), on s'aperçoit qu'elles peuvent déclencher de fortes réactions physiques de peur. On observe par exemple que, chez les personnes souffrant de phobie sociale à qui on fait passer des tests sur écran[11], la présentation subliminale, entre les questions, de visages hostiles ou en colère déclenche une réaction de peur qui va perturber la réponse au test. Même phénomène chez les personnes qui ont peur de serpents[12] : des images subliminales de reptiles très vite masquées par des images de fleurs vont tout de même déclencher des manifestations physiologiques de peur... Comme le dit un proverbe russe : « La peur a de grands yeux. » Plus vous aurez peur de quelque chose, plus vous le détecterez vite dans votre environnement.

La peur peut-elle avoir des inconvénients ?

D'une manière générale, la peur peut faire percevoir des dangers dans des situations d'apparence neutre, comme le montre l'expérience suivante. On demande à des phobiques sociaux, d'autres phobiques et des sujets normaux d'interpréter des situations ambiguës, c'est-à-dire laissant la place à l'interprétation, soit sociales (des amis invités à dîner chez vous partent plus tôt que prévu, un passant sourit en vous croisant...) ou non sociales (un courrier recommandé pour vous, un battement de cœur fort...). Les phobiques sociaux interprètent bien sûr négativement les ambiguïtés sociales (« ils partent plus tôt : donc ils n'ont pas été contents ») et seulement elles, tandis que les autres phobiques dramatisent les situations non sociales (« mon cœur bat plus vite : donc je vais avoir une attaque de panique »)[13]. D'autre part, l'hypervigilance liée à la peur entraîne une perte de discrimination : tout ce qui ressemble à ce qui fait peur déclenche aussitôt l'alerte. Ce ne sont plus seulement les gros chiens qui montrent les dents qui font peur, mais tous les chiens, etc.

Un tragique exemple de cette perte de lucidité due à la peur est donné dans *Apocalypse Now* (1979) de Francis Ford Coppola. Embarqué sur une vedette, un peloton de marines remonte une rivière vietnamienne, s'enfonçant au cœur d'un territoire de plus en plus hostile. Ils abordent une jonque où navigue toute une famille vietnamienne, afin de contrôler la cargaison. Comme ils redoutent une embuscade, la tension monte, tandis que les Vietnamiens effrayés se soumettent à l'inspection. Soudain, le mouvement brusque d'une jeune fille déclenche la catastrophe : les soldats se mettent à mitrailler frénétiquement tous les passagers de la jonque... pour s'apercevoir ensuite que la jeune fille cherchait simplement à dissimuler un jeune chiot.

Quel est le rôle de l'imaginaire dans la peur ?

Le rôle de l'imaginaire a aussi été largement démontré : chez les personnes ayant très peur des araignées, le mot

« araignée » déclenche des réactions de peur plus intenses que l'image d'un arachnide, même velu et antipathique[14]. Il existe au musée des Sciences de Londres une section consacrée à la psychologie, et notamment aux émotions, dont la peur. Différentes installations interactives permettent aux visiteurs de pratiquer de petites expériences pour se « mettre dans le bain ». Ainsi, une machine percée de trous sombres de la taille du poing invite les visiteurs à plonger leurs mains à l'intérieur. Près d'un de ces trous figure une vitrine avec de grosses araignées ; de l'intérieur de l'autre s'échappent des grognements. La plupart des visiteurs éprouvent un petit moment d'appréhension avant de plonger leur main dans les trous ; une de nos amies avec qui nous effectuions la visite refusa même de le faire, en disant : « Je sais que c'est une expérience, mais qu'est-ce qui me garantit qu'il n'y pas une vraie araignée ou un gros rat qui sont allés se lover dans ce trou pendant la nuit ? »

Où siège la peur dans notre cerveau ?

Les neurobiologistes ont montré que le lobe temporal, zone latérale du cortex cérébral, est un des relais fondamentaux dans les réactions de peur[15]. Ainsi, l'ablation des lobes temporaux chez les singes entraîne, entre autres symptômes, une quasi-disparition des réactions de peur : alors que le singe normal a peur notamment des hommes et des serpents, les singes opérés se laissaient approcher et caresser sans crainte par les expérimentateurs, et manipulaient des reptiles sans appréhension. S'ils avaient été mordus par ces derniers, ils revenaient tout de même les examiner de près. Les êtres humains atteints de lésions du lobe temporal liées à des maladies paraissent eux aussi présenter des réponses émotionnelles très affaiblies.

Allant un peu plus loin, les chercheurs localisèrent encore mieux la zone impliquée dans ces troubles : l'amygdale cérébrale, qui se trouve à l'intérieur du lobe temporal. L'ablation de cette zone pousse des rats à s'approcher d'un chat anesthésié et à lui mordiller l'oreille, ou des lynx à devenir aussi dociles que des chats. À l'inverse, la stimulation de cette région entraîne des réactions de peur exagérée chez les animaux. On s'aperçut également que des lapins chez qui l'amygdale avait été lésée ne pouvaient plus apprendre à avoir peur de chocs électriques. Nous verrons que ces travaux ont conduit certains chercheurs à s'intéresser aux personnes présentant des tempéraments particulièrement vulnérables à la peur : ces derniers semblent souffrir d'une amygdale cérébrale plus facilement excitable.

Qu'est-ce qui peut rendre plus courageux ?

Même les plus hardis combattants ressentent de la peur. Mais ils la contrôlent, à défaut de pouvoir la supprimer. Le vicomte Henri de Turenne (1611-1675), connu pour sa bravoure militaire, donne un bel exemple du contrôle de la peur physique par la maîtrise psychologique, lorsqu'il se parle à lui-même en pleine bataille : « Tu trembles, carcasse, mais tu tremblerais bien davantage si tu savais où je vais te mener[16]. » Cette importance du contrôle de la peur physique a été confirmée par une étude sur les démineurs en Irlande du Nord[17] : ceux d'entre eux qui avaient reçu le plus grand nombre de médailles pour courage et hauts faits étaient également ceux qui bénéficiaient du rythme cardiaque de repos le plus bas. Leur courage n'était pas seulement le résultat d'un bon contrôle mental, mais aussi lié à une moindre sensibilité physiologique à ressentir de la peur. Voilà une bonne excuse pour ceux d'entre nous qui ne se sentent pas une âme de héros...

L'école des peurs : comment apprend-on à avoir peur ?

« D'où viennent mes peurs ? » est sans doute l'une des questions le plus souvent posées par nos patients à propos de la peur. Il est aujourd'hui impossible de répondre de manière simple à cette question. En effet, on sait que certaines peurs peuvent être « acquises » à la suite de traumatismes ou de maladresses éducatives. Mais non toutes les peurs, et certaines d'entre elles sont plus faciles à acquérir que d'autres (vous saurez pourquoi à la fin de ce paragraphe). Enfin, quelques-uns d'entre nous seront — hélas pour eux — de meilleurs élèves à l'école de la peur : il semble exister des tempéraments prédisposant à ressentir la peur...

L'apprentissage des peurs

Il est possible d'induire des peurs chez la plupart d'entre nous si nous sommes soumis à des expériences traumatiques intenses ou répétées.

Il semble qu'une peur puisse s'apprendre par expérience directe de trois manières différentes. La première est celle d'une *expérience traumatique unique* : avoir été victime d'un accident de voiture peut vous laisser ensuite une peur durable des trajets automobiles. La deuxième est celle de *petites expériences stressantes répétées*, sans possibilité de contrôle : plusieurs voyages en avion un peu agités peuvent induire une crainte des vols aériens, même en l'absence de toute catastrophe ou atterrissage forcé. La troisième est celle de *l'après-coup* : après un événement donné, vous réalisez que vous l'avez échappé belle, alors que la conscience du danger ne vous avait pas encore effleuré ; par exemple, une victime de braquage qui ne se sent pas plus choquée que ça dans un premier temps, mais qui apprend ensuite que son agresseur a tué quelqu'un durant le même après-midi...

Autre manière d'apprendre la peur, surtout pour un enfant : voir un adulte proche avoir systématiquement peur de quelque chose. Élodie, une de nos patientes phobique des chiens, nous racontait qu'elle avait toujours vu sa mère trembler devant les chiens, la prendre dans ses bras dès qu'un chien s'approchait, la mettre en garde et se raidir lorsqu'elle voulait les caresser, etc.

Les peurs préparées par l'évolution : comment réconcilier l'inné et l'acquis ?

> *Le lion et l'agneau partageront la même couche,
> mais l'agneau ne dormira pas beaucoup.*
> Woody ALLEN.

Les peurs que s'inspirent certaines espèces animales ne sont pas dues à un apprentissage, mais sont innées. Les souris ont peur des chats même si elles n'en ont jamais vu. De manière innée, elles n'aiment pas non plus marcher sur des surfaces situées en hauteur, ou être exposées à une lumière importante. Cela provient manifestement de leurs origines : leurs ancêtres étaient de petits rongeurs sortant surtout la nuit et se déplaçant au ras du sol. À l'inverse, chez l'homme, c'est l'obscurité et non la lumière qui induit plus facilement la peur, mais la plupart des grands prédateurs chassent surtout la nuit.

De jeunes canards, élevés sans avoir jamais vu d'oiseaux adultes, ont spontanément peur des silhouettes de rapaces, mais non de celles d'oiseaux migrateurs.

Peurs innées chez les oiseaux[18]

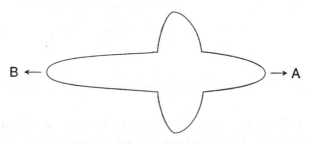

Si on fait voler cette silhouette au-dessus de jeunes canards, elle ne provoquera de réactions de peur (ils s'immobilisent) que dans le sens A (qui la fait alors ressembler à un rapace) et non dans le sens B (qui évoque un canard ou une oie).

Les peurs innées apparaissent aussi chez nos chers bambins : tous les enfants manifestent à un moment donné de leur développement des peurs excessives, qui vont peu à peu s'estomper et devenir maîtrisées sous l'effet de l'éducation et de la vie en société. Par exemple, la peur du vide ou de l'étranger ne se manifeste qu'avec l'apparition de la locomotion[19] : placés sur une surface vitrée surplombant du vide, les enfants de moins de huit mois ne manifestent pas de signes d'appréhension. Ce n'est en effet qu'au moment où le petit enfant a « besoin » de ses peurs qu'elles apparaissent, pour lui éviter de prendre trop de risques. L'éducation des parents va ensuite lui permettre de surmonter le caractère absolu de ces craintes et de pouvoir ainsi moduler sa réaction de peur : n'avoir peur que d'un vide important, ou sans appuis ; ne redouter que les adultes inconnus en l'absence de toute autre présence familière, etc.

Les peurs normales de l'enfant[20]

Âge	Peurs
Jusqu'à 6 mois	Perte d'appuis, bruits forts
De 7 mois à 1 an	Visages inconnus, objets apparaissant brutalement
De 1 an à 2 ans	Séparation d'avec les parents, bain, personnes inconnues
De 2 ans à 4 ans	Animaux, obscurité, masques, bruits nocturnes
De 5 ans à 8 ans	Êtres surnaturels, tonnerre, gens « méchants », blessures corporelles
De 9 ans à 12 ans	Événements rapportés par les médias, mort

Dans notre espèce, les psychologues évolutionnistes ont donc émis l'hypothèse d'une influence de la sélection naturelle sur l'existence et la persistance des peurs : la plupart des peurs portent en effet sur des objets ou des situations qui représentaient sans doute un danger pour nos lointains ancêtres, comme les animaux, le noir, les hauteurs, l'eau. Ces dangers n'apparaissent plus guère dans notre environnement technologique, où la nature est en grande partie maîtrisée, mais nous en garderions en quelque sorte le souvenir, dans un inconscient biologique.

Les peurs appartiendraient donc au « pool génétique » de notre espèce, dont elles auraient facilité la survie en l'incitant à éviter des situations dangereuses (du moins à une époque donnée)[21]. C'est ce que l'on appelle des peurs « préparées » (par l'évolution), « prétechnologiques » ou « phylogénétiques » (relatives au développement de l'espèce). Ces peurs seraient assez faciles à déclencher chez la plupart des sujets, et plus résistantes à l'extinction, une fois en place.

Par opposition, des peurs comme celles des prises électriques ou des armes sont dites « non préparées », « technologiques » ou « ontogénétiques » (relatives au développement de l'individu). Elles nécessitent le plus souvent d'être acquises par apprentissage (expériences traumatiques) et sont en général plus labiles que les précédentes. Les seules peurs technologiques très répandues sont celles qui correspondent indirectement à des peurs naturelles : ainsi la peur de l'avion, qui combine peur du vide et peur de l'enfermement...

Les preuves expérimentales de cette théorie évolutionniste des peurs sont assez difficiles à mettre en œuvre, mais divers travaux chez l'animal semblent en confirmer la pertinence[22]. Par exemple, des singes élevés en laboratoire ne manifestent aucune peur des serpents, jusqu'à ce qu'ils soient mis en contact avec d'autres singes de la même espèce, mais élevés en milieu naturel : après avoir observé que ces derniers refusent obstinément de s'approcher de la nourriture placée à côté d'un serpent, ils se mettent à développer à leur tour une peur intense et durable des serpents. Attention, ce type d'apprentissage social des peurs n'existe pas pour n'importe quoi ! On a pu apprendre à des singes de laboratoire à avoir peur des serpents en leur montrant des bandes vidéo de singes effrayés par un reptile. Mais si, par un montage, on remplace les serpents par des fleurs sur la même vidéo, les singes ne développeront alors aucune peur des fleurs, même s'ils ont vu des congénères effrayés par celles-ci.

Tempéraments vulnérables à la peur

Delphine :

> *J'ai eu trois enfants, trois garçons. Mon aîné et mon dernier sont des bagarreurs, des fonceurs, toujours couverts de bosses, et prêts à faire les quatre cents coups. Par contre, mon cadet a un tempérament totalement différent. Il est beaucoup plus sensible et plus craintif. Il sursaute aux bruits violents, a un sommeil léger, fait plus souvent des cauchemars. Ils ont pourtant reçu tous les trois la même éducation à peu de chose près. Mon mari les a tous les trois emmenés voir des matchs de rugby, inscrits au club de judo de notre quartier, mais seuls le premier et le troisième en redemandent. Le deuxième y est allé à contrecœur, jusqu'à ce qu'il finisse par avouer à son père qu'il préférait rester à la maison pour bouquiner.*

Existe-t-il des sujets plus enclins que d'autres à ressentir de la peur ? Il semble que oui. Le psychologue américain Jerome Kagan, de l'université de Harvard, a consacré l'essentiel de ses recherches à étudier ce que devenaient, des années après, de jeunes enfants dont il avait étudié très tôt certaines caractéristiques psychologiques[23]. Il montre, d'une part, qu'il existe très précocement, dès quatre mois, à un moment donc où les influences éducatives et existentielles sont encore loin d'être abouties, des enfants beaucoup plus craintifs que d'autres envers tout ce qui est nouveau ou imprévu ; leur proportion est loin d'être négligeable puisqu'un enfant sur cinq serait concerné. Kagan montre plus tard que ce tempérament de vulnérabilité à la peur est corrélé à une hyperactivité de l'amygdale cérébrale et à diverses manifestations biologiques, comme un rythme cardiaque de repos élevé et peu variable selon les circonstances. Il découvre ensuite que ces enfants hypersensibles, notamment au cours de leurs trois premières années, deviennent plus souvent des adultes anxieux. La tendance actuelle est donc à ne plus considérer systématiquement toutes les peurs de l'enfant comme normales, bénignes et destinées à passer avec l'âge : en effet, près de 23 % d'entre elles dissimulent en fait une maladie anxieuse dont il vaut mieux se préoccuper précocement[24]. Car, contrairement à ce que l'on croit parfois, les parents sous-estiment assez souvent les peurs de leurs enfants, que celles-ci soient diurnes[25] ou nocturnes, sous forme de cauchemars par exemple[26].

Mon enfant a peur : dois-je m'inquiéter ?
(d'après Garber, op. cit.)

Peurs normales	Peurs suspectes
Les enfants du même âge ont des peurs semblables (interrogez les parents des copains)	Les peurs ne correspondent pas à l'âge de l'enfant (peur des monstres à 12 ans ou peur de la mort à 2 ans)
Les peurs ne sont évoquées qu'en présence de ce qui fait peur	L'enfant les évoque ou y pense même en dehors des situations inquiétantes
L'enfant peut les affronter s'il est rassuré, aidé ou accompagné	Rien ni personne ne peut rassurer l'enfant
Au calme, l'enfant admet que sa peur est irrationnelle ou excessive	L'enfant est persuadé que sa peur repose sur un vrai danger

Comment les quatre principaux courants théoriques sur les émotions éclairent-ils notre compréhension de la peur ?

Courant théorique	Vision de la peur
Évolutionniste « Nous avons peur parce que c'est dans nos gènes »	La peur est une émotion utile, léguée par notre évolution, destinée à nous faire craindre tout ce qui peut mettre notre survie ou notre intégrité physique en danger
Physiologiste « Nous avons peur parce que notre corps est ému »	Les réactions physiques de peur, échappant à notre contrôle, représentent une sorte de signal d'alarme destiné à attirer notre attention
Cognitiviste « Nous avons peur à cause de ce que nous pensons »	Pour plus de sûreté, nous avons souvent tendance à anticiper et à amplifier la peur, à aller au-delà de ce qui est immédiatement visible et perceptible
Culturaliste « Nous avons peur parce que nous l'avons appris »	Nombre de peurs nous sont inculquées pour obtenir de nous des comportements paraissant adéquats à la culture dans laquelle nous évoluons

Les maladies de la peur

Les phobies : un excès de peur

Les phobies sont des maladies psychologiques très répandus (environ 12 % de la population) caractérisées par la survenue de peurs très intenses, liées à des situations jugées sans danger majeur par des individus de même culture, et qui obligent la personne à éviter ce qui lui fait peur. Les phobies les plus fréquentes se répartissent en trois grandes familles : phobies spécifiques (animaux et éléments naturels), phobies sociales et agoraphobie. Certaines phobies peuvent paraître peu invalidantes ou pittoresques à ceux qui n'en sont pas atteints. De fait, si elles portent sur des animaux ou des situations rarement rencontrées dans nos conditions de vie moderne (serpents, insectes, obscurité...), elles ne représentent pas un handicap gravissime. Mais deux d'entre elles, les phobies sociales et l'agoraphobie, sont par contre des maladies potentiellement sévères.

Les principales familles de phobies

Type de phobie	Définition	Exemples de situations redoutées
Les phobies spécifiques	Peur intense mais limitée à certaines situations précises ou à certains animaux	Animaux, vide, obscurité, sang, orages, eau...
La phobie sociale	Peur intense du regard et du jugement d'autres personnes ; crainte d'être ridicule ou d'avoir un comportement inadéquat	Parler face à un groupe, rencontrer des inconnus, devoir se dévoiler à quelqu'un, être observé...
L'agoraphobie et le trouble panique	Peur intense de la survenue de crises de panique, surtout dans des endroits où l'on se sent « coincé », loin des secours en cas de malaise...	Ascenseurs, autoroutes, avions, files d'attente, magasins surchauffés et surpeuplés, milieux de rangée au cinéma, repas protocolaires...

La peur de la peur : agoraphobie et trouble panique

Rachel, trente et un ans :

> *Je me souviens très bien de ma première attaque de panique : c'était un samedi matin de juin, j'attendais à la caisse du supermarché, et j'ai commencé à me sentir mal brutalement, avec la conviction que j'allais mourir très vite. Il a fallu appeler les pompiers et me conduire à l'hôpital. J'étais persuadée qu'on allait me trouver quelque chose d'horrible, un infarctus ou une hémorragie cérébrale. Mais*

les médecins m'ont dit que ce n'était rien, un peu de spasmophilie. Tous les examens que j'ai ensuite passés, et il y en a eu beaucoup, ont été négatifs : je n'avais « rien ». Mais moi, j'étais persuadée que j'avais quelque chose, surtout que j'ai encore eu deux ou trois crises comme ça. Alors, à partir de ce moment, il m'a été impossible de sortir seule de chez moi ; et même accompagnée de ma mère ou de mon mari, j'avais peur. Dès que je ressentais quelque chose d'anormal en moi, battement de cœur un peu fort, petit vertige, souffle court, je me voyais mourir... Pour calmer ma peur, je me gavais de tranquillisants, et je devais toujours en avoir sur moi.

Rachel souffrait de ce que l'on nomme un « trouble panique avec agoraphobie ».

Elle a présenté au début des attaques de panique : montées de peur très violentes, brutales, incontrôlables, accompagnées de nombreux signes physiques qui lui font penser qu'elle est en train de mourir, ou d'un sentiment de déréalisation qui lui donne l'impression de devenir folle. Ces attaques de panique sont tellement choquantes qu'on redoute leur retour, ce qu'on appelle la « peur de la peur » : le moindre symptôme physique évoquant la peur est interprété comme un signe avant-coureur d'attaque de panique, et va donc pouvoir déclencher lui-même de la peur. Ce phénomène est appelé la « spirale panique », car il peut augmenter et s'amplifier jusqu'à provoquer une vraie attaque de panique. Bien logiquement, la peur de ressentir des attaques de panique pousse les sujets à éviter les lieux où elles surviennent le plus facilement : surpeuplés, surchauffés, manquant d'espace, etc. C'est comme cela que s'installe l'agoraphobie (étymologiquement « peur excessive des lieux publics »).

Ce type de phobie a longtemps relevé des approches psychanalytiques, jusqu'à l'apparition des thérapies comportementales et cognitives. En effet, ces dernières ont fait la preuve d'une bonne efficacité dans l'agoraphobie, au point qu'elles sont recommandées aujourd'hui comme traitement de première intention. En cas de trouble panique, un traitement médicamenteux associé est souvent nécessaire[27].

La peur des autres : phobie sociale

Frédéric, quarante-sept ans :

> *J'étais un enfant timide, mais adapté. Puis, à mon adolescence, tout s'est détraqué, je me suis mis à ressentir une peur exagérée du lycée et de la vie en collectivité, j'étais devenu allergique à la présence humaine, je ne me sentais soulagé que seul. En classe, il m'était devenu impossible de prendre la parole, et l'idée d'être appelé au tableau me donnait des cauchemars ; pourtant, c'était encore pire en dehors des heures de cours, je passais beaucoup de temps enfermé dans les toilettes, ou prostré dans un coin de la cour de récréation à faire semblant de lire. Au-dehors, c'était pareil : peu à peu, j'ai refusé de faire les courses chez les commerçants, j'étais terrifié à l'idée qu'ils ne me parlent : je n'aurais pas su quoi répondre. Dans la rue, je marchais tête baissée pour ne croiser le regard de personne : j'aurais eu un regard de fou aux abois. Je vivais dans la peur du soir au matin : peur d'être regardé, jugé, agressé, moqué. Mes parents m'avaient conduit chez notre vieux médecin de famille, qui avait essayé de les rassurer et de me raisonner en parlant de trac et de timidité. Mais, moi, je savais que ce n'était pas de la timidité, je voyais bien ce que vivaient les élèves timides : au bout d'un moment, ils finissaient par se faire des copains ou arriver à prendre la parole dans les petits groupes. Ce n'était pas non plus du trac : moi, je n'avais pas une petite boule dans le ventre ou dans la gorge en passant au tableau, j'étais carrément ravagé de terreur.*

Frédéric souffrait en fait d'un cas sévère de phobie sociale, trouble marqué par la peur obsédante et intense d'avoir un comportement ridicule ou inadapté sous le regard d'autrui. Dans ce type de phobie, identifié depuis peu, toute situation sociale devient une situation évaluative (on pense que l'interlocuteur nous scrute et nous juge) et menaçante (on craint qu'il ne se moque ou ne nous agresse verbalement). La honte, autre grande émotion fondamentale, de se sentir ridicule ou inadapté vient également compliquer le tableau.

La phobie sociale nécessite elle aussi un traitement très spécialisé. Les meilleurs résultats publiés ont été obtenus par les psychothérapies comportementales et cognitives, associées à un traitement médicamenteux pour les formes sévères[28].

L'éternel retour de la peur : le stress posttraumatique

Sylvie, quarante-deux ans :

> *J'étais étudiante et je revenais d'une soirée agréable chez des proches, à laquelle mon petit ami n'avait pas voulu venir. Une copine m'avait déposée au bout de ma rue, qui était en sens interdit, et j'avais parcouru à pied les quelques mètres qui me séparaient de chez moi. J'étais sous le porche de mon immeuble en train de chercher mes clés quand je me sentis brusquement bousculée puis plaquée contre le mur : tout à coup, un homme aux yeux vitreux me menaçait d'un cutter qu'il appuyait sur ma gorge. Son visage était à quelques centimètres du mien, je pouvais sentir son haleine, son odeur, voir les détails de sa peau. Il m'arracha mon sac, commença à poser ses mains sur mes seins et entre mes cuisses, puis essaya de m'arracher mes vêtements. Je n'arrivais plus à prononcer un mot tant j'étais sidérée et morte de peur : impossible de crier ou d'appeler à l'aide. J'étais dans un état second : à la fois totalement consciente du moindre détail de la scène, mais aussi incapable de réfléchir ou d'agir. Je sentais que j'étais en danger, de mort, de viol, d'être défigurée, mais la peur était tellement forte que ce n'était plus une peur normale : j'étais pétrifiée. Je ne sais pas combien de temps a duré la situation. Tout à coup, le type s'est enfui avec mon sac après m'avoir donné un coup de cutter sous le menton (dont je ne me suis même pas aperçue sur le coup) : une*

voiture passait dans la rue à petite allure, à la recherche d'une place pour se garer. J'ai mis plusieurs secondes avant de comprendre ce qui m'était arrivé, puis je suis montée m'enfermer dans mon appartement, pour me laver frénétiquement (je me sentais souillée comme s'il m'avait violée). Mais, très vite, j'ai dû appeler mes parents : j'avais peur qu'il ne revienne.

J'ai longtemps fait des cauchemars où je revivais interminablement cette scène. J'avais aussi des flash-backs *de l'agression dès que la nuit tombait : des images faisaient intrusion dans mon esprit, où que je sois. Mais le plus pénible, c'est qu'à la suite de cette agression il m'a été impossible de sortir seule de chez moi le soir : dès que je me trouvais sous le porche, je ressentais une peur animale, avec des sueurs froides, des tremblements. J'ai déménagé, car j'avais peur, même enfermée à double tour dans cet appartement, que j'aimais pourtant beaucoup. Un jour, dans un autobus, un homme est monté et s'est tenu à côté de moi : mon cœur s'est mis à battre, j'ai commencé à trembler comme une feuille et à transpirer. Il m'a fallu quelques instants pour comprendre : il avait le même affreux parfum que mon agresseur... J'avais honte de continuer à avoir ces peurs, mais aussi honte d'en parler à mes proches ; j'ai hélas attendu plusieurs années avant d'aller consulter un psychiatre qui m'a aidée à m'en sortir.*

Sylvie souffrait de « stress posttraumatique » ou « névrose traumatique ». À la suite d'un événement au cours duquel la personne se sent dans un danger de mort ou de blessure grave, elle éprouve une émotion de peur extrêmement intense, qui reste ensuite présente à distance de la situation. De nombreux cas ont été décrits chez les soldats, les rescapés de catastrophes naturelles, de prises d'otages, les victimes d'agressions, de viols, d'accidents... Ces états de stress posttraumatiques représentent des sortes de phobies expérimentales : la personne traumatisée ne peut plus affronter la situation qui lui rappelle les circonstances de son choc psychologique. Mais il y aussi d'autres symptômes : des cauchemars récurrents, des impressions de reviviscence et des *flash-backs*, ce que l'on appelle le « syndrome de répétition ». Le traumatisme est régulièrement revécu à l'occasion de divers moments de la vie quotidienne. Un exemple cinématographique fameux en est suggéré par le générique de début d'*Apocalypse Now*, de Francis Ford Coppola : une vision angoissante de jungle vietnamienne en flammes réveille un officier américain endormi sous un ventilateur, dont la rotation évoque le bruit des pales d'hélicoptères américains en mission au-dessus de la forêt... Cette véritable incarcération de la peur au sein de la personnalité des personnes traumatisées est plus fréquente qu'on ne le pensait autrefois. On conseillait alors aux personnes choquées d'« oublier tout ça » ; on sait aujourd'hui qu'il est préférable pour elles d'en reparler rapidement dans un cadre adapté et sécurisant (comme celui d'une psychothérapie). Tout le monde ne souffre pas de telles séquelles après un événement traumatisant, mais il semble par exemple que ceux qui ont présenté un état de dissociation psychique durant le traumatisme (c'est-à-dire se sentir dans une sorte d'état second, comme dans le cas de Sylvie) entraîne un risque accru de souffrir de tels symptômes.

Le traitement du trouble posttraumatique nécessite des soignants formés à cette pathologie. Le principe général des thérapies repose sur une réévocation maîtrisée de la scène traumatisante, ce qui demande de l'expérience, car elle peut provoquer une réactivation du trouble. Le risque de développer un stress posttraumatique après un événement tragique dépend de différents facteurs :

— Préparation ou non à l'événement. Des militaires entraînés ont moins de risques de présenter des troubles que des jeunes recrues, des militants politiques torturés ont moins de séquelles psychologiques que des victimes « innocentes », etc.
— Possibilité d'agir : dans une catastrophe, les sauveteurs ou les personnes qui se sont absorbés dans l'action ont un risque moindre que les victimes contraintes à la passivité.

— Intensité objective du trauma. Dans les tremblements de terre, le taux de stress posttraumatique augmente avec la proximité de l'épicentre, de même qu'en cas d'accident de la route il augmente avec la gravité des blessures.
— Antécédents personnels de traumatismes, qui peuvent augmenter le risque[29].

À la poursuite de la peur...

« Gaulois, faites-nous peur... »

Dans l'album *Astérix et les Normands*, de redoutables guerriers vikings abordent en Gaule pour découvrir quelque chose qu'ils ne connaissent pas : la peur. Sachant que celle-ci « donne des ailes », ils sont impatients de pouvoir l'expérimenter à leur tour, eux qui ne savent que voguer, certes loin... La bande déssinée donne lieu à quelques scènes cocasses où les colosses nordiques ordonnent à des Gaulois fluets : « Fais-moi peur ! »... Obélix se chargera de leur procurer cette sensation, si rare dans leur culture.

Existe-t-il des individus ne connaissant pas la peur ? Il semble que les sujets dits « psychopathes » soient en partie dans ce cas. La personnalité psychopathique se définit par une grande difficulté à se conformer aux normes sociales, une relative indifférence au tort causé à autrui (sens moral limité), une impulsivité élevée et un mépris important pour sa sécurité ou celle d'autrui. Ces sujets présentent par exemple une réactivité physiologique très limitée lorsqu'on les confronte à des images filmées de scènes violentes[30]. L'absence de peur, associée à d'autres caractéristiques psychologiques (comme la fréquence de consommations de drogues), explique sans doute l'importante mortalité constatée chez ces personnes.

Des phobiques aux philiques

De nombreux travaux ont été récemment conduits sur ce qu'on appelle les « chercheurs de sensations » *(sensation seekers)*. Ces individus recherchent les sensations extrêmes, au travers de la pratique répétée de sports à risque, de conduite rapide de grosses automobiles ou motocyclettes, etc. Les philiques, eux, pourraient être définis comme l'inverse des phobiques, recherchant la proximité de situations ou animaux que la majorité de leurs contemporains chercheraient plutôt à éviter (éleveurs de mygales, amateurs de serpents, passionnés de spéléologie ou de saut à l'élastique).

Plus couramment, qui n'a pas ressenti un certain plaisir à emprunter un manège de fête foraine, ou n'est allé voir un film d'épouvante ? Ce type de peur est en effet recherché sous conditions dans la plupart des cultures (« Fais-moi peur ! »). Des fêtes comme celles d'Halloween témoignent de ce besoin de l'être humain de s'exposer au frisson, comme pour se convaincre qu'il peut le maîtriser. Ce phénomène est présent à tous les âges : les petits enfants adorent jouer à faire peur.

Mais il ne faut pas que cela soit trop réaliste, sinon ils ressentent vraiment de la peur, comme le rappelle ce récit de Jean-Luc.

> *Je m'amusais à faire le lion avec ma fille Élodie. Nous étions à quatre pattes sur le tapis du salon, à nous rugir l'un sur l'autre pour imiter un combat de lions. À un moment, j'ai oublié qu'elle n'a que deux ans, et je suis vraiment rentré dans le rôle : j'ai froncé le nez et le front, j'ai pris un regard terrible, et j'ai poussé un rugissement sonore. J'ai vu son visage changer en un instant, et elle m'a aussitôt demandé d'interrompre le jeu pour venir se blottir dans mes bras : j'avais poussé le réalisme un peu loin... Ma femme, qui avait assisté à la scène, m'a aussitôt annoncé que c'est moi qui me lèverais si elle faisait un cauchemar.*

Comment expliquer cette attirance pour le frisson et la peur qui semble caractériser notre époque ? Peut-être ces expériences de peur sous contrôle nous servent-elles de piqûres de rappel à notre espèce, pour préserver intacte la capacité à ressentir de la peur ? En effet, si nous ressentons beaucoup d'angoisses, nous n'éprouvons que très rarement de grandes peurs comme pouvaient en ressentir nos ancêtres.

Comment gérer ses peurs

Acceptez la peur

Cédric :

> *Longtemps, je n'osais pas avouer ma peur. Comme j'avais été un petit garçon sensible, et qu'on m'avait parfois traité de poule mouillée, je me taisais. Si j'étais en voiture avec quelqu'un qui roulait trop vite, je ne disais rien, même si j'en étais malade. Pire, si le conducteur me demandait : « Tu n'as pas peur ? » je m'entendais répondre : « Non, tout va bien... ». Avant les exposés en public, je n'avouais jamais mon trac. Un jour, lors de vacances avec un groupe d'amis, nous avons eu l'occasion de faire du canyoning : il s'agit de parcourir un réseau de gorges où coule un torrent d'eau glacée, en combinaison étanche, avec d'innombrables sauts dans le vide pour atterrir dans des vasques d'eau profonde, des descentes en rappel suspendu à un fil, etc. Bien sûr, on ne risque rien en théorie. Mais tout de même, ça fait peur. Comme d'habitude, je n'avais pas osé en parler lorsque l'idée avait été lancée. Et à la question : « Tu viens avec nous Cédric ? » j'avais répondu comme d'habitude : « Oui, oui. » Inutile de vous dire que j'ai mal dormi. La balade a commencé de façon cauchemardesque, avec des à-pics qui me faisaient trembler de peur dans ma combinaison ; bien sûr, j'essayais de dire que c'était le froid. Mais j'ai été sauvé par un des membres du groupe. À un moment, devant un passage particulièrement impressionnant, il a*

déclaré tranquillement à notre guide-accompagnateur : « Non, là franchement, c'est trop impressionnant, j'ai trop peur pour le faire. Je n'y aurais aucun plaisir. Que me proposez-vous ? » Et le guide, pas plus contrarié que ça, lui indiqua un petit chemin à descendre à pied. Sans hésiter, je lui ai rapidement emboîté le pas. J'ai eu le sentiment que beaucoup d'autres membres du groupe nous ont regardés avec envie descendre tranquillement par le côté.

Face à la peur, deux conseils importants : ne pas en avoir honte, et ne pas chercher à la supprimer totalement.

Il n'y a pas de honte à ressentir de la peur. Les professionnels amenés à affronter régulièrement des situations dangereuses la tolèrent sans états d'âme : dans le GIGN, groupe d'élite de la gendarmerie intervenant par exemple lors des prises d'otages, si entre deux missions un membre de l'équipe déclare qu'il ne « se sent pas de continuer », personne ne lui en tient rigueur, et il part sans déshonneur. La peur normale est un signal d'alarme sur l'existence d'un danger ou d'une vulnérabilité chez vous. Écoutez-la avant de continuer l'action.

Par ailleurs, nous savons qu'il n'est pas réaliste de vouloir totalement supprimer sa peur : il s'agit davantage de la moduler afin de pouvoir agir avec elle. Lorsqu'on traite des patients phobiques, on leur explique au préalable que le but de la thérapie n'est pas d'éradiquer totalement leurs émotions de peur panique, mais de faire diminuer celles-ci peu à peu en intensité, afin qu'elles redeviennent compatibles avec une vie normale et autonome. Il faut alors apprendre à agir malgré une peur modérée, une fois que l'on a évalué que le danger n'était pas excessif.

Développez votre contrôle sur la peur

Comment expliquer que la plupart des gens aient davantage peur lors des voyages en avion que durant les déplacements en voiture ? L'avion est pourtant considéré comme un moyen de transport plus sûr, et tue annuellement moins de personnes que ne le font les accidents d'automobile.

Mais, en voiture, notre peur est moindre car notre sentiment de contrôle est plus élevé : nous sommes maîtres de notre trajet, de notre vitesse, de nous arrêter à tout moment, etc. En effet, le sentiment de peur est fréquemment lié à un sentiment de non-contrôle sur les situations.

Pour augmenter son contrôle sur ce qui fait peur, un bon moyen est de *s'informer*. Si vous avez peur de l'avion, faites-vous expliquer par les hôtesses ou les pilotes le fonctionnement de l'appareil en demandant à visiter le poste de pilotage, demandez la signification des petits bruits de sonnerie émis de temps à autre dans l'habitacle ou des messages tels que « PNC à vos potes ». Si certains animaux vous effraient, renseignez-vous sur leurs mœurs et, la plupart du temps, vous découvrirez que vos craintes à leur sujet sont largement infondées. Si vous pensez que rester enfermé dans un ascenseur bloqué peut vous conduire à l'asphyxie, sollicitez les explications d'un ami médecin sur les besoins en oxygène du corps humain.

Autre moyen de contrôle sur la peur : apprendre une méthode de *relaxation*, afin de pouvoir l'utiliser lorsque la peur s'approchera.

Enfin, le fait de pouvoir adopter une *attitude active* face à la peur est sans doute un des remèdes les plus efficaces. Écoutons Fabrice, qui fut pendant trois ans étudiant à Los Angeles, en Californie :

> *Lors de mon séjour, il y a eu plusieurs tremblements de terre, assez fréquents là-bas. La première fois, j'ai été réveillé en pleine nuit par une sensation d'angoisse indicible. J'ai mis quelques instants avant de réaliser que la terre était en train de trembler. Je suis sorti comme un fou de mon lit, et j'ai couru dans les couloirs, jusqu'à ce que mes collègues de la résidence universitaire me disent de les suivre sur la pelouse au milieu des bâtiments. Ils m'ont alors expliqué tout ce qu'il fallait faire en pareil cas : sortir et s'asseoir sur la pelouse si les secousses n'étaient pas trop fortes, ou bien se tenir sous les chambranles des portes — car c'est ce qui résiste le mieux quand les plafonds s'effondrent — si on n'a plus le temps de sortir, etc. Ils m'ont*

aussi donné leur truc pour être réveillé par les premières secousses : construire une pyramide de canettes vides de Coca-Cola ; elle se casse la figure dès que ça commence à trembler, et on peut sortir rapidement. Tout ça peut paraître dérisoire, mais ça m'a permis de ne plus avoir peur des tremblements de terre suivants. J'avais l'impression de ne plus être une victime désarmée.

Confrontez-vous à la peur

Mais le meilleur moyen de se débarrasser durablement d'une peur reste la confrontation. Celle-ci doit obéir à des règles bien connues des psychothérapeutes comportementalistes[31].

Voici les quatre règles capitales.

1) La confrontation doit toujours se faire sous *votre contrôle*. Elle n'est souhaitable que si vous désirez ou si vous devez surmonter votre peur. Inutile de contraindre quelqu'un à affronter ses peurs s'il n'en ressent pas lui-même le besoin. Être poussé de force dans l'eau ou dans une volière n'a jamais guéri qui que ce soit de la peur de la noyade ou des poules.

2) Affrontez *progressivement* vos peurs, en commençant par les moins importantes. Si vous avez peur des oiseaux, vous regarderez d'abord des photos, ensuite des vidéos animalières, puis vous visiterez des oisselleries, avant d'aller choisir vous-même vos poulets bios à la ferme.

3) Procédez à des confrontations *prolongées* : il faut rester dans la situation angoissante assez longtemps pour que votre anxiété ait diminué de moitié. La courbe ci-après vous montre comment votre peur va diminuer au bout d'un moment, après une montée rapide en intensité puis une stabilisation.

4) Confrontez-vous *régulièrement* aux situations redoutées. Compte tenu de l'ancienneté en général importante de la plupart des peurs, il est rare qu'une fois suffise. De plus, vous êtes peut-être vulnérable à certaines peurs, comme d'autres ont tendance à prendre de l'embonpoint : tout comme ils

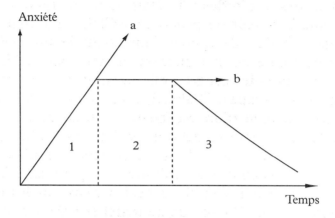

Intensité de l'anxiété lors d'une séance d'exposition prolongée

Phase 1 : montée de l'angoisse
Phase 2 : stabilisation de l'angoisse
Phase 3 : décroissance de l'angoisse

(a) anticipation d'une montée sans limites de l'anxiété (scénario catastrophe) ; (b) anticipation d'un maintien sans fin de l'anxiété à son niveau maximal.

doivent alors adopter une hygiène de vie adaptée (un peu de régime et d'exercice), vous devez maintenir régulièrement intacte votre capacité à la confrontation. C'est peut-être ce que recherchent inconsciemment les amateurs de sensations fortes dont nous avons parlé : les psychanalystes diraient qu'ils adoptent des attitudes « contraphobiques ».

Voici l'histoire de Claire, une de nos amies qui souffrait d'une peur excessive du vide et des lieux élevés. Alors qu'elle était étudiante, Claire vint nous demander de l'aider, sachant que nous étions internes dans un service de psychiatrie. Elle souffrait depuis l'enfance d'une peur du vide et des hauteurs : elle n'aimait pas grimper sur des escabeaux, s'approcher du bord des balcons ou des fenêtres, ou rouler sur des routes de montagne escarpées. Sans atteindre le stade d'une phobie (elle pouvait tout de même affronter ces situations), sa peur était tout de même gênante pour elle : elle était très tendue quand elle s'y retrouvait. Claire venait de rencontrer un petit ami qui devait devenir son mari. Tout allait bien sauf un détail, mais non des moindres : il était féru de randonnée et d'alpinisme et venait de proposer à Claire une marche en montagne « facile » de quinze jours pour le prochain été. D'où la demande en consultation de notre amie. Nous lui proposâmes alors un programme de confrontation progressif en plusieurs étapes. D'abord, monter tous les jours sur la dernière marche d'un escabeau, en prenant peu à peu l'habitude de s'y mettre debout, en lâchant les bras, et en regardant vers le bas... Puis se pencher régulièrement, durant au moins cinq à dix minutes chaque fois, à la rambarde de son balcon (où elle n'avait jamais mis les pieds). Mais aussi prendre l'habitude de marcher près des parapets des ponts qu'elle traversait à pied, observer régulièrement les derniers étages des tours et immeubles (cela lui donnait le vertige, et elle évitait donc de le faire), etc. En quelques semaines, notre amie se sentit prête au départ... Les quinze jours de promenade furent idylliques, surtout qu'elle avait pris soin, comme nous le lui avions recommandé, d'informer son ami de sa propension au vertige, ce qui, lune de miel aidant, l'avait rendu attentif à ne pas brusquer Claire.

AFFRONTEZ LA PEUR DES FANTÔMES AVEC L'AIDE DE BRUCE WILLIS !

Dans *Le Sixième Sens* (1999), Bruce Willis joue le rôle d'un psychologue pour enfants qui doit soigner un jeune garçon victime de visions terrifiantes : où qu'il aille, il voit apparaître les personnes mortes de mort violente dans cet endroit... Il en est évidemment très perturbé, d'autant qu'il n'ose confier son secret à personne. Le bon Dr Willis arrive à établir le dialogue et va lui apporter une aide décisive : au cours d'une belle scène dans la nef d'une église, il arrive à convaincre le petit garçon de ne plus fuir ses apparitions, mais de les regarder en face... Peu après, une nouvelle vision épouvantable (une fillette empoisonnée) réveille l'enfant.

> Prenant d'abord la fuite, il se ravise, se rappelle les conseils de son psychothérapeute, revient vers l'apparition et lui parle. À partir de là, le film bascule : peu à peu, le garçonnet n'est plus victime de visions angoissantes, et les ennuis commencent en revanche pour Bruce Willis, jusqu'à une troublante scène finale ; mais cela est une autre histoire...
> Le message « thérapeutique » du film (qui ne se résume pas à cela) est très clair : fuir ses peurs ne les fera jamais disparaître, au contraire. Les affronter, malgré toute la difficulté que cela peut représenter, est la seule solution pour les domestiquer.

Regardez la peur en face

> *On doit aborder chaque aube en méditant tranquillement, en pensant à sa dernière heure et en imaginant les différentes manières de mourir : tué par une flèche, par un boulet, tranché par le sabre, submergé par les flots, sautant dans un incendie, foudroyé par l'éclair, écrasé dans un tremblement de terre, tombant d'une falaise, victime d'un malaise ou de mort soudaine. On doit commencer sa journée en pensant à la mort. Comme le disait un vieil homme : « Quand vous quittez votre toit vous pénétrez dans le royaume des morts[32]. »*

Ces conseils destinés aux samouraïs japonais peuvent-ils vous être utiles si vous souffrez de peurs excessives ? Différents travaux visent à prouver que l'on tend dans ce cas à tourner le dos à toutes les pensées qui nous inquiètent. N'est-ce pas votre impression première, vous qui avez le sentiment d'être au contraire constamment hanté par la peur ? Réfléchissez plus attentivement : êtes-vous déjà réellement allé jusqu'au bout de vos craintes ? Avez-vous déroulé votre « scénario-catastrophe » jusqu'au bout ? Voici le témoignage d'Anne, en thérapie pour une phobie des pigeons :

J'ai toujours eu une peur bleue des pigeons. Au stade de la phobie en fait : j'avais des attaques de panique, et il m'était impossible de les affronter. J'ai dû aller consulter à la suite d'un déménagement : notre nouveau quartier était littéralement infesté par ces ignobles bestioles. Le thérapeute m'a appris différentes techniques pour surmonter mes peurs, notamment en allant me confronter peu à peu aux pigeons sur le terrain. Mais il m'a aussi appris à aller jusqu'au bout de mes peurs. Je savais que face à un pigeon je fermais les yeux et détournais le regard, avant de prendre la fuite. Le thérapeute m'a montré que je faisais la même chose dans ma tête : quand je pensais à ces oiseaux de malheur, le malaise — peur et dégoût — qui montait en moi me poussait à interrompre les images ou les pensées en cause et à les chasser de mon esprit. Mais il m'a expliqué qu'en faisant cela je maintenais ma peur intacte. Effectivement, lorsqu'il m'a dit : « Je comprends bien vos réactions, mais de quoi avez-vous peur exactement ? », j'ai été désarçonnée. J'ai mis quelques instants à répondre que je craignais qu'ils ne s'envolent vers moi et me touchent. Il m'a ensuite posé des questions de plus en plus précises sur ce qui pouvait se passer dans ce cas : je n'avais jamais réfléchi méthodiquement à ça. J'ai découvert que j'avais de vagues craintes qu'ils ne me crèvent un œil ou ne me transmettent des maladies contagieuses — ils sont tellement répugnants à traîner sur le sol... Mais le fait d'en parler m'a montré que cela n'était guère réaliste ; le thérapeute m'a d'ailleurs recommandé de parler de mes peurs à un de mes amis vétérinaires, pour vérifier s'il y avait un réel danger. C'était la première fois que quelqu'un m'encourageait à réfléchir sur mes peurs au lieu de me pousser à ne pas y penser ni ne leur accorder d'importance. Tout ça a beaucoup facilité la suite de ma thérapie, et finalement ma guérison : je n'aime toujours pas les pigeons, mais je n'ai plus peur d'eux. Et surtout, j'ai appris à maîtriser beaucoup de mes autres peurs et appréhensions ; il me semble être aujourd'hui plus forte.

D'un point de vue psychanalytique, on pourrait bien sûr dire que cette phobie des pigeons n'était que le symptôme d'un conflit inconscient, et que traiter ce symptôme isolément, sans en rechercher la vraie cause, reviendrait à boucher la fuite d'un chauffe-eau sous trop forte pression : une nouvelle fuite va surgir quelque part sous la forme d'un déplacement du symptôme. Cette hypothèse, en fait une métaphore thermodynamique, n'a pourtant jamais pu être vérifiée, même en suivant pendant des années des phobiques traités par thérapie comportementale[33] : les patients ne développent pas de « symptômes de substitution ». Cela ne remet pas en cause l'intérêt de l'approche psychanalytique dans certains types de problèmes psychologiques, mais rappelle simplement que, pour beaucoup de phobies, les thérapies plus brèves sont une indication plus appropriée.

Pour mieux faire comprendre les similitudes et les différences entre ces deux approches, voici un tableau qui résume la position des analystes et des comportementalistes vis-à-vis des troubles anxieux.

Faites	Ne faites pas
Acceptez votre peur	Avoir honte de ressentir de la peur ou la nier
Développez des moyens de contrôle sur votre peur (information, relaxation, attitude active...)	Penser qu'il n'y a rien à faire contre la peur
Apprenez à tolérer un certain degré de peur	Vouloir ne ressentir aucune peur
Faites-la reculer en vous confrontant à elle selon des règles efficaces (de manière progressive, prolongée, régulière...)	Aggraver ou maintenir la peur par la fuite ou l'évitement systématiques
Regardez votre peur en face : quels sont les risques réels ?	Ne jamais réfléchir à ses peurs parce que c'est désagréable

Différences entre l'approche analytique et comportementale dans les troubles anxieux

	Analyste	Comportementaliste
Les troubles anxieux on été « appris » par des expériences passées	Oui	Oui
Il existe des prédispositions biologiques dans les troubles anxieux	Oui	Oui
L'environnement actuel du patient peut aggraver son trouble ou au contraire aider à la guérison	Oui	Oui
Le trouble traduit un conflit inconscient, souvent d'origine sexuelle	Oui	Non
Le but principal de la thérapie est la résolution de ce conflit, la guérison en découlera	Oui	Non
Le but principal de la thérapie est la disparition du trouble	Non	Oui
L'efficacité thérapeutique passe par l'exposition régulière et progressive aux situations ou aux pensées angoissantes	Peut aider, mais pas essentiel	Oui très important
L'efficacité thérapeutique passe par le « transfert » entre le patient et le thérapeute	Oui très important	Peut aider mais pas essentiel
L'efficacité de la thérapie se juge entre patient et analyste ; on ne peut prétendre mesurer scientifiquement l'efficacité des psychothérapies	Oui	Non
L'efficacité des diverses psychothérapies peut se mesurer en analysant leurs résultats sur un grand nombre de patients souffrant du même trouble (comme dans les autres disciplines médicales)	Non	Oui

Chapitre 9

Et l'amour ?

L'amour ? Une folie du sang à laquelle l'esprit consent.
William SHAKESPEARE.

L'IMMENSITÉ d'un tel sujet décourage l'auteur le plus ambitieux. Même Freud, lorsqu'il écrit sur l'amour, prend garde de titrer *Contribution à la psychologie de la vie amoureuse* pour bien marquer qu'il ne saurait couvrir le thème tout entier[1].

Devant la difficulté de ce chapitre, nous avons pensé pouvoir nous en tirer par une pirouette : après tout, nous, que nous reste-t-il à dire de l'amour puisque nous avons déjà traité de la jalousie, de la colère, de la peur et de la tristesse, qui en sont les constituants essentiels ? Mais on nous dira que l'amour apporte aussi des joies, peut-être les plus grandes, et que de toute façon un tel sentiment ne peut se réduire à une addition d'émotions élémentaires.

Il nous faut donc parler de l'amour. Mais est-ce bien une émotion ? On serait tenté de répondre par l'affirmative et de dire que c'est même l'une des plus violentes. Mais, dans ce cas, répondent les chercheurs, on devrait lui trouver une expression faciale caractéristique.

Le visage de l'amour

> *Je le vis, je rougis, je pâlis à sa vue ;*
> *Un trouble s'éleva dans mon âme éperdue ;*
> *Mes yeux ne voyaient plus, je ne pouvais parler ;*
> *Je sentis tout mon corps et transir et brûler.*
>
> Jean RACINE, *Phèdre.*

Dans *Casino* (1995), Robert De Niro est le patron d'un grand casino de Las Vegas. Surveillant la salle de jeu sur un écran de contrôle, il aperçoit pour la première fois Sharon Stone, éblouissante, en train de plumer un client à une table de roulette. Le regard de Robert De Niro devient fixe, son visage se crispe comme sous l'effet d'une douleur soudaine, tandis qu'il continue d'observer la belle inconnue avec une attention extrême. Nous savons qu'il vient de tomber amoureux de Sharon Stone parce que c'est ce qui doit arriver à deux stars dans un film, mais, si nous n'avions que le visage de Robert comme indice, nous pourrions aussi bien penser qu'il ressent une violente douleur ou qu'il vient brusquement de se rappeler qu'il n'a pas payé son tiers provisionnel.

Les chercheurs n'ont pas encore trouvé d'expression faciale caractéristique de l'amour, en tout cas au sens de la passion amoureuse. Si l'on vous demande de mimer le visage de la colère ou de la peur, vous y arriverez sans peine, mais essayez donc de mimer l'amour ! Quand on demande à des étudiants en psychologie de le tenter dans le cadre d'une recherche, ils sont en général trouvés risibles par leurs camarades. Mais cela ne prouve pas qu'il n'y a pas d'expression faciale caractéristique, mais simplement qu'il est difficile de la jouer volontairement.

Lorsque Darwin évoque l'expression de l'amour, c'est pour faire remarquer ses similitudes avec la dévotion religieuse. Il décrit la posture : agenouillement humble, mains jointes, yeux levés extatiquement vers le ciel, attitude que peuvent partager en effet le saint en prière et le soupirant romantique au pied de sa belle[2]. Mais on doute que cette expression de l'amour soit universelle et qu'elle soit encore beaucoup pratiquée de nos jours. (Relançons la mode.)

On a réussi cependant à identifier une expression de la tendresse envers les enfants qui, elle, semble universelle : sourire tendre, relâchement des autres muscles, accompagnés du regard abaissé vers l'enfant, et parfois de l'inclinaison de la tête sur le côté[3]. Mais, face à un adulte que nous désirons, notre mimique devient moins expressive. (Certains vont jusqu'à parler des « yeux de merlans frits » de l'amoureux transi. Peut-être faut-il chercher dans cette direction ?)

D'autres chercheurs tentent de différencier les sons de la voix dans l'expression du désir ou de la tendresse, et trouvent des similitudes entre les sons de cette dernière et de celle qu'on exprime aux enfants[4]. Beaucoup d'amoureux ont fait l'expérience du « parler enfant » avec un partenaire adulte.

Pourtant, nous avons parfois l'impression de pouvoir prédire que quelqu'un tombe amoureux de quelqu'un d'autre simplement en voyant son regard, la manière dont il le regarde, comme Tolstoï le décrit dans *Anna Karénine*. Lévine, un jeune homme émotif, se languit d'amour pour Kitty, une jeune fille de la haute société, avec qui il espère se fiancer. Mais un jour, dans une réception, il entrevoit le regard de Kitty à l'instant où elle vient de reconnaître un officier, Vronski : « À la vue de ces yeux brillants d'une joie instinctive, Lévine comprit, et cela aussi clairement que si elle lui eut avoué qu'elle aimait cet homme. »

Mais, plus tard, la même mésaventure arrivera à Kitty quand, au cours d'un bal, elle assistera à une rencontre entre le même fringant Vronski et la belle Anna Karénine :

« Chaque fois que Vronski lui adressait la parole, un éclair passait dans les yeux d'Anna, un sourire entrouvrait ses lèvres, et si désireuse qu'elle parût de la refouler, son allégresse éclatait en signes manifestes. "Et lui ?" pensa Kitty. Elle le regarda et fut épouvantée, car le visage de Vronski reflétait comme un miroir l'exaltation qu'il venait de voir sur celui d'Anna. »

Ces lignes rappellent les hypothèses de Caroll Izard[5] sur l'amour qui serait le mélange de deux émotions fondamentales : excitation-intérêt et joie, qui évoque aussi la définition de Spinoza : « L'amour est la joie accompagnée de l'idée d'une cause extérieure. »

Toutefois, si Kitty reconnaît l'amour chez les deux protagonistes, c'est peut-être plus par l'*interaction* de leurs regards et de leurs mimiques que par l'expression isolée de l'un des deux. Peut-être certaines séquences de regards échangés sont-elles plus caractéristiques qu'une expression faciale isolée.

Cette difficulté à lui trouver une expression faciale et aussi sa durée fort variable empêchent l'amour d'être retenu parmi les émotions fondamentales. Mais, si on lui refuse ce titre, ce n'est pas pour nier son importance, mais pour en souligner la complexité comparée à ces bonnes vieilles émotions primaires que sont la colère, la tristesse, la joie ou la peur. L'amour n'est pas une émotion, mais plutôt un mélange complexe d'émotions associées à des pensées particulières et une tendance à vouloir se rapprocher de l'être aimé.

Pour le définir, Izard parle d'une « orientation affectivo-cognitive », ce qui est sans doute juste, mais un peu sec pour définir cette merveilleuse ou tragique expérience de l'amour. Les auteurs remarquent que l'amour s'accompagne de pensées tendant à survaloriser l'autre et à lui trouver toutes les grâces. Stendhal avait bien décrit cet enchaînement de pensées et d'émotions sous le nom de *cristallisation* : « C'est l'opération de l'esprit, qui tire de tout ce qui se présente la découverte que l'objet aimé a de nouvelles perfections. »

Le phénomène inverse s'observe d'ailleurs quand l'amour disparaît. Alors qu'elle est en train de tomber amoureuse de Vronski, Anna vient un jour à la rencontre de son noble et solennel mari, le conseiller Karénine, et remarque pour la première fois avec un certain déplaisir que ses oreilles son affreusement pointues !

Mais n'y a-t-il pas différentes sortes d'amour ? Qu'y a-t-il de commun entre l'amour d'une mère pour son enfant, de deux amoureux au début de leur histoire ou celui qu'éprouvent encore certains couples d'octogénaires ?

Commençons par notre première expérience de l'amour, celle qui conditionne peut-être toutes les suivantes.

Cris et suçotements : l'attachement

Observons un bébé de quelques mois en présence de sa maman : il lui sourit, vocalise, fait des gestes dans sa direction. Si tout se passe bien, la maman va répondre à ses sollicitations, lui parler « bébé », lui sourire et le prendre volontiers dans ses bras. Imaginons maintenant que la mère quitte la pièce. Le bébé va se mettre à crier, à pleurer obstinément, à chercher sa mère du regard, voire à ramper dans sa direction, et souvent à hurler de plus belle si quelqu'un d'autre essaie de le consoler (protestation). Si la séparation se prolonge, par exemple dans le cas où le bébé doit passer quelques jours à l'hôpital, il va peu à peu se calmer, mais pour devenir abattu, silencieux, indifférent aux personnes qui l'entourent, et refuser jouets et nourritures (désespoir). Entouré de soins attentifs, le bébé va insensiblement reprendre vie, mais va montrer des comportements surprenants lors de la réapparition de Maman. Lorsque sa mère réapparaîtra, surprise, le bébé pourra soit sembler complètement indifférent à ses sollicitations, soit au contraire manifester de la colère et la frapper, soit montrer un mélange de signes d'affection mêlés de quelques coups imprévisibles. La mère pourra ensuite se plaindre aux médecins d'avoir retrouvé un bébé « différent » qui réagit moins à ses sollicitations (détachement).

Cette observation toute simple, que connaissent aujourd'hui tous les étudiants en psychologie de l'enfant, ne fut cependant amenée à la conscience de la communauté pédiatrique qu'au début des années 1950, lorsque John Bolwby, pédiatre et fils de lord, et James Robertson, assistant social et fils d'ouvrier écossais, présentèrent à la Société royale de médecine un film tourné par Robertson intitulé *Une petite de deux ans va à l'hôpital*. On y voyait une adorable petite Laura passer par les phases de la protestation, du désespoir et enfin du détachement lorsqu'elle retrouvait ses parents.

Le film provoqua la colère indignée des pédiatres et des équipes infirmières qui se sentirent accusés de maltraiter les enfants. Il faut dire qu'à l'époque les droits de visite des parents étaient sévèrement restreints, car considérés comme une entrave aux bons soins[6].

Cette anecdote n'est qu'une parmi les dizaines d'autres qui jalonnent la mise au jour d'un mécanisme fondamental dans notre développement affectif : l'attachement, dont le nom reste associé à John Bolwby, qui en fut le père[7].

LES ÉTAPES DE L'ATTACHEMENT[8]

1936. John Bowlby, pédiatre et psychanalyste dans un service pour enfants délinquants, constate leur tendance à ne s'attacher à personne, et pense que cette caractéristique leur vient de leur prime enfance passée en institution.
1940. Lors des bombardements de Londres, Bowlby s'élève contre l'envoi des bébés londoniens à la campagne, loin de leurs mères.
1947. René Spitz, un psychanalyste émigré aux États-Unis, filme dans une institution de l'État de New York l'état

dramatique d'enfants séparés de leur mère (elles sont en prison) : abattus, indifférents, certains amaigris d'une manière effrayante. Le terme d'« hospitalisme » décrit alors les troubles physiques et psychologiques des jeunes enfants hospitalisés séparés de leurs parents.
1958. Harry Harlow, chercheur à l'université de Wisconsin, étudie des expériences de séparation chez de jeunes singes rhésus. Les enfants élevés sans mère ont un développement perturbé, et Harlow observe des tableaux de désespoir et de cachexie similaires de ceux des enfants abandonnés de Spitz. Si on leur propose en guise de mère deux mannequins : une « mère » en fil de fer avec biberon incorporé, et une « mère » sans biberon mais revêtue de peluche, les rhésus s'attachent intensément à la « mère » en peluche, et vont d'autant mieux.
1954-1956. Mary Ainsworth, élève de Bowlby, suit son mari en Ouganda, et en profite pour observer le développement de bébés de Kampala et leur interaction avec leurs parents, puis répète l'expérience avec des bébés de Baltimore. Elle met au point une procédure fondamentale pour tester l'attachement : *la situation étrange.* Le bébé seul dans une pièce avec sa mère et des jouets — un inconnu entre dans la pièce — Maman quitte la pièce — Maman revient — l'inconnu quitte la pièce — Maman quitte la pièce et laisse le bébé seul avec les jouets — Maman revient, *happy end* (pas tant que ça, certains bébés frappent leur mère).
1970-1990. Les études menées au Minnesota par Sroufe et son équipe montrent que les comportements sociaux des enfants de dix ans ont une continuité avec le style d'attachement qu'ils montraient quand ils étaient bébés.
1985. Cyndy Hazman et Philip Shaver mettent en évidence chez les adultes, dans leurs relations intimes, trois styles d'attachements (« sécure », anxieux, ambivalent) similaires à ceux observés chez les bébés par Mary Ainsworth.

Pour résumer cinquante ans de recherches, l'attachement est un mécanisme inné, qui lie le bébé à sa maman, qui se manifeste par l'échange de regards, mimiques, caresses et suçotements, et dont la qualité a une influence fondamentale sur le développement du bébé et du futur adulte.

En particulier, la qualité de l'attachement va influencer la capacité du bébé à explorer son environnement et le genre de relation qu'il établit avec les autres enfants. Voici les trois grands styles d'attachement bébé-maman souvent décrits par les chercheurs, en prenant comme exemple un bébé d'environ un an[9] :

Attachement *sécure*

Le bébé explore volontiers un nouvel environnement, tout en vérifiant la présence de sa mère dès qu'il est inquiet : il l'utilise comme une « base sûre ». Il est plutôt obéissant avec sa mère, recherche activement son contact et à être pris dans ses bras, mais supporte bien d'être reposé.

Dans *la situation étrange*, la disparition de sa mère le fait pleurer, mais il est facilement réconforté quand elle revient.

Attachement évitant

Bébé ne recherche pas activement le contact avec Maman, mais se met parfois en colère contre elle de manière imprévisible. Il ne semble pas très intéressé à être pris dans ses bras, mais hurle dès qu'on le repose. Dans *la situation étrange*, il réagit brièvement à la disparition de sa mère, puis se concentre sur ses jouets, et semble à demi indifférent quand il la retrouve (non sans lui balancer un coup de pied inattendu).

Attachement ambivalent

Bébé « colle » à sa mère, n'explore pas volontiers, supporte mal la moindre séparation, se met souvent en colère, crie beaucoup. Dans *la situation étrange*, il se montre impossible à calmer après la disparition de sa mère. Quand il la retrouve, il la recherche avidement tout en montrant de la colère contre elle.

Bien sûr, il est tentant de mettre en relation les comportements de bébé avec les comportements de sa mère, et les chercheurs ont entrepris d'innombrables études sur ce thème. La mère associée à l'attachement *sécure* serait la mère idéale : chaleureuse et attentive à son bébé, comprenant et s'adaptant à ses réactions, réagissant vite à ses cris. Dans l'attachement évitant, on observerait une mère vaguement rejetante, non disponible, supportant mal les besoins du bébé et souhaitant qu'il se débrouille tout seul. Quant à la mère associée au style ambivalent, elle serait souvent très attentive et anxieuse, mais mal synchronisée aux attentes de son bébé, ne sachant pas interpréter ses réactions[10].

Toutefois, ces résultats doivent être pris avec certaines précautions car :

— Les styles d'attachement peuvent évoluer au cours de l'enfance et changer de catégorie pour le même couple mère-enfant.
— Les relations entre style de la mère et style de l'enfant ne sont pas aussi clairement établies.
— Les difficultés relationnelles entre la mère et l'enfant peuvent aussi venir de différences de tempéraments innées d'ajustements difficiles[11].
— Le père est aussi une figure d'attachement qui peut modérer l'influence de la mère.

De nombreuses recherches continuent d'explorer la relation entre le style d'attachement des bébés et celui de leur mère, et les comportements des enfants et des adultes qu'ils vont devenir.

Tout commence avec Maman

L'amour, au sens large, que nous pouvons éprouver dans notre vie d'adulte contient une forte part de l'attachement que nous avons développé bébé pour notre mère (et n'oublions pas Papa aussi).

Écoutons Véronique, qui continue à évoquer la rupture dont elle a déjà parlé dans le chapitre consacré à la tristesse.

> *Dans les premières semaines, je passais mon temps à pleurer. Je ne pensais qu'à lui, et le plus souvent avec beaucoup de colère. Je savais que ça ne servait à rien, mais je l'ai rappelé plusieurs fois pour essayer de le revoir. J'essayais de prendre les mêmes trajets que lui dans l'espoir de le rencontrer par hasard.*
> *Ensuite, j'ai traversé une phase d'abattement terrible. Même voir mes amis ne me réconfortait pas beaucoup. Tout me semblait sans intérêt. Je n'arrivais plus à me concentrer sur mon travail, ni à apprécier les loisirs qu'on me proposait : rien ne me faisait plus envie. Une amie m'a secouée en me disant que si je continuais comme ça personne n'aurait plus envie de me voir.*
> *Peu à peu j'ai eu l'impression de reprendre goût à la vie. Je refonctionne à nouveau normalement, je travaille, je vois des amis. Je l'ai revu par hasard, mais je me suis sentie comme anesthésiée. Heureusement, la rencontre a été très brève, car je me demande si je ne me serais pas réveillée s'il m'avait parlé plus longtemps. D'un autre côté, je me sens pour l'instant incapable de nouer une relation avec un autre homme.*

Dans cette description, que pourrait faire presque à l'identique l'immense foule des amoureux abandonnés, ne retrouvez-vous pas, lecteur attentif, les trois phases observées par les spécialistes de l'attachement chez les bébés : protestation (Véronique est à la fois furieuse et angoissée, elle fait tout pour le revoir), désespoir (elle devient apathique et en retrait), détachement (elle ne se sent plus amoureuse ni capable de se lier à quelqu'un d'autre) ?

Bien sûr, la durée de ces stades et leur contenu ne sont pas stéréotypés : chez chaque amoureux malheureux, les réactions vont varier selon la qualité et la durée de la relation rompue, mais aussi bien sûr selon son style d'attachement. Et d'ailleurs, quel est le vôtre ?

Votre style d'attachement

Imaginez que vous ayez à choisir entre ces trois phrases celle qui vous décrit le mieux.
1. « Je trouve relativement facile pour moi de me lier aux autres, et ça ne me dérange pas de dépendre d'eux comme de les sentir dépendre de moi. Je ne me soucie pas souvent du risque d'être quitté ou que quelqu'un devienne trop proche de moi. »
Cette proposition montre quelqu'un à la fois à l'aise avec l'intimité, mais aussi avec le maintien d'une certaine indépendance entre les amoureux.
2. « Je suis plutôt mal à l'aise dans une relation proche avec les autres. Je trouve difficile de leur faire complètement confiance, et difficile de me laisser aller à dépendre d'eux. Je deviens nerveux quand quelqu'un se montre trop proche de moi, et, souvent, mes partenaires amoureux souhaitent avoir avec moi plus d'intimité que je n'aime en avoir. »
Ici, on aime bien l'indépendance, tandis que trop d'intimité ou de proximité déplaît. L'autre pourra vous accuser d'être froid ou distant.
3. « Je trouve que les autres sont réticents à devenir aussi proches de moi que je le souhaiterais. Je me fais souvent du souci en pensant que mon partenaire ne m'aime pas vraiment, ou ne voudra pas rester avec moi. J'ai envie de me fondre complètement avec quelqu'un, et ce désir fait souvent fuir les autres. »
Là, c'est l'inverse, on souhaite la plus grande intimité possible, et les signes d'indépendance de l'autre sont vécus comme inquiétants. Si l'autre n'est pas gentil, il vous qualifiera de « collant ».

Si vous aviez habité Denver, Colorado, en 1985, vous auriez trouvé ce test des trois phrases dans le journal local, le *Rocky Mountain News*, et, en acceptant d'y répondre, vous auriez participé à la recherche de Cyndy Hazman et

Philip Shaver[12]. Non contents de votre première réponse, ceux-ci vous auraient longuement interviewé par la suite sur votre enfance, le style émotionnel de vos parents et vos plus intenses relations amoureuses.

Les résultats de l'étude montrèrent que les personnes dont les réponses les rapprochaient de la catégorie attachement sécure (phrase 1) étaient globalement plus heureuses, moins souvent divorcées, avaient confiance en leur conjoint et l'acceptaient malgré ses défauts, tout en ayant des vies professionnelles satisfaisantes. Comme les bébés qui partagent le même style d'attachement, elles avaient une capacité à la fois de s'attacher et d'être autonomes.

Les adeptes involontaires de l'attachement évitant (phrase 2) avaient souvent une bonne réussite professionnelle, mais semblaient ne guère en profiter, concentrés sur le travail, plutôt solitaires, trouvant les demandes de la vie amoureuse excessives pour un résultat décevant. Autonomes, mais ayant de la difficulté à s'attacher.

Quant aux personnes révélant un style d'attachement ambivalent (phrase 3), elles décrivaient une vie sentimentale tourmentée, avec passions violentes et déceptions cruelles, craintes d'être abandonnées, et des difficultés à se concentrer sur leurs activités professionnelles.

S'interroger sur son style d'attachement apporte plus de questions que de réponses, mais laisse entrevoir que nos relations amoureuses d'aujourd'hui se sont construites à partir de ce grand élan instinctif qui nous a poussé vers notre maman.

Toutefois, si certains chercheurs pensent que les styles d'attachement du bébé déterminent ceux de l'adulte qu'il deviendra, d'autres ne retrouvent pas cette continuité (et certains opposants vont jusqu'à parler du « mythe de l'attachement[13] » !) L'attachement n'est pas un dogme, mais le thème de débats scientifiques toujours actuels, débat nourri par les résultats de nouvelles études sur les bébés ou les adultes, et non pas en se livrant à des exégèses des textes fondateurs de Bowlby[14].

Et Freud ?

Freud et ses disciples en psychologie infantile, comme sa fille Anna ou Melanie Klein, avaient déjà imaginé qu'il existait une continuité entre les liens infantiles et l'amour éprouvé à l'âge adulte. Mais, de leur point de vue, le nouveau-né s'attache d'abord au sein dispensateur de lait : le bébé en tire un grand plaisir, presque érotique, et c'est à partir de ce plaisir que se développe l'amour pour la mère, mère qu'il fantasme énormément, faute de pouvoir appréhender sa réalité. La position de Bolwby diffère de la psychanalyse traditionnelle sur deux points fondamentaux :

— L'attachement ne passe pas par l'amour du sein maternel.

Contrairement au point de vue freudien (bébé aime d'abord un sein, puis découvre qu'il y a une maman derrière), l'attachement est un mécanisme lié à un besoin affectif et non à un besoin alimentaire. Les petits singes de Harlow s'attachaient à la mère en peluche, non à celle en fil de fer qui pourtant donnait du lait. *Les Nourritures affectives,* titre du livre de Boris Cyrulnik, résument en ce seul titre ce point de vue.

— Bolwby attachait de l'importance aux comportements *réels* de la mère plus qu'à ce que le bébé pouvait en fantasmer. Il recevait d'ailleurs en thérapie les bébés avec leur mère, à la vive désapprobation de Melanie Klein !

Bolwby, bien que psychanalyste, se décrivit aussi comme évolutionniste : pour lui, l'attachement est un *instinct*, c'est-à-dire un programme inné, qui a été sélectionné par l'évolution chez les mammifères parce que l'enfant y a besoin d'une longue présence de la mère avant d'être autonome. L'attachement favorise un rapprochement étroit entre la mère et l'enfant, favorable à la survie de ce dernier. L'intérêt de Bolwby pour l'évolution se manifesta dans son dernier livre, une biographie de Darwin ! Il y fait d'ailleurs l'hypothèse que les nombreux troubles psychosomatiques dont Darwin souffrit toute sa vie sont liés aux expériences de privation affective de son enfance.

L'attachement serait donc à la fois un mouvement inné du bébé, et ensuite une des bases à partir desquelles nous construirions ensuite notre manière d'aimer.

Amour et désir sexuel

Dans *À la recherche du temps perdu*, le narrateur est invité à une grande soirée du Paris du début du siècle, au cours de laquelle il rencontre Swann, un ami mondain et lettré. À un moment, on leur présente Mme de Surgis, très belle femme, et maîtresse du duc de Guermantes. Elle est pourvue, entre autres charmes, d'un décolleté avantageux. « Dès que Swann eut, en serrant la main de la marquise, vu sa gorge de tout près et de haut, il plongea un regard attentif, sérieux, absorbé, presque soucieux, dans les profondeurs du corsage, et ses narines, que le parfum de la femme grisait, palpitèrent comme un papillon prêt à aller se poser sur la fleur entrevue. Brusquement, il s'arracha au vertige qui l'avait saisi, et Mme de Surgis elle-même, quoique gênée, étouffa une respiration profonde, tant le désir est parfois contagieux[15] ! »

Il serait vain de parler de l'amour sans évoquer le désir sexuel, cet élément parfois si perturbateur de la vie sociale, comme le montre l'exemple précédent.

Si l'amour ne correspond pas à la définition stricte des émotions, le désir sexuel s'en rapproche : une réaction souvent brusque, avec des manifestations physiques que nous peinons parfois à dissimuler. Toutefois, il serait difficile de trouver une expression faciale caractéristique du désir.

Pourtant, quand Tex Avery nous montre un loup en smoking client d'une boîte de nuit, et découvrant sur scène une ravissante danseuse, notre loup humanisé exhibe des signes que nous reconnaissons comme ceux du désir : yeux exorbités au point d'en devenir des pseudopodes phalliques, langue pendante, bonds sur place, inattention au reste de l'environnement (il mange par inadvertance son assiette et son cigare) et tentative de se calmer en se donnant des coups de poing sur la tête. Y a-t-il dans cette représentation humoristique de l'amour une part de vérité ? Après tout, le loup montre, certes de manière exagérée, des signes de joie, d'excitation et de désir qui ne sont qu'une forme caricaturale de ceux que laisse voir Vronski face à Anna Karénine.

À quoi sert le désir ?

Nous avons déjà beaucoup parlé de désir sexuel à l'occasion de la jalousie, et nous ne ferons que rappeler les hypothèses un peu dégrisantes des évolutionnistes[16] :

Dans les deux sexes, nous désirons les êtres les plus propices à la transmission de nos gènes (sans bien sûr être conscients de cette pulsion reproductrice).

Le désir féminin se trouve donc partagé entre l'attirance pour un bon donneur de gènes (dominant, beau, costaud et pourquoi pas un peu voyou), mais aussi un bon futur papa sur le long terme (attentionné, adapté socialement, fiable). Pour résumer : à la fois corsaire avec le monde extérieur et gentil papa à la maison, ce qui est évidemment très facile à trouver.

Désir féminin et littérature

Fort, beau, pervers, vil, il me plut.
Livia, dans *Senso* de L. Visconti.

On peut trouver une confirmation de l'hypothèse des évolutionnistes sur le double aspect du désir féminin trouve dans la littérature.

Dans la plupart des romans « sentimentaux » (comme les ouvrages de la célèbre et mondialement connue collection Harlequin) écrits pour les femmes, l'héroïne attire l'attention d'un homme « dur », souvent chef d'un clan, aristocrate ou aventurier, parfois « homme à femmes », indépendant, et finit par le rendre « tendre » et attaché à elle seule.

Les grands auteurs ont aussi montré la répétition du désir féminin à l'œuvre : leurs héroïnes ont épousé un « homme stable », puis connaissent une liaison passionnée avec un « corsaire », comme Emma Bovary avec Rodolphe, Anna Karénine avec Vronski, Mme de Tourvel avec Valmont, Molly Bloom avec Boylan, la comtesse Livia avec Remigio, Ariane Deume avec Solal, et d'innombrables autres héroïnes qui aiment, souffrent, espèrent sur les rayons de nos bibliothèques.

L'idéal serait bien sûr de dénicher l'homme qui réunit d'emblée les deux caractéristiques, cela arrive souvent au cinéma, et, ô surprise, les films font des succès au *box-office*.

Dans *L'Homme qui parlait à l'oreille des chevaux* (1998), Robert Redford est un cow-boy rude et décidé, mais aussi capable de compassion et d'humour.

Quand il se retrouve *Sur la route de Madison* (1995), Clint Eastwood est un photographe aventurier pour le National Geographic, mais lui aussi pourvu de tact et de tendresse. Ils réussissent cette double incarnation — un peu corsaires par la nature de leur métier aventureux et indépendant, mais aussi potentiels bons papas (bien qu'un peu vieux) : gentils, compréhensifs, pleins d'humour. On comprend donc que les deux héroïnes (Kristin Scott-Thomas et Meryl Streep) oublient un peu leurs maris.

Cette sensibilité du désir féminin aux manifestations de force et d'indépendance virile a été analysée, parfois cruellement, par de grands écrivains.

Dans *L'Insoutenable Légèreté de l'être*, Milan Kundera décrit Franz, qui, bien que sage et gentil professeur d'université, a déjà la chance d'avoir un physique de corsaire[17] :

une grande force physique et une musculature impressionnante. Un jour, par jeu, alors qu'il est avec Sabina, sa maîtresse, il s'amuse à soulever lentement une chaise en la maintenant verticale par l'extrémité de son pied. « Ça fait du bien de te savoir si fort ! » lui déclare-t-elle, sincèrement. Mais elle est vite saisie par une réflexion attristante : le gentil Franz est fort, mais, avec les gens qu'il aime, dont elle, il est faible, et elle le trouve moins excitant que son précédent amant, Thomas, plus dominateur dans la vie et dans leurs jeux érotiques. (On apprendra plus tard que Thomas a « connu » environ deux cents femmes.) Sabina poursuit sa réflexion : « Et si elle avait eu un homme qui lui aurait donné des ordres, qui aurait voulu la dominer ? Combien de temps l'eût-elle supporté ? Pas cinq minutes ! D'où il découlait qu'aucun homme ne lui convenait. Ni fort, ni faible. »

Freud aurait sans doute apprécié ce texte, lui qui déclarait, après une vie d'étude, n'avoir toujours pas compris ce que voulaient les femmes.

Dans *Le Mépris*, d'Alberto Moravia, Riccardo est un jeune scénariste plein d'ambition qui vit un amour très heureux avec sa jeune épouse, la belle et simple Emilia. Malheureusement, à l'occasion de la préparation d'un film, elle se trouve le témoin de ses attitudes de subalterne face au jeune et dynamique producteur Battista. Ces petites faiblesses de comportement de Riccardo atteignent leur sommet quand, un jour, le producteur propose à sa femme de monter pour un court trajet dans sa voiture de sport à deux places, pendant que lui, le mari, les suivra en taxi. Emilia se montre très réticente à cette proposition, mais Riccardo, inconscient du risque de se dévaloriser aux yeux de sa femme, renchérit pour qu'elle ne fasse pas de manières et accepte l'invitation, puisque le trajet est court et qu'il les suivra en taxi. Quelque temps plus tard, il s'aperçoit qu'elle ne l'aime plus, et, quand il la presse de questions, elle finit par lui déclarer tristement : « Je ne t'aime plus parce que tu n'es pas un homme. »

Une mésaventure similaire arrive à Adrien Deume, le mari d'Ariane, future *Belle du Seigneur*. Diplomate carriériste, il laisse trop voir à sa jeune épouse son grand souci de ne pas déplaire à la hiérarchie et ses attitudes de soumission face à ses supérieurs. Un jour, elle le quitte pour Solal, un rebelle qui montre un irrespect fondamental des conventions, tout en sachant en jouer.

Plus tard, Adrien médite en pyjama dans sa cuisine sur les causes de son infortune : « Il y en a qui avaient de la chance, qui étaient tout le temps forts, sans le faire exprès, sans le vouloir [...]. Était-ce que c'était sa faute s'il était vite intimidé, s'il avait peur de déplaire, s'il souriait quand un supérieur lui parlait[18] ? »

Plus tard, Solal lui-même clame son désespoir et son indignation face à cette attirance des femmes pour les étalages de force et la nécessité d'en jouer pour les séduire : « Que le séducteur dise de nombreuses idioties, mais qu'il les dise avec assurance, d'une voix mâle, voix de basse à créneaux, et elle le regardera, les yeux exorbités et humides, comme s'il avait inventé une relativité encore plus généralisée... Et par-dessus le marché, pour lui plaire, il faut que je domine et humilie son mari, malgré la honte et la pitié que j'en éprouve[19]. »

On peut également remarquer qu'au cinéma, quand le héros est policier ou militaire, il se montre presque toujours rebelle et insoumis face à sa hiérarchie. « Faire bonne impression à son chef », un souci pourtant si légitime et si répandu, semble complètement étranger à Humphrey Bogart, Harrison Ford, Mel Gibson, Nicolas Cage ou George Clooney dans leurs rôles habituels, et sans doute parce que toute déférence face à un supérieur leur ferait perdre une partie de leur charme aux yeux du public féminin (et leur prestige auprès des spectateurs mâles).

Et le désir des hommes ?

Un homme vous aime-t-il quand il vous désire ? Cette question a tracassé des femmes depuis la nuit des temps et a donné lieu à d'innombrables discussions amoureuses parfois douces-amères.

En fait, l'homme n'est pas si primaire qu'on pourrait le penser. D'un point de vue darwinien, il est lui aussi partagé entre deux désirs inconscients destinés à optimiser son « capital reproductif[20] » :

— Bien sûr, multiplier ses occasions de progénitures en maximisant le nombre de ses partenaires sexuels. Ce qui sera d'autant plus facile qu'il a un statut élevé : rappelons que le record historique fut sans doute atteint par le roi du Maroc Mulay Ismail ibn Sharif (1646-1727), qui avec un harem bien géré se trouva à la fin de sa vie père de 342 filles et 525 garçons. Cependant, des pères encore plus prolifiques sont aussi cités chez les rois incas ou les chefs zoulous.

— Mais l'homme doit aussi favoriser la survie de ses enfants, ce qui suppose de s'attacher une femme fidèle, qui deviendra la mère de ses enfants et que l'on aidera et protégera. C'est ce que les évolutionnistes appellent les *long-term mating strategies* qui aboutissent à la recherche d'une partenaire stable (ou de deux ou plus dans une société polygame).

Les hommes dévoilent cette double attirance dans les enquêtes menées pour les études sur l'amour : quand on demande aux hommes leurs critères d'appréciation pour une femme, ceux-ci varient beaucoup selon qu'il s'agit de la perspective d'une brève aventure ou de celle d'un futur mariage. Dans le premier cas, ils valorisent les signes d'audace sexuelle et de disponibilité, dans le second, au contraire, ils se sentent attirés par des femmes plus réservées et timides sexuellement, sans doute parce que cette attitude leur paraît inconsciemment le gage d'une fidélité meilleure[21].

Mais la combinaison de l'attachement et du désir sexuel ne suffit pas à nous expliquer tout ce que nous ressentons au quotidien lorsque nous aimons quelqu'un d'amour. Par ailleurs, l'amour peut aussi s'accompagner ou non d'une décision : l'engagement sur le long terme.

> **COMMENT RETENIR UN HOMME :
> GRAND-MÈRE AVAIT RAISON**
>
> Selon les psychologues évolutionnistes, grand-mère avait raison ! Les hommes s'attacheraient plus volontiers aux femmes qu'ils perçoivent (même inconsciemment) comme sexuellement prudentes car c'est un gage de fidélité ultérieure.
> Pour retenir durablement un garçon qui vous intéresse, il semble donc préférable de le faire languir un peu avant d'accepter des relations sexuelles, de ne pas lui parler de ses éventuels prédécesseurs, ni de montrer d'emblée trop d'expertise érotique. Certaines femmes, influencées par les mythes des années 1970, et croyant bien faire, se risquent à faire le contraire.

Le triangle de l'amour

Nous n'évoquons pas ici le fameux triangle mari, femme et amant, qui appartient à une autre géométrie, mais plutôt les trois composantes de l'amour que l'on retrouve chez plusieurs auteurs anciens et modernes.

Les poètes et les psychologues ont depuis longtemps distingué l'amour passionnel, émotion violente mêlée de désir, et l'amour-compagnon, chargé de tendresse et d'affection.

Ces deux formes d'amour ont une origine différente[22] :

— *L'amour passionnel* se développerait à partir de l'attachement du bébé pour sa maman dont il partage bien des caractéristiques : le bébé et l'amoureux(se) partagent le désir de la présence de l'autre, l'intolérance à son éloignement, et une violente jalousie en présence d'un(e) rival(e).

— *L'amour-compagnon* serait un cousin de l'attachement des parents pour leur enfant : désir de tendresse, et de tout faire pour le bonheur de l'autre.

(On retrouve cette distinction entre l'amour de concupiscence et l'amour de bienveillance de saint Thomas d'Aquin, et citée par Descartes dans le *Traité des passions de l'âme*.)

Enfin, pour compléter le triangle, une troisième composante peut s'associer : l'**engagement**, qui est la décision de rendre durable la relation et de s'efforcer de la protéger malgré les obstacles ou les tentations extérieures.

Le triangle de l'amour[23]

Amour passion-Éros	Amour-compagnon	Engagement
Émotion violente, avec manifestations physiques intenses. Mélange de désir sexuel et d'une forme adulte d'attachement du bébé pour sa maman.	Émotion plus calme, tendresse, et désir du bien de l'autre. Cousine de l'attachement des parents pour leurs enfants.	Décision de rester ensemble et de partager son avenir.

Exercice pratique

Selon ce modèle général, il est possible d'analyser différentes sortes d'amour selon qu'il y manque un de ces trois éléments (car c'est un euphémisme de dire qu'ils ne sont pas toujours réunis !). Nous avons choisi comme exemple pour cet exercice le drôle et poignant film de Woody Allen, *Maris et femmes* (1992).

Pour ceux qui n'ont pas vu le film, il commence par un dîner entre deux couples d'amis new-yorkais, incarnés par Woody Allen et Mia Farrow, qui reçoivent Jack (Sydney Pollack) et Sally (Judy Davis). À la stupéfaction attristée de Gabe (Woody Allen) et de *Judy* (Mia Farrow), leurs amis leur annoncent leur séparation après vingt ans de mariage, apparemment d'un commun accord.

	Passion	Intimité, affection	Engagement	Personnages dans *Maris et femmes* de Woody Allen
Amour idéal Lune de miel heureuse	+	+	+	Sans doute Gabe (Woody Allen) et Judy (Mia Farrow) au début de leur mariage.
Compagnons pour la vie (les mêmes plus tard)	-	+	+	Jack (Sidney Pollack) et Sally (Judy Davis) quand ils se retrouvent à la fin du film après leur tentative de séparation.
Passion donnant le désir d'engagement	+	-	+	Jack (Sidney Pollack) quand il rencontre Sam, sa très sexy monitrice d'aérobic.
Liaison passionnelle (l'un des deux ne veut ou ne peut convoler)	+	+	-	Gabe (Woody Allen) et Rain (Juliette Lewis) sa séduisante étudiante en littérature, de trente ans sa cadette. L'amour qu'éprouve Michael (Liam Neeson) pour Sally (Judy Davis), mais qu'elle ne lui rend pas.
Amour vide (on reste ensemble pour les enfants, ou parce qu'on a peur de se trouver seul)	-	-	+	Gabe (Woody Allen) et Judy (Mia Farrow), couple stable mais usé au début du film.
Amour horizontal (on n'a rien à se dire, mais, en revanche...)	+	-	-	Jack (Sydney Pollack) et Sam après quelque temps, quand il réalise que leurs différences culturelles sont trop grandes.

Ce premier bouleversement va en entraîner d'autres, et favoriser plusieurs amours passionnelles plus ou moins partagées, avant un retour à la stabilité.

Sidney Pollack commence une liaison avec son jeune moniteur d'aérobic, *Sam* (« Elle au moins, elle crie quand je lui fais l'amour. »), tandis que Judy (Mia Farrow) fait remarquer à Gabe (Woody Allen) qu'ils ne s'aiment plus. Elle-même nourrit un grand intérêt pour Michael (Liam Neeson), un collègue célibataire et tourmenté. Mais celui-ci se sent amoureux de Sally (Judy Davis), l'épouse délaissée de Jack (Sydney Pollack). Ils ont une liaison, mais Sally (Judy Davis) ne se sent pas vraiment amoureuse de lui, tandis que *Jack*, son mari, supportera très mal de la découvrir avec un autre homme. Il réalise aussi qu'en dehors de la passion physique il n'a pas grand-chose à échanger avec la jolie *Sam*. Pendant ce temps, Gabe (Woody Allen) devient de plus en plus proche d'une de ses étudiantes admiratives Rain (Juliette Lewis), ils finissent par s'embrasser passionnément dans la cuisine des parents de Rain, le jour de l'anniversaire de ses vingt ans. Jack (Sidney Pollack) et Sally (Judy Davis) se retrouvent ensemble.

La jalousie joue un rôle dans ces troublants allers-retours. Bien qu'il l'ait quittée pour sa monitrice d'aérobic, Jack (Sidney Pollack) fait une scène terrible à sa femme en la découvrant en compagnie du beau Michael (Liam Neeson) (polygamie, quand tu nous tiens...).

Les enfants aussi tombent amoureux

Des enquêtes menées auprès d'enfants montrent qu'une grande majorité d'entre eux a déjà éprouvé un attachement amoureux passionnel entre trois et huit ans, sans qu'il soit encore question de désir sexuel.

Écoutons son papa nous parler de Clara, cinq ans.

> On oublie souvent, une fois devenus adultes, ses histoires d'amour de la toute petite enfance. Ce qui est arrivé à ma deuxième fille Clara m'a ouvert les yeux sur tout ça. Depuis qu'elle allait à la crèche, à deux ans, Clara avait développé un lien très fort avec un petit garçon de son âge, Paul. Dès que l'un arrivait à la crèche, il demandait si l'autre était arrivé, ou partait l'attendre à la fenêtre. Ils se tenaient toujours par la main, étaient toujours assis à côté, jouaient toujours ensemble, éprouvant un irrésistible besoin d'être proches l'un de l'autre. Lors de l'entrée en maternelle, ils se retrouvèrent dans la même classe, ce qui fortifia encore leur lien : ils étaient connus dans toute l'école comme « les petits amoureux ». Très intime au début, leur affection devint alors presque publique : ils racontaient à tout le monde qu'ils se marieraient quand ils seraient grands, s'embrassaient parfois maladroitement sur la bouche. Mais un jour, les parents de Paul, dont le père était géologue, déménagèrent à l'étranger. Ce fut une catastrophe pour Clara (je ne sais pas quel impact cela eut sur Paul). Elle fut très triste, et le vécut comme un vrai chagrin d'amour. Elle nous parlait très souvent de lui, demandait à lui écrire, à lui téléphoner, et même à le voir (mais il habitait désormais en Amérique du Sud). Cela dura environ un an, et aujourd'hui encore, il lui arrive d'évoquer Son grand amour d'enfance, Paul. Depuis, elle ne s'est pas trouvée de nouvel amoureux.

Au cinéma, *Jeux interdits* (1951) nous montre l'amour d'une petite fille et d'un petit garçon de cinq ans, Paulette et Michel, sur fond de guerre et d'exode. Malheureusement, le petit paradis qu'ils se créent, à l'abri des murs d'un cimetière, ne résistera pas à la volonté normalisatrice des adultes. Et le film se terminera par une bouleversante scène de séparation, impossible à oublier.

Dans *Lolita*, Vladimir Nabokov montre un professeur quadragénaire, Humbert Humbert, qui voue un amour flamboyant à Lolita, nymphette de treize ans. (« Lumière de ma vie, feu de mes reins. Mon péché, mon âme. ») Mais on oublie souvent que cet amour scandaleux n'est pour lui que la reviviscence du plus grand et seul amour passionnel de sa vie : celui qu'il a éprouvé enfant pour une petite fille du même âge, Annabelle, plus tard morte du typhus à Corfou, et dont Lolita lui paraît instantanément la réincarnation si longtemps attendue.

L'amour est-il une maladie ?

> *Je vous en conjure, filles de Jérusalem,*
> *Si vous trouvez mon bien-aimé,*
> *Que lui direz-vous ?*
> *... Que je suis malade d'amour.*
> Le Cantique des cantiques (1000 av. J-C).

Comme à propos d'une maladie, certains chercheurs décrivent les facteurs de risque de l'amour passionnel. Voici donc ce qui peut vous exposer particulièrement à ce genre d'aventure émotionnelle.

Les facteurs de risques[24]

Une faible estime de soi

Cette faible estime de soi agit sans doute par différents mécanismes : elle nous amène à parer, par comparaison, l'autre de qualités supérieures dont nous nous sentons dépourvu, et à le trouver d'autant plus désirable. Elle nous pousse aussi à chercher une réparation à notre défaut d'ego en attirant l'amour et la proximité de quelqu'un qui nous paraît prestigieux ou rassurant. Des expériences ont montré que, lorsqu'on abaisse artificiellement l'estime de soi de jeunes femmes (en leur annonçant qu'elles ont raté un test), elles sont par la suite plus réceptives aux approches d'un garçon séduisant. Ce mécanisme est connu intuitivement de certains grands séducteurs qui commencent à mettre leur proie mal à l'aise en lui faisant ressentir ses infériorités, puis se pressent de la consoler. Rappelons que, pour le héros de *Belle du Seigneur*, « le mépris d'avance » est la première étape de la stratégie amoureuse, mais, attention, il ne doit jamais être exprimé directement.

La dépendance et l'insécurité

Quand vous vous sentez mal armé pour affronter le monde seul, vous pouvez être plus enclin à éprouver une forte attirance pour un attachement violent et indéfectible dont vous espérez réconfort et protection.

L'anxiété

De nombreuses recherches ont montré que, lorsqu'on est anxieux, soit transitoirement, soit par caractère, on est plus prédisposé à l'amour passionnel. On peut en trouver le témoignage dans la fréquence des passions amoureuses dans les périodes incertaines de guerre et de révolution.

Les garçons utilisent peut-être sans le savoir ce mécanisme au cours de la « drague » adolescente : emmener les filles voir des films d'épouvante, pour mieux les embrasser après.

Ce mécanisme illustre d'ailleurs la théorie de William James : « Nous sommes émus parce que notre corps est ému. » Une expérience de psychologie fameuse consistait à demander à des étudiants d'aller rencontrer une très jolie attachée de recherche au milieu d'une passerelle suspendue très impressionnante. Le prétexte était d'évaluer l'influence du paysage sur la créativité au moyen d'un questionnaire. Au retour de l'interview, quand on questionnait les sujets, la jeune femme était trouvée beaucoup plus attirante par les sujets interrogés sur le pont que par ceux à qui elle avait fait passer le test dans un bureau. L'excitation physiologique due à la peur s'était convertie en émotions positives aussi intenses[25].

Bien avant William James, des séducteurs avaient pris conscience de ce phénomène. Ovide, dans *L'Art d'aimer*, recommande d'aborder les femmes sur les gradins du cirque lors d'un combat de gladiateurs : « On parle, on touche une main, on demande un programme, on engage un pari sur le vainqueur, et voici qu'une blessure vous fait gémir, que l'on sent une flèche rapide, et que l'on joue soi-même un rôle dans les jeux que l'on regarde[26]. »

Après la description de ces facteurs de risques, on comprend que les adolescents soient plus enclins à l'amour passionnel qu'à d'autres âges de la vie : l'estime de soi encore fragile et l'anxiété face au monde sont le lot commun de cet âge tendre, sans compter l'émotivité physiologique accentuée par l'afflux de nouvelles hormones.

Le jeune héros d'*À la recherche du temps perdu*, qui tombe successivement passionnément amoureux de la jeune Gilberte, de la duchesse de Guermantes et d'Albertine, présente toutes ces caractéristiques :

— Il doute de ses capacités, s'accuse de paresse et pense qu'il ne réussira jamais dans quelque domaine que ce soit (ce que ses proches craignirent longtemps pour Proust).

— Il se montre très dépendant dès l'enfance vis-à-vis de sa mère, comme dans cette scène où il attend désespérément qu'elle vienne l'embrasser pour pouvoir s'endormir. Il ne quitte pas le domicile familial ou s'en éloigne peu, supporte très mal tout déménagement ou déplacement dans un lieu nouveau (même le somptueux Grand Hôtel de Cabourg !).

— On pourrait dire que son anxiété trouve une expression psychosomatique dans son asthme, mais elle se manifeste aussi dans sa peur de déplaire, et dans son incertitude des sentiments de l'autre, avec la crainte fréquente d'être quitté ou trompé, et une attention jalouse aux éventuels rivaux (et même, on le verra, rivales).

Les complications

Pour continuer la comparaison avec la maladie, l'amour passionnel aboutit parfois à des complications plus ou moins sévères :

— Désintérêt pour ses obligations sociales ou familiales. L'amour passionnel peut conduire à négliger ses examens, ses amis, voire son conjoint, ou ses responsabilités professionnelles. Comme le résumait Woody Allen : « J'étais tellement amoureux que, dans le taxi, j'oubliais de regarder le compteur. »
— Afflux d'émotions négatives, comme la peur et la jalousie, quand l'autre ne répond pas autant qu'on le souhaiterait à ses désirs. État de manque que l'on a pu comparer à celui des toxicomanes[27].
— Atteinte à l'estime de soi, sentiment de dévalorisation, stress, et même maladies comme dépression et baisse d'immunité[28].
— Suicide. La plupart des romans d'amour que nous avons cités se terminent par la mort d'un ou des partenaires par suicide ou consomption amoureuse. La réalité quotidienne n'est pas aussi tragique, mais il serait utile de connaître la part de la déception amoureuse dans le suicide des jeunes, qui, rappelons-le tristement, tue presque autant que les accidents de la route[29].
— Une dernière complication inattendue de l'amour : la corruption. Pour certains analystes économiques, une des causes importantes, mais rarement citée, de la corruption des officiels dans tous les pays du monde serait leur désir d'entretenir fastueusement leurs maîtresses ! Avec un budget mondial de la corruption estimé à 80 milliards de dollars par an[30], on espère au moins que ces dames montrent de la bonne humeur.

Mais cette vision médicale de l'amour est forcément réductrice, et risque de faire oublier tous les bienfaits de l'amour que les scientifiques ont consciencieusement listés : connaître des moments d'exaltation, voire d'extase, se sentir enfin compris et accepté, en sécurité, et parfois l'amour donne aussi la capacité à dépasser ses propres limites, que ce soit pour protéger son partenaire ou accepter ses faiblesses.

Et enfin, l'amour serait bénéfique sur le système immunitaire ! Une étude danoise a montré qu'amoureux et amoureuses ont moins de petites infections, et que leurs résultats biologiques traduisent une meilleure réaction immunitaire[31].

L'amour est-il une invention culturelle ?

L'amour tel que nous le connaissons en Occident n'est-il qu'une invention des troubadours du Moyen Âge et des cathares, comme le pensait Denis de Rougemont[32] ? Au contraire, n'a-t-il pas été éprouvé par des hommes et des femmes à tous les âges de l'humanité ?

Si l'on adopte le premier point de vue, on s'attachera à chercher tout ce qui sépare l'amour d'aujourd'hui de celui que vivaient les Romains ou les Samoans.

À l'inverse, d'autres mettront en évidence les ressemblances éternelles dans le comportement des amoureux observés sous toutes les latitudes et à toutes les époques. Ils feront également remarquer que l'on trouve des poèmes ou des chansons d'amour dans pratiquement toutes les cultures de l'humanité, avec des thèmes qui nous semblent étrangement familiers : le désir de retrouver son amour, l'exaltation de sa beauté ou d'autres qualités, la souffrance d'en être séparé ou délaissé par lui.

Il est difficile de s'en étonner : si l'amour passionnel est une combinaison d'attachement et de désir sexuel, il ne peut qu'être universel, puisque ces deux composantes, nécessaires à la survie de l'espèce, sont innées.

Même Margaret Mead, tout en nous déclarant que les Samoans ne connaissent pas notre amour à l'occidentale exclusif et jaloux, nous décrit non seulement des mâles jaloux dont nous avons déjà parlé, mais aussi des adolescentes passionnées qui réagissent violemment quand elles sont délaissées ou supplantées par une rivale[33]. Pour ceux qui doutent encore de l'universalité de certaines émotions, laissons-lui la parole pour décrire le passage de l'enfance à l'adolescence dans une culture pourtant si éloignée de la nôtre : « Les filles ont perdu de leur indifférence. Elles ricanent, rougissent, prennent la mouche, s'enfuient. Les garçons sont gauches, empruntés, taciturnes, ils évitent les filles le jour et les soirs de pleine lune... »

Même si les fondements de l'amour sont innés et universels, chaque civilisation peut lui accorder une valeur différente, soit en le considérant comme un dangereux perturbateur de l'ordre, soit comme la plus merveilleuse expérience à rechercher à tout prix, y compris dans le mariage d'amour, considéré comme un idéal dans l'Occident du XXe siècle. La culture impose aussi des règles d'expression de l'amour en définissant à chaque époque ce qui est convenable et ce qui ne l'est pas : chez les jeunes Samoans décrits par Margaret Mead, l'amoureux ne fait pas sa cour lui-même à sa fiancée, mais par un ami interposé (qui parfois le trahit), tandis que les jeunes Gallois du XVIe siècle exprimaient beaucoup plus directement leur flamme à leur belle en urinant sur leur robe.

En simplifiant, on pourrait dire que, dans toutes les cultures à part l'occidentale de ces derniers siècles, l'amour passionnel est souvent considéré comme hautement suspect en raison des risques de mésalliances, grossesses illégitimes, infidélités et conflits violents qu'il favorise. Éprouver un attachement passionnel peut aussi être considéré comme un manque de virilité pour les hommes (de la Rome antique aux Anglais victoriens) ou comme un signe de peu de vertu pour les femmes. Dans la religion chrétienne, l'amour charnel faisait craindre un éloignement de l'amour de Dieu, même au sein du mariage, comme saint Jérôme le rappelle : « L'homme qui désire trop ardemment son épouse commet l'adultère. » Mais, à l'inverse, nous apprenons que ces mêmes théologiens, ancêtres des sexologues actuels, approuvaient que l'homme prenne soin de faire parvenir sa femme au plaisir en même temps que lui (dans

ROMAINS ET CHINOIS

L'*Art d'aimer* d'Ovide peut se lire comme un ouvrage libertin, puisque l'auteur décrit tout un ensemble de stratégies pour séduire et tirer le plus de plaisir de l'amour, mais sans souci d'engagement ou de fidélité. Les deux premiers livres sont de véritables manuels de séduction destinés aux hommes et aux femmes. Mais le troisième s'intitule « Les remèdes à l'amour » et décrit une souffrance qui nous paraît tout à fait contemporaine, celle de celui qui « tombe amoureux » de sa belle, et du coup devient vulnérable[34]. Et voici la liste des remèdes proposé par Ovide : « Penser continuellement aux défauts de son amie... Feindre la froideur... Si l'on n'y peut réussir, chercher la fin de l'amour dans la satiété... Pour oublier, penser aux tourments qu'on a éprouvés... Éviter tout ce qui peut raviver l'amour... Compare ton amie à des femmes plus belles... » Et si la rupture survient : « Éviter ce qui peut rappeler le souvenir... Garde-toi de relire les lettres d'amour de ta maîtresse que tu as conservées : les âmes fermes sont ébranlées en relisant de telles lettres. Jette tout impitoyablement au feu... »

En lisant ce texte, il est difficile de croire que l'amour passionnel serait une invention récente ou liée à la culture judéo-chrétienne. Même à une époque et dans une culture si éloignées des nôtres, la Rome du premier siècle avant Jésus-Christ, un jeune homme peut éprouver un désir et un attachement violents pour sa belle. Bien entendu, sa culture d'origine influence la manière dont il juge son état : romantique, il s'exalterait de la violence de son amour, romain, il s'en défie.

Dix siècles plus tôt, encore plus loin de nous, la jeune fille d'un poème chinois s'écrie[35] :

« Sur la grand-route,
Je t'ai retenu par la main.
N'aie pas d'aversion pour moi,
Ne brise pas notre amour ancien ! »

le but de garantir la qualité de procréation, il est vrai), ou que le mariage d'amour, qui a certes triomphé au XXe siècle, a été peu à peu encouragé dès le XVIIIe siècle, y compris dans les manuels des confesseurs !

Notre vision de l'amour ou du sexe des temps passés est aussi partielle et déformée par nos préjugés culturels d'aujourd'hui : *Le Sexe et l'Occident* nous apprend que, dans certaines campagnes comme la Vendée ou la Champagne, on laissait aux fiancés la liberté de se livrer à des contacts érotiques avant le mariage, pratiques régionales ancestrales qui, il est vrai, furent combattues à partir du XVIe siècle[36]. Le taux de naissances illégitimes ou de conceptions avant mariage relevé par les historiens laisse d'ailleurs rêveur sur la supposée plus grande vertu des temps anciens.

Dans cette longue et complexe histoire de l'amour, notre société valorise sans doute plus que par le passé l'amour passionnel, en le considérant comme une expérience positive, souhaitable, presque morale, et qui attire admiration et même indulgence en cas de catastrophes conjugales ou défaillances professionnelles.

Nous aurions pu conclure ce chapitre par des conseils, mais il serait présomptueux ou naïf de vouloir donner des recommandations générales à propos de l'amour, alors qu'il se manifeste dans tant de situations particulières : début d'une idylle, couple marié, disputes amoureuses, ruptures, partage d'une vie commune, sexualité. Un livre seul n'y suffirait pas, et il existe d'ailleurs des ouvrages consacrés à chacun de ces sujets.

Avons-nous épuisé notre propos ? L'amour sera-t-il désormais d'une clarté limpide à vos yeux ? Sans doute non, car :

> « Tout est mystérieux dans l'amour,
> Ses flèches, son carquois, son flambeau, sa naissance,
> Ce n'est pas l'ouvrage d'un jour
> Que d'épuiser cette science » (La Fontaine).

Chapitre 10

Comment vivre avec ses émotions

> — *Surtout, restez dans le vague !*
> — *Faites-moi confiance, je suis psychiatre.*
> *Mafia Blues.*

DANS *Mafia Blues*, Robert De Niro est le *boss* redouté d'une des familles de la mafia new-yorkaise, et il a contraint un malheureux psychiatre, Billy Cristal, à s'occuper de son cas. Au cours d'une séance, il déclare à son psy qu'il est révolté par la bêtise et la méchanceté de ses partenaires d'affaires (qui viennent d'essayer de l'assassiner). Voyant son redoutable patient tout contracté par la colère, Billy Cristal lui conseille aussitôt de se débarrasser de ses émotions négatives en se défoulant contre un des coussins du canapé. « Quand je suis en colère, lui dit-il, je défonce un coussin, je crie, et après ça je me sens beaucoup mieux. Allez-y, défoncez un coussin ! », dit-il à Robert De Niro en lui désignant le canapé.

En donnant ce conseil, Billy Cristal met en application un principe traditionnel de la psychologie : on peut se délivrer de ses émotions pénibles en les exprimant le plus bruyamment possible, en frappant, criant, pleurant, et le soulagement suivra immédiatement. Ce principe s'est illustré dans d'innombrables formes de thérapies nées dans les années 1970, quand des participants en chaussettes exprimaient leur colère jusque-là rentrée en hurlant et en frappant des poufs, ou bien fondaient en larmes en évoquant leurs blessures d'enfance, libérant leurs émotions sous l'œil bienveillant du reste du groupe.

Dans le film, le chef mafieux surprend son psychiatre en dégainant prestement un automatique et en le déchargeant en direction du canapé. Après quoi, il déclare avec contentement qu'en effet il se sent beaucoup mieux, que la psychiatrie, c'est vraiment très bien, pendant que les plumes retombent lentement sur la moquette.

Même si vous ne pouvez pas vous permettre de détruire régulièrement votre mobilier, vous pouvez partager cette idée que, lorsqu'on éprouve une émotion, en particulier colère ou tristesse, le mieux serait de l'exprimer immédiatement et fortement. Comme des freins éducatifs nous empêchent de nous libérer ainsi de cette pression, il serait alors logique de s'orienter vers une de ces thérapies où les autres participants vous invitent à déchaîner vos émotions trop longtemps contenues, en hurlant ou en sanglotant de concert avec eux.

Malheureusement, il semblerait que ce principe thérapeutique — le soulagement immédiat par l'expression débridée de ses émotions, le défoulement — soit un mythe.

Exprimer ses émotions : le mythe de la « vidange émotionnelle »

En effet, les psychologues ont étudié les effets de l'expression débridée des émotions de manière scientifique, et leurs résultats sont déconcertants.

La colère se nourrit d'elle-même...

Lorsqu'on demande à des sujets d'exprimer violemment leur colère, ils deviennent par la suite plus irritables et réagissent plus facilement par la colère en cas de frustration. Loin de les calmer, il semblerait que l'expression de la colère les prédispose à l'éprouver plus souvent[1].

Des sujets à qui on demande de raconter un événement frustrant en exprimant de la colère ont ensuite une tension artérielle et une fréquence cardiaque plus perturbées que ceux à qui on n'a pas donné de consigne particulière.

Et quand on leur demande de se souvenir à nouveau de l'événement, ils se sentent plus en colère qu'avant l'expérience.

(Cela ne veut pas dire que les thérapies « de défoulement » des années 1970 n'étaient pas bénéfiques à certains de leurs participants, mais sans doute par d'autres mécanismes : appartenance à un groupe, révélation de soi dans une atmosphère bienveillante, « modèle » libérateur d'un thérapeute, etc.)

En conclusion, si à la maison vous tapez sur un coussin ou cassez des objets (qui ne sont pas responsables de votre colère), si sur la route vous vous défoulez en klaxonnant ou en insultant les autres conducteurs (avec qui aucune résolution du conflit n'est physiquement possible), il est probable que cela aggravera votre colère, fera bondir votre pression artérielle plutôt que de vous calmer, et, pire, vous donnera l'habitude de réagir de plus en plus souvent aux frustrations de l'existence par de la colère.

... Et les larmes vous rendent encore plus triste

Les résultats des recherches n'encouragent pas non plus à se laisser aller trop volontiers aux larmes. Pleurer augmente sa sensation de détresse, ainsi que sa fréquence cardiaque et sa tension artérielle[2]. Pourtant, tout le monde a fait l'expérience qu'on peut se sentir mieux « après avoir

VIOLENCE JUVÉNILE ET INFLUENCE DES MÉDIAS

Selon la théorie de la catharsis, observer des comportements violents permettrait d'évacuer sa propre violence. On a longtemps pensé qu'assister à des spectacles violents (sports, films...), ou même y participer, pouvait permettre le défoulement de « pulsions agressives ». En fait, toutes les études ont prouvé que c'est exactement l'inverse qui se produit[3].

En 1998, l'Association américaine de psychiatrie publia un long communiqué sur l'effet des médias sur la violence des enfants et des adolescents[4]. La phrase d'introduction de ce communiqué est : « Le débat est terminé » *(The debate is over)*. Selon les auteurs, le débat serait terminé car des centaines d'études en laboratoire ou en milieu naturel ont montré que la vision de spectacles violents augmente les comportements agressifs chez les enfants et les adolescents dans les heures qui suivent, mais également à plus long terme. En 1995, l'Académie américaine de pédiatrie était parvenue à la même conclusion, après avoir également passé en revue les résultats de la recherche[5]. Les deux communiqués se terminent par des recommandations pour les parents, les hommes politiques et les responsables des médias.

Devant de tels résultats, on est toujours surpris de voir régulièrement niée l'influence de la violence dans les médias sur le comportement des jeunes, par des arguments du genre « ce n'est pas la télé ou le cinéma qui rend violent, mais la société qui est violente, et les médias n'en sont que le reflet ». Bien entendu, la violence juvénile est un phénomène complexe, et il serait vain de lui trouver une seule « vraie » cause. Mais il n'en reste pas moins qu'être le spectateur régulier de spectacles violents constitue un facteur de risque qui, même s'il n'est pas le plus déterminant, peut s'ajouter à ceux liés au milieu socio-éducatif, à la personnalité ou aux valeurs de sa « bande ». Selon les chercheurs, l'observation de spectacles violents agit pas plusieurs mécanismes : apprentissage par imitation

> inconsciente de modèles (dont on sait qu'il est l'un des plus efficaces), habituation et désensibilisation émotionnelle à la violence (qui à force d'être observée devient banalisée) et altération des valeurs : la violence est présentée comme une solution avantageuse, et ses conséquences négatives (souffrances des victimes, infirmités, deuils) sont rarement montrées. Le sommet est atteint dans les jeux vidéo de combat de plus en plus réalistes graphiquement et au plan sonore : faire jaillir le sang de l'adversaire ou le marteler de coups fait gagner des points. Toutes les études concordent et montrent qu'après avoir utilisé de tels jeux les individus sont beaucoup plus intolérants à la moindre frustration survenant ensuite[6].
> Malgré l'accumulation de tous ces résultats, on reste surpris du faible retentissement de ces études auprès de l'opinion publique et des responsables politiques. Il est vrai que plus de vingt ans sont passés entre le moment où des chercheurs ont établi la relation entre tabac et cancer du poumon et le moment où cette information a été diffusée dans le public[7]. Un délai du même ordre s'est écoulé entre la connaissance du rôle utile de la ceinture de sécurité et son adoption dans les années 1960 par les constructeurs automobiles américains, la main forcée par les révélations de Ralph Nader. (Les constructeurs refusaient la ceinture car ils ne voulaient pas associer dans l'esprit du public l'image de la voiture à celle de l'accident toujours possible.)
> Un dernier argument pour ceux qui ne croient pas à l'influence des médias sur nos comportements : si la télévision n'a pas d'influence sur nos comportements, pourquoi le budget mondial de la publicité télévisée se chiffre-t-il en milliards de dollars ?

pleuré un bon coup ». En fait, les chercheurs confirment que pleurer peut soulager, mais surtout si vos pleurs vous attirent compréhension et consolation d'un interlocuteur bienveillant. Autrement, pleurer seul, ou face à des interlocuteurs embarrassés ou hostiles, risque de vous enfoncer un peu plus.

Pleurer ou ne pas pleurer

Toujours dans *Mafia Blues*, Robert De Niro met en évidences les effets différents des larmes selon la situation dans laquelle on les verse :

— Dans une scène que nous avons déjà évoquée, alors qu'il est seul devant sa télévision, il fond en larmes devant une publicité (qui lui rappelle un souvenir douloureux : la mort de son père). Cette expérience solitaire l'affecte tellement qu'il n'est plus en état de se rendre au comité des chefs de la mafia, réunion pourtant d'une importance capitale pour lui.

— On comprend sa prudence, car il a déclaré à un autre moment du film que, s'il montrait la moindre émotivité face à ses partenaires mafieux, ceux-ci le prendraient pour un signe de vulnérabilité qui leur inspirerait le désir immédiat d'en finir avec lui. Tous les milieux n'ont pas des valeurs aussi impitoyables que celles de la mafia, mais souvenez-vous que, dans un climat de conflit ou de compétition, exprimer de la tristesse est perçu comme de la faiblesse, surtout de la part d'un homme.

— En revanche, à un autre moment du film, Billy Cristal lui fait réévoquer la mort de son père et prendre conscience de son sentiment de culpabilité refoulée vis-à-vis de cet événement (adolescent, le petit Robert était en colère contre son papa, au moment où celui-ci se fit abattre sous ses yeux). Sous l'effet de ces souvenirs, Robert De Niro s'effondre en sanglotant, mais cette fois dans les bras de Billy Cristal qui le console et le rassure, jusqu'à ce que ses larmes cessent. Cette expérience est pour lui thérapeutique. (Peut-être un peu trop d'ailleurs : le mythe de la guérison par l'évocation très émotionnelle d'un souvenir enfoui est tellement cinégénique qu'il est devenu le mode de traitement habituel de la majorité des psychiatres au cinéma [de *Pas de printemps pour Marnie* aux *Enchaînés* en passant par *Ordinary People* ou *Le Prince des marées*], comme l'a remarqué un confrère américain[8], Glen Gabard, qui déclare : « Je ne sais pas pourquoi, ce genre de guérison n'arrive jamais dans mon cabinet, mais peut-être parce qu'il n'y a pas de violons qui jouent en même temps. »)

Conclusion : ni défoulement ni renfermement

L'expression intense des émotions sous forme de « défoulement » peut avoir des inconvénients à la fois :

— sur votre humeur, en augmentant l'émotion que vous étiez censé apaiser,
— sur votre santé en accentuant vos réactions physiologiques,
— sur vos relations avec les autres. (Même exprimer trop ouvertement sa joie sans tenir compte de la situation peut exciter envie ou jalousie.)

Si nous n'encourageons pas la « vidange émotionnelle », nous ne valoriserons pas non plus le *stiff upper lip* (garder raide la lèvre supérieure) en toutes circonstances, tel l'explorateur anglais de l'une de nos histoires préférées :
En pleine jungle, un explorateur tombe dans une embuscade tendue par de farouches indigènes. Ses compagnons se précipitent à son secours et le retrouvent gisant sur le sol, hérissé de flèches qui le traversent de part en part. « Mon Dieu, James, s'exclament-ils, est-ce que ça vous fait mal ? » Il leur répond d'un air impassible : « Seulement quand je ris. »

Après cette critique du « défoulement », il n'en reste pas moins que les larmes peuvent apaiser votre détresse à condition qu'elles vous permettent de mieux comprendre et de formuler ouvertement les raisons de votre détresse.

Souvent la présence d'un proche, qui vous montre de l'empathie, c'est-à-dire qui comprend et respecte votre émotion, peut aider.

Cette expression des « émotions de détresse » face à un interlocuteur bienveillant est même le mécanisme commun aux psychothérapies.

De même, exprimer votre colère peut finir par l'apaiser, si trois conditions sont respectées :

— que votre colère soit dirigée contre la personne qui en est responsable,
— que celle-ci ne riposte pas par colère ou agression, car dans ce cas se produira une escalade émotionnelle encore plus perturbante,
— que la colère aboutisse à la résolution du conflit par des excuses ou par une négociation. Et, bien sûr, le conflit a d'autant plus de chance de se résoudre que la colère n'a pas été exprimée de manière insultante.

On voit qu'il ne s'agit ni d'un « défoulement » qui ne tiendrait pas compte des réactions des autres, ni d'un « renfermement » des émotions négatives qui ne vous aiderait pas non plus.

Nos émotions et notre santé

Le souci de se maintenir en bonne santé a été un des arguments en faveur de l'expression débridée des émotions. Là encore, selon un modèle « hydraulique », on considérait que la retenue excessive des émotions risquait de favoriser des troubles et des maladies. La médecine psychosomatique à ses débuts faisait même l'hypothèse qu'à chaque type d'émotion refoulée correspondait un type de trouble (l'asthme en relation avec l'anxiété de séparation, les maladies coliques avec la colère rentrée, etc.). Cette hypothèse rejoint d'ailleurs le sens commun : quand nous tombons malade, nous sommes prêt à mettre en relation la survenue de la maladie avec des événements stressants ou des « soucis ».

Les maladies sont-elles causées par les émotions ?

Les recherches n'ont pas vraiment confirmé ces intuitions. En fait, tous les médecins aujourd'hui savent que la plupart des maladies sont plurifactorielles, c'est-à-dire dues à une variété de causes : par exemple, si vous souffrez d'asthme, votre maladie est le résultat d'une combinaison entre une prédisposition génétique héritée de vos parents, une exposition à certains allergènes dans votre passé et aujourd'hui, et vos crises peuvent bien sûr se reproduire plus fréquemment en période d'anxiété (relation là encore complexe puisque le risque d'avoir de nouvelles crises peut rendre durablement anxieux). Mais l'anxiété n'est pas la *cause* de l'asthme. De même, le trouble panique débute souvent dans les suites d'un événement source d'émotions anxieuses ou tristes (déménagement, nouveau travail, séparation, deuil), mais il ne survient que chez des personnes ayant déjà un « terrain » biologique favorable.

La recherche actuelle ne se pose plus la question de savoir si des émotions *causent* des maladies, mais plutôt quel est leur *rôle* dans la survenue ou l'évolution de certains types de troubles. Dans la classification des troubles mentaux américaine, la rubrique « maladie psychosomatique » est d'ailleurs devenue « facteurs psychologiques retentissant sur une affection physique[9] ».

Il s'agit d'un domaine de recherche très actif, qui se traduit chaque année par des centaines de publications, la plupart fort complexes à déchiffrer, et jusqu'à présent souvent contradictoires. Toute cette activité scientifique a mis au jour des effets des émotions sur notre santé, mais avec une influence plus complexe et moins étendue que le pensait la psychosomatique des origines.

La relation entre émotions et cancer

La recherche d'un lien entre profil psychologique, expression des émotions et risque de cancer a abouti pour l'instant à des résultats peu probants. Chaque fois qu'une étude trouve une relation entre certains facteurs psychologiques et le risque de cancer, elle a un retentissement médiatique immédiat. Mais, quand d'autres études, souvent plus nombreuses, ne retrouvent pas de lien, elles sont rarement citées en dehors des revues médicales. Une première série de recherches avait abouti à considérer que certaines personnalités, caractérisées par une façade toujours agréable et une rétention des émotions négatives (*personnalité de type C*), augmenteraient leur risque de développer un cancer[10].

Mais d'autres études plus récentes et plus rigoureuses n'ont pas confirmé cette relation.

Par exemple, en évaluant psychologiquement plus de mille femmes venues consulter pour vérifier leur diagnostic après une mammographie suspecte, on n'a pas trouvé un taux de diagnostic de cancer plus élevé dans le groupe de celles qui avaient tendance à réprimer leurs émotions que dans celui des femmes plus expressives[11].

Par ailleurs, cinq études ont trouvé une association entre les événements de vie majeurs (décès d'un proche, séparation) et la survenue d'un cancer du sein chez les femmes de moins de quarante-cinq ans, mais une quinzaine d'autres n'ont pas retrouvé cette relation[12].

Pour cette même maladie, les premières recherches avaient montré que les patientes adoptant une attitude de lutte optimiste avaient apparemment de meilleures chances de survie. Mais d'autres études plus récentes et méthodologiquement plus rigoureuses n'ont pas retrouvé cette relation et ont simplement montré que le désespoir et le retrait diminuent (modestement) les chances de survie.

À l'heure actuelle, il n'existe pas de certitude scientifique sur l'influence des facteurs psychologiques dans la survenue des cancers, malgré des dizaines de recherches s'efforçant de la retrouver. Cela laisse penser que :

— Si cette influence existe, elle n'est probablement pas majeure. Éviter les facteurs bien connus de risques des cancers (comme le tabac, l'excès d'alcool, une alimentation sans fibres et trop riche en graisses), pratiquer une surveillance régulière si l'on appartient à un groupe à risque, voilà qui restera toujours d'une importance déterminante.

— Il est injustifié de laisser entendre à des patients qu'ils se sont « fait leur cancer » à cause de leurs difficultés psychologiques ou leur refus de les résoudre. Cette attitude est non seulement discutable éthiquement, en culpabilisant des personnes déjà éprouvées, mais elle est aussi infondée scientifiquement.

— En revanche, en termes de bien-être comme de résultat thérapeutique, il semble important de préserver les patients cancéreux de la dépression, que ce soit par le soutien affectif de l'entourage, ou par traitement antidépresseur et soutien psychologique quand c'est nécessaire.

Émotions et système cardio-vasculaire

Il y a plus de certitudes dans ce domaine. Un grand nombre de recherches ont établi une relation nette entre :

— La colère, retenue ou exprimée, et le risque cardio-vasculaire. Il semblerait que ce qui met le plus votre cœur en danger soit une attitude globale d'*hostilité* : une tendance à nourrir des pensées hostiles envers les autres, sur fond d'irritabilité entrecoupée d'accès de colère (type A hostile)[13].

— En restant dans le domaine cardio-vasculaire, souffrir d'une dépression après un infarctus du myocarde multiplie le risque de complications et de mortalité dans l'année qui suit l'infarctus[14], d'où l'intérêt là encore de veiller au moral des patients.

— De même, il existe une relation nette entre niveau de stress[15], ou même sentiment d'impuissance face à son environnement, et le risque de développer une hypertension artérielle[16]. La dépression chez l'homme jeune serait également un facteur de risque d'hypertension ultérieure[17].

Émotions et immunité[18]

Les émotions « de détresse », comme la tristesse, et l'anxiété affectent le fonctionnement du système immunitaire, plus ou moins durablement. Quelques minutes après un film triste, pendant des mois après le décès d'un être cher. Les veufs et les veuves récents sont plus vulnérables aux maladies, en particulier aux infections[19]. De même, on a montré que la vitesse de cicatrisation est ralentie en période de stress.

Les mécanismes de cette action sont complexes et à double sens : les neurotransmetteurs et les hormones libérés en cas d'émotions agissent sur les cellules immunitaires, ce qui peut expliquer l'influence des événements stressants sur l'évolution et les rechutes de troubles impliquant l'immunité : zona, polyarthrite rhumatoïde, asthme, psoriasis, etc.

Mais, inversement, les substances libérées par les cellules immunitaires, comme les cytokines, agissent sur notre système nerveux. (Ce qui explique, par exemple, la somnolence en cas de fièvre[20].)

Les émotions positives ont une influence favorable sur les performances du système immunitaire, transitoire ou durable. En particulier, le *soutien social* des patients séropositifs améliore leurs constantes immunitaires[21].

Conclusion : gérer ses émotions et sa santé

Les résultats de la recherche encouragent donc à mieux gérer ses émotions, en particulier :

— Pour certains, à diminuer leurs tendances à la colère, en essayant de penser différemment leurs relations avec les autres.

— Pour d'autres, à exprimer plus vite et plus ouvertement leur contrariété, dans le but de diminuer leurs occasions de colère ou de ressentiment.
— À rechercher un interlocuteur bienveillant et empathique pour lui révéler ses « émotions de détresse » et bénéficier de son soutien.
— À provoquer, nourrir et protéger ses émotions positives comme la joie et la bonne humeur. Ne gâchez pas votre joie, elle améliore les défenses de votre organisme[*] !

Nos émotions et les autres

Nous espérons avoir rendu clair tout au long de ce livre que chacune de nos émotions :

— influence notre jugement, notre mémoire, notre attitude face aux événements,
— joue un rôle essentiel dans notre communication avec les autres.

Cette importance reconnue des émotions a abouti au concept d'*intelligence émotionnelle*, élaboré par Salovoy et Mayer[22] (et popularisé par Daniel Goleman dans son best-seller, *L'Intelligence émotionnelle*[23]).

Nous lui préférons le terme de compétence émotionnelle, car, d'un point de vue étymologique, « intelligence » suppose simplement une compréhension, alors que ce que les auteurs nomment « intelligence émotionnelle » suppose aussi des capacités à exprimer et à agir.

Nous en rappelons quelques composantes essentielles :

— Savoir reconnaître ses émotions, pouvoir les nommer et les différencier.

---

[*] Si vous voulez connaître votre bilan actuel d'émotions positives et négatives, vous pouvez passer un test sur www.selfeval.com, site dont François Lelord est conseiller scientifique.

— Savoir les exprimer de manière à améliorer la communication avec les autres plutôt que l'endommager.
— Savoir les utiliser pour se mobiliser utilement, sans être ni paralysé ni mené par elles.
— Savoir reconnaître les émotions des autres et réagir en conséquence.

Nous avons déjà évoqué ces compétences dans nos conseils à propos de chaque émotion, mais nous aimerions revenir sur deux points qui méritent une réflexion plus générale.

Reconnaître ses émotions et les nommer

Pour chaque émotion, nos conseils précédents débutent souvent par celui de reconnaître telle ou telle émotion pour pouvoir mieux la contrôler ou s'en servir. Or cette reconnaissance de son état émotionnel ne va pas toujours de soi, comme l'ont montré les exemples suivants :

— Dans l'envie, nous décrivons Philippe qui, lui, n'a même pas conscience d'éprouver une émotion hostile en découvrant le somptueux bateau de son ami, l'émotion ne se traduira plus tard que par une agressivité inappropriée lors d'une discussion politique.
— Dans la colère, nous donnons le témoignage de Jean-Marc, jeune notaire, qui, bien que moqué ou frustré par des collègues peu charitables, n'arrive pas à se mettre en colère. Si l'on enregistrait la fréquence cardiaque de Jean-Marc quand quelqu'un lui fait une remarque désobligeante, on observerait sûrement une réaction. Mais cette émotion est bloquée avant de devenir consciente, par ce que l'on décrit comme l'isolation : un début d'émotion apparaît sûrement, mais Jean-Marc, tout en remarquant qu'on l'a agressé et que la colère serait légitime, vit la situation sans éprouver cette émotion, qui reviendra pourtant le tourmenter après coup.
— Dans la jalousie, nous décrivons Arnaud, qui éprouve le pincement la jalousie quand il voit son amie parler

à un séduisant inconnu, mais qui aussitôt discrédite cette émotion et s'interdit de l'éprouver.
— Enfin, dans la jalousie, nous décrivons Isabelle, qui éprouve une forte jalousie en voyant son mari accaparé par des rivales, mais s'interdit pendant longtemps de l'exprimer.

Nous pouvons ainsi décrire quatre étapes de « blocage émotionnel ».

— Inconscience complète de son émotion (tandis que l'envie commence à l'agiter, Philippe pense et dit « quel beau bateau ! »).
— Conscience d'une partie de son émotion (ici la composante cognitive : « Ça mériterait que je me mette en colère »), mais blocage de la composante physiologique : Jean-Marc ne ressent rien.
— Conscience de son émotion, mais volonté de la faire disparaître. (« Je me sens jaloux mais je dois arrêter car c'est mal. »)
— Conscience de son émotion, mais volonté de ne pas l'exprimer. (« Je me sens jalouse, je sais pourquoi, mais, si j'exprime ma jalousie, cela causera des dommages. »)

Toutes ces situations ont probablement quelque chose en commun : un message éducatif ou des expériences infantiles ont appris à nos témoins qu'éprouver ou exprimer telle ou telle émotion est moralement condamnable ou aura de fâcheuses conséquences. Il n'est pas anodin que notre exemple de non-reconnaissance de son émotion la plus « profonde » soit l'envie, émotion souvent la plus mal considérée de toutes et peut-être plus douloureuse à éprouver que d'autres. Mais l'exemple vaudrait aussi pour la joie ou la bonne humeur : certaines éducations vous apprennent à ne pas les éprouver, ou à vous en culpabiliser dès qu'elles apparaissent.

Reconnaître ses émotions suppose donc d'être attentif à ses réactions intimes, et surtout d'accepter que nous pouvons être la proie de réactions peu avouables. Notre

UNE PERSONNALITÉ PEU EXPRESSIVE : L'ALEXITHYMIE

Alors qu'il vient d'être quitté par son amie, Jacques, ingénieur, ne manifeste pas d'émotions particulières. Toutefois, quand des amis compatissants l'interrogent, il se déclare « fatigué ». Comme il n'arrive plus à se concentrer au travail, et dort de plus en plus mal, il consulte son médecin. Celui-ci essaie de le faire parler de ce qu'il ressent, mais Jacques n'arrive qu'à répéter : « Ce n'est pas une bonne période. » Il parle plus volontiers de sa fatigue et de ses difficultés à dormir et demande un médicament. De tout temps, on a connu Jacques comme quelqu'un d'assez peu bavard, très actif dans ses loisirs (il bricole pour lui et ses amis, fait du bateau) et paraissant toujours d'humeur égale. Quand il vous raconte un film ou un voyage, il s'en tient aux faits qu'il décrit de manière détaillée et parfois un peu ennuyeuse, mais il n'exprime jamais les émotions qu'il a pu ressentir. Il arrive tout juste à dire « c'était sympa » quand on l'interroge. Un jour, en voyage, il a surpris tous ses amis en mettant KO un automobiliste irascible qui prenait à partie le chauffeur de leur car.

Jacques réunit les caractéristiques principales de l'*alexythimie*[24] (du grec *a* : sans, *lexos* : mot, *thymos* : émotion).

— Une grande difficulté à exprimer ou à nommer des émotions.

— Une pensée centrée sur les faits et événements concrets (pensée opératoire).

— Une tendance à agir ses émotions plutôt qu'à les exprimer.

Les sujets alexythimiques éprouvent des émotions, mais il semble leur manquer la capacité à les traduire sous la forme du langage. Les chercheurs évoquent une déconnexion entre le système limbique (cerveau « primitif » où les émotions prennent naissance) et le cortex frontal (cerveau « évolué » où elles peuvent être nommées et contrôlées). Ces personnes ont également des difficultés à reconnaître les émotions chez les autres, ce qui, avec leur difficulté à en exprimer, ne leur rend pas la vie sociale facile.

> On observe des scores élevés aux tests destinés à mesurer l'alexithymie chez les patients de nombreux types d'affections : troubles psychosomatiques, mais aussi troubles des comportements alimentaires, douleur chronique...
> On observe aussi une alexithymie chez les victimes de traumatisme, mais elle est dite *secondaire*, c'est-à-dire liée à un événement, et elle a sans doute pour fonction de protéger la conscience d'émotions trop douloureuses, mais avec des inconvénients souvent similaires à la forme précédente.

responsabilité sera ensuite de les reconnaître et de les contrôler.

Différents moyens s'offrent à vous pour augmenter votre conscience émotionnelle.

Vous serez d'autant plus attentif à vos émotions que vous serez plus informé sur elles, et dans ce sens augmenter vos connaissances sur les émotions, comme en lisant des livres sur ce thème contribue à augmenter votre compétence émotionnelle. Mais, de notre point de vue, la lecture de romans, certains films contribuent à améliorer notre propre conscience de nos émotions, en nous rappelant certaines situations vécues et les émotions que nous avons acceptées ou que nous nous sommes interdites.

Vous pouvez aussi veiller plus attentivement à vos réactions physiques, excellent avertisseur que vous êtes en train d'éprouver une émotion. Un patient nous déclarait : « En réunion, je pressens que je suis en train de me faire avoir quand je sens mon cœur commencer à battre plus vite. »

Vous pouvez enfin entreprendre une thérapie. Deux courants majeurs actuels, l'approche analytique et l'approche cognitive, ont un point commun : aider le patient à mieux comprendre ses émotions et à les maîtriser. Ce n'est pas ici le lieu de les décrire[25], mais disons simplement qu'elles visent ce but par des voies différentes :

— L'approche analytique, en vous proposant de revivre et de réinterpréter les réactions émotionnelles de votre

enfance, par le biais d'un thérapeute qui tiendra transitoirement le rôle d'une figure parentale, au moins dans votre imaginaire (le « transfert »).
— L'approche cognitive, en vous proposant d'explorer les pensées et le discours intérieur qui accompagnent vos émotions d'aujourd'hui, mais dont vous n'avez pas forcément une conscience claire. Cela n'excluant pas un retour à certains souvenirs d'enfance où vous avez appris vos « manières de penser » les autres ou vos émotions.

Quant à certaines approches dites corporelles, elles peuvent vous aider à mieux déceler les manifestations physiques de vos émotions, afin de les repérer au plus vite et de mieux vous en servir

TENEZ UN JOURNAL !

On demande a des étudiants d'écrire pendant quinze minutes à propos de l'événement le plus douloureux de leur vie, et ce pendant quatre jours de suite.
(La plupart décrivent des souvenirs de décès d'un proche, maltraitance ou humiliations dans leur enfance, ou des conflits parentaux violents.) On demande à ceux d'un autre groupe d'écrire selon la même séquence, mais à propos d'événements de leur choix. À la sortie des séances d'écriture, les étudiants qui ont décrit des événements douloureux ont une humeur plus triste et une pression artérielle plus élevée que les autres, ce qui n'est pas surprenant. Mais, quatre mois plus tard, ils rapportent moins de problèmes de santé et ont moins consulté le médecin que ceux qui n'ont décrit que des événements anodins !
Cette première étude[26], aux résultats étonnants, a été suivie d'une dizaine d'autres[27] qui ont confirmé l'effet positif de la narration par écrit d'événements douloureux et traumatiques, sur l'humeur, l'estime de soi, le comportement et la santé.

Les chercheurs discutent des mécanismes mis en jeu pour expliquer cette amélioration. Le mécanisme principal (qui est aussi à l'œuvre dans une thérapie) serait une réexposition prolongée (quinze minutes) à des souvenirs douloureux, mais avec un sentiment de maîtrise donné par l'écriture, une reformulation et une meilleure compréhension d'émotions et de souvenirs jusque-là activement évités et n'apparaissant que par « flashes ». Beaucoup de participants déclarent s'être « mieux compris » ou « avoir évacué des émotions pénibles ».

Nous tirons de cette masse de recherches un conseil : si vous voulez améliorer à la fois votre conscience émotionnelle et ne pas lutter contre trop d'émotions négatives, tenez votre journal (pas forcément quotidiennement).

Suivez le style de description des étudiants les plus améliorés par l'expérience : ils décrivaient à la fois les faits eux-mêmes, mais aussi les émotions que cela leur provoquait, et le lien entre les deux. Les étudiants qui ont utilisé le plus de termes émotionnels et le plus de « parce que » « puisque » « car » ont eu les effets à long terme les plus positifs.

NB : Attention, tenir un journal ne remplacera pas un traitement ou une thérapie si votre état le nécessite. Considérez cette activité comme une hygiène de vie, non comme le traitement d'un trouble.

Reconnaître l'émotion des autres : les effets de l'empathie

Imaginez que vous êtes au restaurant. Vous remarquez sur la carte un plat que vous appréciez particulièrement. Lors de la commande, le patron vous répond d'un ton abrupt : « On n'en a plus ! » Un autre jour, en prévision de vos vacances, vous voulez réserver dans un hôtel qu'on vous a recommandé et l'on vous répond vivement « nous sommes complets ! » avant de raccrocher.

Il y a de fortes chances (à moins que vous ayez atteint un degré de sérénité auquel nous ne sommes malheureusement pas parvenus) que vous éprouviez une pointe d'irritation. Et ce ne sera pas forcément parce qu'on vous a frustré d'un bon plat ou d'un séjour agréable, mais aussi parce que votre interlocuteur aura montré une indifférence totale à votre frustration.

Dans cet exemple, l'enjeu est faible, mais votre irritation peut être réelle, et vous amener consciemment ou non à éviter à l'avenir ce restaurant ou cet hôtel. C'est pour cette raison que les interlocuteurs doués d'une meilleure compétence émotionnelle vous répondent : « Ah, je suis vraiment désolé, mais nous n'en avons plus » ou : « Malheureusement, nous sommes complets. » Le simple ajout d'un seul mot, « désolé », « malheureusement », montre que votre frustration est comprise (empathie) et qu'on prend soin de vous le faire savoir (expression d'empathie).

Taxi et empathie

Vous arrivez à une station de taxis par un jour de chaleur écrasante, pour vous rendre ensuite à un aéroport distant du centre-ville. En tête de file attend un véhicule toutes vitres baissées, dépourvu de climatisation, et dont les sièges en skaï ont eu le temps de bien chauffer sous ce soleil de juillet. En seconde position attend une berline aux vitres closes et teintées, visiblement climatisée. Vous pensez à la longueur du trajet, vous vous souvenez que la loi vous autorise à choisir le taxi de votre convenance dans les trois premiers taxis d'une file d'attente, et vous vous dirigez vers la voiture climatisée. À cet instant, un énorme chauffeur sort du premier taxi, en sueur, l'air très contrarié, et vous fait remarquer que vous devez monter dans son véhicule.

Vous lui répondez que c'est votre droit de choisir le taxi que vous souhaitez.

Il continue de s'avancer et insiste d'un air irrité.

Vous insistez vous-même sur l'existence des droits imprescriptibles du client et persistez dans votre volonté d'entrer dans ce taxi climatisé (dont vous vous apercevez que la portière reste bloquée).

Que va-t-il se passer ?

Vous pouvez continuer à clamer vos droits, et le chauffeur à défendre sa position, en sachant que la chaleur vous rend tous les deux irritables, qu'un public de badauds commence à vous observer, que de vieilles émotions mâles remontent à la surface, comme si tous vos ancêtres hominiens se réveillaient de leur lointain passé afin de voir si le dernier de la lignée se montre à la hauteur.

Mais vous pouvez aussi vous souvenir brusquement que vous êtes en train de faire exactement le contraire de ce que vous recommandez à vos patients.

Dans la réalité, le chauffeur s'est calmé, la portière du taxi climatisée s'est ouverte, et le psychiatre a voyagé au frais. Par quel miracle ?

Simplement, en réagissant comme quelqu'un doué d'une meilleure compétence émotionnelle l'aurait fait d'emblée : « Écoutez, je suis désolé, je comprends bien que c'est pénible pour vous, vous attendez au soleil, mais, moi, je ne veux vraiment pas faire ce trajet dans la chaleur... », le tout accompagné d'une mimique à la fois cordiale et désolée et non pas d'un masque agressif.

Là encore, l'empathie (comprendre le point de vue et l'état émotionnel de l'autre) et l'expression de cette empathie (lui exprimer que l'on a compris) ont fait instantanément diminuer la tension du premier chauffeur et l'ont amené à regagner sa voiture, certes en grommelant, mais visiblement calmé.

Par ailleurs, l'expression de son souhait (« je veux vraiment... ») sous une forme plus personnelle et émotionnelle que la défense d'une règle (« c'est mon droit ! ») a ramené la communication à un niveau plus égalitaire, et non pas à la lutte pour la dominance.

Cet exemple n'a pas une portée universelle. Il sera facile de trouver des situations où la mauvaise humeur d'un interlocuteur ne sera pas calmée par l'empathie (« je comprends que vous soyez contrarié que je courtise votre femme (mari), mais elle (il) me plaît tellement ») et d'autres où une colère peu empathique sera plus indiquée (voir « La colère »).

Cependant, l'étude des situations de conflits, au travail ou en famille, montre que l'expression d'empathie diminue l'hostilité de l'interlocuteur, tandis que son absence l'augmente.

Voici quelques exemples qui montrent cette différence.

Situation	Empathie nulle	Expression d'empathie
Votre conjoint conduit trop vite.	Ralentis ! Tu conduis encore trop vite !	Je sais que tu aimes bien conduire vite, mais, moi, je me sens mal.
Votre enfant ne veut pas vous accompagner chez grand-père.	Tu vas venir ! Ce n'est pas bien de ne pas voir son grand-père.	Je vois bien tu préférerais rester à la maison, mais j'aimerais que tu viennes avec moi.
Votre collaborateur n'a pas fini un travail qu'il vous avait promis.	Je vous avais dit que c'était urgent ! Urgent, vous comprenez ?	Je comprends que vous ayez beaucoup à faire, mais je suis contrarié. Vraiment, il me faut ça très vite.
Un médecin doit vous conseiller une hospitalisation.	Ce que je dis, c'est pour votre bien. Je connais mon métier.	Bien sûr, je vois bien que ça ne vous dit rien d'aller à l'hôpital, et je vous comprends, mais je vous assure que ce serait le mieux pour vous.
Votre conjoint, fatigué, refuse de se rendre avec vous chez des amis.	Mais viens, on a promis. Tu pourrais quand même faire un effort.	Je sais bien que tu n'en as pas envie, mais, moi, ça me ferait vraiment plaisir.

Voici quelques objections souvent soulevées par des personnes qui n'approuvent pas cette pratique de l'empathie :

— « Exprimer de l'empathie prend du temps, on en perd en utilisant toutes ces précautions oratoires. » En fait, notre expérience nous montre l'inverse : l'empathie fait gagner du temps, on en perd infiniment plus dans les « dialogues de sourds » dépourvus d'empathie.
— « Exprimer de l'empathie, c'est de la manipulation. » Pas du tout : la manipulation suppose que vous cachiez vos buts réels à l'autre, ou que vous jouiez de manière non sincère de ses émotions. Si vos demandes sont explicites, et si vous comprenez sincèrement le point de vue de l'autre, l'expression d'empathie n'est pas de la manipulation.
— « Exprimer de l'empathie ne garantit pas que l'autre se range à votre point de vue. » En effet, mais cela augmente quand même sensiblement vos chances d'arriver à un accord. Et dans tous les cas l'expression d'empathie permet de préserver une relation constructive avec l'interlocuteur, rendant possibles de futurs débats.

L'EMPATHIE CHEZ L'ENFANT

Dans une salle d'attente de médecin, une maman s'absente un instant aux toilettes en demandant à l'autre maman présente de surveiller sa petite fille. À peine sa mère a-t-elle disparu que la petite fille se met à pleurer. Damien, dix-huit mois, l'observe attentivement, puis il s'approche d'elle et lui tend sa peluche. Damien a fait preuve d'empathie : il a remarqué la détresse de la petite fille, et a cherché à la réconforter. Ce comportement suppose qu'il a franchi au moins deux étapes de son développement, décrites par M. L. Hoffman[28].
— *Empathie globale*. Avant un an, un enfant peut réagir en pleurant en entendant un autre pleurer, mais il s'agit d'une empathie réflexe, l'enfant éprouve une détresse globale sans différencier ses émotions de celles de l'autre.
— *Empathie égocentrique*. L'enfant différencie son état émotionnel de celui des autres (en même temps qu'il se reconnaît comme individu) et il leur propose en général ce

qui lui paraît bénéfique à lui. Par exemple, un enfant voyant un autre pleurer parce que sa mère s'éloigne pourra lui amener sa propre mère, au lieu de celle du pleureur.
— *Empathie pour les émotions des autres.* L'enfant commence à réaliser que les émotions des autres peuvent différer des siennes dans les mêmes situations, et son aide devient plus appropriée aux besoins de l'autre.
Jusque-là, l'enfant montre de l'empathie quand il est en présence de la réaction de détresse visible de l'autre.
— *Empathie pour la condition de l'autre.* Peu avant l'adolescence, l'enfant commence à éprouver de l'empathie non seulement pour des émotions immédiates, mais pour des sentiments liés à des conditions de vie (comprendre qu'un petit camarade est durablement malheureux du fait d'avoir des parents en conflit). L'empathie commence à se manifester pour des groupes de personnes et va au-delà de l'expérience immédiate.
Développer son empathie est important pour l'individu et la société : les études montrent que la capacité à éprouver de l'empathie augmente les comportements d'entraide, chez l'enfant comme chez l'adulte. Inversement, une empathie faible est un facteur de risque des comportements délinquants.

Mais, pour exprimer son empathie, encore faut-il comprendre le point de vue de l'autre. C'est souvent facile dans une situation simple ou avec un intime, mais beaucoup plus délicat dans d'autres contextes. Comment augmenter votre empathie, et donc votre compétence émotionnelle ?

Nous vous donnerons deux conseils simples.

Observez attentivement le visage de l'autre

Souvenez-vous que les émotions ont une expression faciale involontaire. Certains sont plus doués que d'autres pour contrôler leurs réactions : on disait de Talleyrand (1754-1838), célèbre pour être toujours resté au pouvoir malgré les changements de régime (Révolution, Empire,

Charles X, Louis-Philippe), qu'il cultivait tellement l'impassibilité que si, pendant qu'il vous parlait, quelqu'un lui avait donné un coup de pied dans le derrière, vous n'en auriez rien remarqué.

Mais la plupart des gens ne parviennent pas à maîtriser totalement leur expression faciale, surtout dans les premières fractions de seconde de l'émotion. Ne manquez pas ces précieux instants.

Or, quand nous parlons, surtout quand nous défendons une position, il peut nous arriver d'être plus attentif à notre propre discours plutôt qu'aux réactions de l'autre. Erreur que ne commettent pas les bons négociateurs. Même lorsqu'ils parlent eux-mêmes ils restent vigilants aux émotions, si fugaces soient-elles, de leur interlocuteur.

Cet exemple peut paraître utilitaire, comme celui des joueurs de poker qui cherchent à deviner les intentions d'un adversaire, ou des policiers qui scrutent le visage d'un suspect pour y lire des réactions révélatrices du mensonge.

Mais vous pouvez aussi observer le visage des autres, y compris ceux que vous aimez, pour mieux les comprendre, éviter de les blesser et mieux communiquer avec eux.

Pratiquez l'écoute active et la reformulation

Nous n'insisterons pas sur cette pratique maintenant largement enseignée dans les formations professionnelles, mais il est vrai qu'un des meilleurs moyens de comprendre le point de vue de l'autre, c'est de lui faire confirmer qu'on l'a bien compris :

« Si je comprends bien, tu penses que ce n'est pas juste que tu t'occupes du dîner parce que tu as déjà beaucoup travaillé ? »

« J'ai l'impression que tu n'es pas content(e) parce que tu as l'impression que j'ai pris cette décision sans t'en parler. »

Quand la conversation s'échauffe, reformulez le point de vue de l'autre en lui demandant de le confirmer. Vous verrez qu'il ou elle sera aussitôt moins tendu(e).

La combinaison des deux conseils précédents vous amènera parfois à vous interrompre vous-même pour vérifier l'état émotionnel de votre interlocuteur : « J'ai l'impression que ce que je suis en train de dire te contrarie. Non ? »

Nous avons donné des exemples des effets apaisants de l'empathie sur l'irritation et la colère, mais elle en a aussi sur d'autres émotions pénibles, comme la tristesse ou la culpabilité. Carl Rogers, créateur d'une école de psychothérapie, faisait même de l'empathie une des trois qualités essentielles d'un psychothérapeute (avec la sincérité et l'acceptation inconditionnelle de son patient), quelle que soit la méthode qu'il pratiquait. Les recherches ultérieures ont confirmé que cette caractéristique est déterminante sur le résultat thérapeutique, quelle que soit la thérapie.

Ce dernier conseil nous paraît le plus important : en entraînant votre empathie, vous développerez des relations plus satisfaisantes et diminuerez vos causes d'émotions négatives. De plus, les autres seront plus réceptifs quand vous aurez à exprimer un désaccord.

Mieux vivre avec ses émotions

Faites	Ne faites pas
Exprimez vos émotions en tenant compte du contexte	Se « défouler » plus tard
Recherchez des interlocuteurs compréhensifs	Ruminer ses émotions négatives
Surveillez votre santé, pratiquez une bonne hygiène de vie, diminuez vos facteurs de risque	Croire que tout est psychologique
Augmentez vos occasions d'émotions positives, gérez vos émotions négatives	Croire que tout est physique
Reconnaissez vos émotions	Refaire toujours les mêmes erreurs
Soyez attentif aux émotions des autres	Rester concentré sur son point de vue
Reformulez le point de vue de l'autre	Lui rabâcher ses arguments

Remerciements

Et maintenant que nous les connaissons toutes, nous avons beaucoup moins de sujet de les craindre que nous n'avions auparavant ; car nous voyons qu'elles sont toutes bonnes de nature, et que nous n'avions rien à éviter que leur mauvais usage ou leurs excès.
René DESCARTES, *Traité des passions de l'âme.*

Nous remercions Catherine Meyer et Jean-Luc Fidel pour leurs conseils, leur disponibilité et leurs critiques toujours constructives lors de l'écriture du manuscrit. Nos remerciements s'adressent également à toute l'équipe des Éditions Odile Jacob qui a participé aux différentes étapes de la naissance et de la vie de notre livre. Enfin, nous remercions Odile Jacob, dont les encouragements et les remarques nous ont été précieux.

Ce livre est aussi un hommage à la longue lignée des découvreurs dans le domaine des émotions, qui nous ont appris qu'elles sont inséparables de notre raison.

Notes

Notes

Chapitre 1

1. Aron E, *Ces gens qui ont peur d'avoir peur*, Montréal, Le Jour, 1999.
2. Damasio A., *L'Erreur de Descartes*, Paris, Poches Odile Jacob, 2001.
3. Furetière A. de, *Les Émotions*, Cadeilhan, Zulma, 1998. On lira avec intérêt la préface de Philippe Brenot.
4. Ekman P, *Basic Emotion in Handbook of Cognition and Emotion*, Tim Dalgleish et Mick J Power éd., New York, John Wiley, 1999.
5. Voir en particulier De Waal F., *De la réconciliation chez les primates*, Paris, Flammarion, 1992, ou du même auteur, *Le Bon singe*, Paris, Bayard Éditions, 1997. Également Kummer H., *Vie de singe*, Paris, Éditions Odile Jacob, 1993.
6. Mayr E., *Darwin et la pensée moderne de l'évolution*, Paris, Éditions Odile Jacob, 1993. On trouvera le texte intégral de l'*Origine des espèces* sur Internet à http://abu.cnam.fr/BIB/auteurs/darwinc.html.
7. Diamond J., *Le Troisième Chimpanzé*, Paris, Gallimard, 2000.
8. Cité par Gould S.J., *Darwin et les grandes énigmes de la vie*, Paris, Le Seuil, 1997, p. 24.
9. *Totem et Tabou* Paris, Payot, p. 189 et *Cinq Essais de Psychanalyse*, Paris, Payot.
10. *Ibid.*, p. 18. Freud continue un peu plus loin, p. 87 : « Le développement de l'homme jusqu'à présent ne me paraît pas exiger d'autre explication que celui des animaux. »

11. Cornelius R. « The facial feed-back hypothesis », *Science of emotion*, Upper Saddle River, Prentice Hall, 1996, p. 100-107.
12. Cottraux J., Blackburn I., *Les Thérapies cognitives de la dépression*, Paris, Masson, 1995.
13. Averill J., *Studies in Anger and Agression : Implication for theories and emotion*, American Psychologist, 38, 1983, p. 1145-1180.
14. Mead M., *Mœurs et Sexualité en Océanie*, Paris, Plon, 1963.
15. Ekman P., *op. cit.*

Chapitre 2

1. Ekman P., postface à Darwin C., *The Expression of the Emotions in Man and Animals*, New York, Oxford University Press, 1998.
2. *Ibid.*, p. 305.
3. *Ibid.*
4. Scherer, K. R. et Wallbot G. H., « Evidence for universality and cultural variation of different emotion response patterning », *Journal of Personality and Social Psychology*, 66, 1994, p. 310-328.
5. De Waal F, *op. cit.*
6. Berkowitz L., Anger, *Handbook of Cognition and Emotion* Tim Dalgleish, Mick J Power éd., New York, John Wiley.
7. Fitness J., « Anger in the workplace : an emotion script approach to anger episodes between workers and their superiors, co-workers and subordinates », *Journal of Organisational Behavior*, 21, 2000, p. 147-162.
8. Lelord F., André C., *Comment gérer les personnalités difficiles*, Paris, Poches Odile Jacob, 2000.
9. Damasio A., *op. cit.*
10. Pietrini P., Guazelli M., Basso Jaffe K., Grafman J., « Neural correlates of imaginal agressive behavior assessed by positron emisson tomography in Healthy Subject », *American Journal of Psychiatry*, 157, 11, 2000, p. 1772-1781.
11. Proust M., *Le côté de Guermantes*, Paris, Gallimard, 1954, La Pléiade, p. 180.
12. Joyce J., *Gens de Dublin*, Gallimard, 1974, Folio, p. 169.
13. Dantzer R., *L'Illusion psychosomatique*, Paris, Éditions Odile Jacob, 1989, p. 139.
14. Freud S., *Le Moi et les mécanismes de défense*, Paris, PUF, 1996.
15. Vaillant G. E., *Ego Mechanism of Defense*, Washington, American Psychiatric Press, 1992.
16. Lewis K. M., « When leaders display emotions : how followers respond to negative emotional expression of male and female leaders », *Journal of Organisational Behavior*, 21, 2000, 221-234.
17. Lepoutre D., *Cœur de Banlieue*, Paris, Éditions Odile Jacob, 1998, p. 171.
18. *Ibid.*
19. Proust M., *op. cit.*, p. 498.
20. Boyd W., *Les Nouvelles confessions*, Paris, Le Seuil, 1995, p 498.
21. Briggs J., *Never in Anger*, Cambridge, Harvard University Press, 1970.
22. Ernaux A., *La Honte*, Paris, Gallimard, 1997.

23. Gottman, J. M, *What predict divorce* ?, New York, Lawrence Elbaum associates, 1994.
24. Kennedy-Moore E., Watson J. C., « Men Women and the langage of love », *Expressing Emotion*, New York, the Guilford Press 1999.
25. Dufreigne J.-P., *Bref traité de la colère*, Paris, Plon, 2000.
26. DSM IV, *Critères diagnostique*, Paris, Masson.
27. Gray J.-J., « Techniques to cool the anger », *Cognitive and Behavioral Practice* 1999, 6, p. 284-286.
28. Williams J. E., Paton C. C., Siegler I. C., Eigenbrodt M. L., Nieto F. J., Tyroler H. A., « Anger proneness predicts coronary heart disease risk : prospective analysis from the atherosclerosis risk in communities (ARIC) study », *Circulation* 101, 17, 2000, p. 2034-9.
29. Kop W. J., « Chronic and acute psychological risk factors for clinical manifestations of coronary artery disease », *Psychosom. Med.*, 61, 4, 1999, p. 476-87.
30. Kennedy-Moore E., Watson J. C., « The myth of emotional venting », *Expressing Emotion*, New York, The Guilford Press, 1999.
31. Berkowitz L., « Aversive events as Anger sources », *Handbook of Cognition and Emotion*, T. Dalgleish and M. Power éd., New York John Wiley, 1999.
32. Lorenz K., *L'Agression, une histoire naturelle du mal*, Champs, Flammarion, p. 61.
33. Lutz C. A., *Unnatural Emotions*, Chicago, The University of Chicago Press, 1988.
34. Van Rillaer J., *Les Colères*, Bernet Danilo, 1999.
35. Ellis A., *Reason and Emotion in Psychotherapy*, New York, Birch Lane, 1994.
36. Cowe M. et Ridley J., *Therapy with Couples*, Oxford, Blakwell, 1990.
37. De Waal F., *op. cit.*

Chapitre 3

1. Parrot W. G., Smith R. H., « Distinguishing expression of envy and jealousy », *Journal of Personality and Social Psychology*, 64, 1993, p. 906-920.
2. Alberoni F., *Les Envieux*, Paris, Plon, 1995.
3. East H. P. et Watts F. N., « Jealousy and envy », *Handbook of Cognition of Emotion*, Tim Dalgleish et Mick Power éd., New York, John Wiley, 1999.
4. Freud S., *Essais de psychanalyse*, Paris, Payot, 1981.
5. De Waal F., *Le Bon Singe*, Paris, Bayard Édition, 1997.
6. Wright R., *L'Animal moral*, Paris, Michalon, 1995.
7. Rawls J., *Théorie de la justice*, Paris, Le Seuil, 1997.
8. Orwell G., *La Ferme des animaux*, Paris, Gallimard, 1984.
9. Girard R., *La Violence et le sacré*, Paris, Livre de Poche/biblio, 1982.
10. Alberoni F., *op. cit.*
11. Buss D. M., *Evolutionary Psychology : The New Science of Mind*, Needham Heights, Allyn and Bacon, 1999, p. 366-367.
12. Friedman H., S., Miller-Herringer T., « Nonverbal display of emotion in public and private : self-monitoring, personality and expressive cues », *Journal of Personality and Social Psychology*, 61, 1991, p. 766-775.

Chapitre 4

1. Diener E., Lucas R. E., « Subjective emotional well-being », *Handbook of Emotions*, M. Lewis, J. M. Havilland Ed., New York, The Guilford Press, 2000.
2. Diamond J., *op. cit.*
3. *Duchenne de Boulogne*, catalogue de l'exposition, Paris, École nationale supérieure des beaux-arts, 1999.
4. Ekman P., préface à Darwin C., *op. cit.*
5. Gottman, J. H., *ibid.* p. 203.
6. *Ibid.*
7. Kennedy-Moore E., Watson J. C., *op. cit.*
8. Nozick R., *Méditation sur la vie*, Paris, Éditions Odile Jacob, 1995.
9. *Le Monde*, 8 janvier 2000.
10. Isen A. M., « Positive Affect », *Handbook of emotion and cognition*, *op. cit.*
11. Isen A. M., « The effect of feeling good on helping : cookies and kindness », *Journal of Personality and Social Psychology*, 48, 1972, p. 1413-1426.
12. Isen A. M., Daubman K. A., Nowicki G. P., « Positive affect facilitates creative problem solving », *Journal of Personality and Social Psychology*, 52, 1987, p. 1122-1131.
13. Estrada C. A., Young M. J., Isen A. M., « Positive affects influences creative problem solving and reported sources of practice satisfaction in physicians », *Motivation and Emotion*, 18, 1994, p. 285-299.
14. Isen A., *op. cit.*
15. *Ibid.*
16. Kraiger K., Billing R. S., Isen A. M., « The influence of positive affect on tasks perception and satisfaction », *Organisational Behavior and Human Decisions Processes*, 44, 1989, p. 12-25.
17. Averill J. R., More T. A., « Happiness », *Handbook of Emotions*, *op. cit.*
18. Karasek R. A., « Lower health risk with increased job control among white collar workers », *J. Organiza Behav.*, 11, 1990, p. 171-185.
19. Piedmont R. L., McCrae R. R. et Costa P. T., « Adjective check list scales and the five-factor model », *Journal of Personality and Social Psychology*, 60, 1991, p. 630-637. On trouvera une liste des références sur les *big five* sur lpcwww.grc.nia.nih.gov/www-psc-rrn.html.
20. Si vous avez accès à Internet, vous pouvez passer un test de *big five* sur http://www.selfeval.com.
21. De Neve, Cooper H., « The happy personality. A meta-analysis or 137 personality traits and subjective well-being », *Psychological Bulletin*, 124, 1998, p. 197-229.
22. Cage N., *Onassis et la Callas*, Paris, Robert Laffont, 2000, p. 315.
23. Rolland J.-P., « Le bien-être subjectif. Revue de questions », *Pratique psychologique*, n° 1, 2000.
24. Michalos A. C., « Multiple discrepancies theory », *Social Indicator Research*, 16, 1986, p. 347-413.
25. Diener E., Suh M. E., Lucas R. E., Smith H., « Subjective well-being : three decades of progress », *Psychological Bulletin*, 125, 1999, p. 276-302.

26. Diener E., Diener C., « Cross-cultural correlates of life satisfaction and self-esteem », *Journal of Personality and Social Psychology*, 68, 1995, p. 653-663.
27. Hagerty, M. R., « Social comparisons of income in one's community : evidence from national surveys of income and happiness », *Journal of Personality and Social Psychology*, vol. 78 (4), avr. 2000, p. 764-771.
28. Diener E., Diener M., Diener C., « Factors predicting the subjective well-being of nations », *Journal of Personality and Social Psychology*, 69, 1995, p. 851-864.
29. Watson D., Pennebaker J. W., « Health complaints, stress and distress : exploring the central role of negative affectivity », *Psychological Review*, 96, 1989, p. 234-254.
30. Rolland J.-P., *op. cit.*
31. Diener E., Lucas R. E., « Subjective well-being », *Handbook of Emotions*, *op. cit.*, p. 3.
32. *Ibid.*
33. Rascle N., « Le soutien social dans la relation stress-maladie », *Introduction à la psychologie de la santé*, Marilou Bruchon Schweitzer et Robert Dantzer éd., Paris, PUF, 1994.
34. Rolland J.-P., *op. cit.*
35. *Ibid.*
36. *Ibid.*
37. Myers, D. G., « The funds, friends, and faith of happy people », *American Psychologist*, vol. 55, 1, 2000, p. 56-67.
38. Soljenitsyne A. I., *Une journée d'Ivan Denissovitch*, Paris, Pocket, 1988, p. 119.

Chapitre 5

1. Il s'agit de *The Mystery of Josef Mengele*, Greystone Communications Inc., 1996, diffusé sur la chaîne Planète.
2. Selon une étude psychologique portant sur les grands écrivains, on note parmi eux un taux anormalement élevé de dépression et d'alcoolisme : Post F., « Verbal creativity, depression and alcoholism : An investigation of one hundred American and British writers », *British Journal of Psychiatry*, 1996, vol. 168, 5, p. 545-555.
3. Thomas-Maleville A., *Hector Malot, l'écrivain au grand cœur*, Paris, Éditions du Rocher, 2000.
4. Ekman P., commentaire à Darwin C., *op. cit.*
5. Kennedy-Moore E., Watson J. C., « Effect of crying in arousal », *Expressing Emotions*, *op. cit.*
6. Ekman P., *op. cit.*
7. Cunningham M. R. « What do you do when you are happy or blue ? », *Motivation and Emotion*, 12, 1998, p. 309-331.
8. Freud S., *Deuil et Mélancolie*, Paris, Gallimard, 1968.
9. Dagerman S., *Notre besoin de consolation est impossible à rassasier*, Arles, Actes Sud. Il n'est pas anodin de remarquer qu'enfant Dagerman a été abandonné et adopté.

10. Coynes *and al.*, « The other side of support : emotional overinvolvement and miscarried helping », *Marshaling Social Support : Format, Processes and Effec*, 1988, p. 305-306, Newbury Park CA, Sage cité *in Expressing Emotions, op. cit.*
11. Lane R. C., Hbofal I. E., « How loss affects anger and alienates potential supporters », *Journal of Consulting and Clinical Psychology*, 60, 1992, p. 935-942.
12. Stevens A. B., Price J. S., *Evolutionary Psychiatry. A New Beginning*, London, Routledge.
13. Price J. S., Slaman L., « Depression as a yielding behavior : an animal model based ont Schjelderup-Ebhes pecking order », *Ethology and Sociobiology*, 8, 1987, p. 85-89.
14. Rob L., « Cooperation between parents, teachers, and school boards to prevent bullying in education : an overview of work done in the Netherlands », *Aggressive Behavior*, vol. 26, 1, 2000, p. 125-134.
15. Smith P. K., Brain P., « Bullying in schools lessons from two decades of research », *Aggressive Behavior*, vol. 26, 1, 2000, p. 1-9.
16. Boyd W., « Bons et mauvais en sport », *Visions fugitives*, Paris, Le Seuil, 2000.
17. Hirogoyen M.-F., *Le Harcèlement moral*, Paris, Syros, 1997.
18. Pageat P., *L'Homme et le chien*, Paris, Éditions Odile Jacob, 1999.
19. Lorenz K., *op. cit.*
20. Kennedy-Moore E., Watson J. C., « Empathy and sympathy », *Expressing Emotions, op. cit.*
21. George M. S., Ketter T. A. Parekh P. I., Herscovitch P., Post R. M., « Gender differences in regional cerebral blood flow during transient self-induced sadness or happiness », *Biol. Psychiatry*, 40, 9, 1996, p. 859-871.
22. George M. S., Ketter T. A., Parekh P. I., Horwitz B., Herscovitch P., Post R. M., « Brain activity during transient sadness and happiness in healthy women », *Am. J. Psychiatry*, 152, 3, 1995, p. 341-351.
23. Briggs J., *op. cit.*
24. Barre-Zisowitz C., « Sadness — is there such a thing ? », *Handbook of Emotions, op. cit.*
25. Lutz C. A., *Unnatural Emotions*, Chicago, The University of Chicago Press, 1988.
26. Abu-Lughod L., *Veiled Sentiments*, Berkeley, University of California Press, 1986, cité *in* Barre-Zisowitz C., *op. cit.*
27. Vincent-Buffault A., *Histoire des larmes*, Paris, Rivages, 1993.
28. Gamino, L. A., Sewell K. W., Easterling L. W., « Scott & White grief study : an empirical test of predictors of intensified mourning », *Death Studies*, 22, 1998, p. 333-355.
29. Bowlby J., *Attachement et perte*, Paris, PUF, 1984.
30. Prigerson H. G., Bierhals A. J., Kasl S. V., Reynolds C. F., Shear M. K., Day N., Beery L.C., Newsom J. T., « Traumatic grief as a risk factor for mental and physical morbidity », *Am. J. Psychiatry*, 154, 5, 1997, p. 616-623.
31. Kissane D. W., Bloch S., Onghena P., McKenzie D. P., Snyder R. D., Dowe D. L., « The Melbourne family grief study », II : « Psychosocial morbidity and grief in bereaved familie », *Am. J. Psychiatry*, 153, 1996, p. 659-666.
32. Cottraux J., Blackburn I., *op. cit.*

33. Freud S., *Deuil et Mélancolie*, Paris, Gallimard, 1968.
34. Fava M. J., *Clin. Psychiatry*, 1998, 59, suppl 18, p. 18-22.
35. Braconnier A., Jeanneau A., « Anxiété, agressivité, agitation et dépression : aspects psychopathologiques », *Encéphale*, 1997, 3, p. 43-47.
36. Rozin P., Haidt J., Mc Cauley C. R., « Disgust, the body and soul emotion », *Handbook of Cognition and Emotion, op. cit.*
37. Ekman P., « The universality of contempt expression : a replication », *Motivation and Emotion*, 12, 1988, p. 303-308.
38. Power M. J., « Sadness and its disorders », *Handbook of Cognition and Emotion, op. cit.*, p. 511.
39. *Ibid.*, p. 503.
40. Rosaldo M. Z., *Knowledge and Passion : Ilongot Notions of Self and Social Life*, New York, Cambridge University Press, 1980.
41. Kennedy-Moore E., Watson J. C., *op. cit.*
42. Bourgeois M.-L., *2000 Ans de mélancolie*, Paris, NHA, 2000.
43. Campion L. A., Power M. J., « Social and cognitive approach to depression : a new synthesis », *British Journal of Clinical Psychology*, 34, 1995, p. 485-503.
44. Joiner T. E. « Negative attributinnal style, hopelesness depression and endogenous depression », *Behaviour Research end Therapy*, 39, 2001, p 139-150.

Chapitre 6

1. Le *Robert.*
2. Kaufman G., *The Psychology of Shame*, New York, Springer, 1996.
3. Rimmé B., Mesquita H., Phillipot P., Boca S., « Beyond the emotional moments : six studies of the social sharing of emotion », *Cognition and Emotion*, 5, 1991, p. 435-465.
4. Retzinger S. M., « Shame in the therapeutic relationship », *Shame*, Gilbert P. et Andrews B. ed., New York, Oxford University Press, 1998.
5. Lewis M., « Self-Concious emotions », *Handbook of Emotions, op. cit.*
6. Goffman E., *Stigmate*, Paris, Minuit, 1974.
7. Darwin C., *The Expression of the Emotions in Man and Animals, op. cit.*
8. Keltner D., Harker L. A., « The form and function of the nonverbal signal of shame », *Shame, op. cit.*
9. Conrad J., *Lord Jim*, Paris, Gallimard, 1988.
10. Kafka F., *La Métamorphose*, Paris, Gallimard, 1990.
11. Ernaux A., *op. cit.*
12. Aguéev M., *Roman avec cocaïne*, Paris, 10/18, 1998.
13. Pujo B., *Vincent de Paul, le précurseur*, Paris, Albin Michel, 1998.
14. Schnitzler A., *Mademoiselle Else*, Paris, Âme d'œil, 1999.
15. Keltner D., Harker L. A., *op. cit.*
16. Semin G. R., Manstead A. S. R., « The social implication fo emotional display and restitution behavior », *European Journal of Social Psychology*, 66, 1982, p. 310-328.
17. *Le Cerveau en émoi*, réal. Anne Georget, La Sept/Arte, 1998.
18. Keltner D., Harker L. A., *op. cit.*

19. Buss D. M., *Self-Consciousness and Social Anxiety*, San Francisco, Freeman, 1980.
20. Tangney J. P., « Shame guilt embarassment and pride », *Handbook of Cognition and Emotions*, *op. cit.*
21. Lewis M., « The emergence of human emotions », *Handbook of Emotions*, *op. cit.*
22. Ekman P., *Telling Lies : Clues to Deceit in the Marketplace, Politics, and Mar-riage*, New York, Norton, 1992.
23. Lepoutre D., *op. cit.*
24. Tangney J. P., Wagner P. E., Fletcher C., Gramzow R., « Shamed into anger ? The relation of shame and guilt to anger and self-reported agression », *Journal of Personality and Social Psychology*, 103, 1992, p. 469-478.
25. Gilbert P., « What is shame ? », *Shame*, *op. cit.*
26. Kendall-Tacket K. A., Williams L. M., Fikelhor D., « Impact of sexual abuse in children : a review and a synthesis of recent empirical studies », *Psychological Bulletin*, 113, 1993, p. 164-180.
27. Lazare, A., « Shame and humiliation in the medical encounter », *Arch. Intern. Med.*, 147, 1987, p 1653-1658.
28. Tangney J. P., Wagner P. E., Hill-Barlow D. *et al.*, « Relation of shame and guilt to constructive versus destructive responses to anger across the lifespan », *J. Pers. Soc. Psychol.*, 70, 4, 1996, p 797-809.
29. Tangney J. P., *op. cit.*
30. André C., Légeron P., *La Peur des autres*, Paris, Éditions Odile Jacob, 2000.
31. Tangney J. P., *op. cit.*
32. Hemingway E., *Paris est une fête*, Paris, Gallimard, 1964, p. 213-215.
33. Kramer P. D., « How crazy was Zelda ? », *New York Times*, 1er décembre 1996.
34. Boyd W., *Visions fugitives*, *op. cit.*

Chapitre 7

1. *Violence conjugale*, statistiques 1998, accessible sur www.msp.gouv.gc.ca.
2. Buss D. M., *The Dangerous Passion. Why Jalousy is as Necessary as Love and Sex*, New York, The Free Press, 2000, p. 117-130.
3. Mead M., *op. cit.*
4. Buss D. M., *op. cit.*
5. Mead M., *op. cit.*
6. Freeman D., *Margaret Mead and Samoa : the Making and Unmaking of an Anthropological Myth*, Cambridge, Harvard University Press, 1983.
7. Wright R., *op. cit.*, p. 79-81.
8. Dijsktra P., Buunk B., « Jealousy as a function of rival characteristics : an evolutionary perspective », *Personality & Social Psychology Bulletin*, vol. 24, 11, 1998, p. 1158-1166.
9. Buss D. M., Dedden L. A., « Derogation of competitors », *Journal of Personality*, 59, 1990, p. 179-216.
10. Proust M., *Du côté de chez Swann*, Paris, Gallimard, 1954, La Pléiade, p. 363.
11. Buss D. M., *Evolutionary Psychology*, *op. cit.*, p. 18-22.

12. Wright R., *op. cit.*, p. 13-24.
13. Diamond J., *op. cit.*
14. Wright R., *op. cit.*, p. 130.
15. Wright R., *op. cit.*, p. 93.
16. Buss D. M., Shakelford T. K., Kirckpatrick L. A., Choe J., Asegawa M., Asegawa T., Bennet K., « Jealousy and the nature of beliefs about infidelity : test of competing differences about sex differences in the United States, Korea and Japan », *Personal Relationships*, 6, 1989, p. 125-150.
17. White G. L., Mullen P. E., *Jealousy : Theory, Research, and Clinical Strategies*, New York, The Guilford Press, 1989.
18. Kundera M., *op. cit.*, p. 73.
19. Buss D. M., (2000) *The Dangerous Passion, op. cit.*, p. 169-170.
20. East M. P., Watts F.N., « Jealousy and envy », *Handbook of Cognition and Emotions, op. cit.*, p. 580.
21. Bringles R. G., « Psychosocial aspect of jealousy : a transactional model », *The Psychology of Jealousy and Envy*, Salovey éd., New York, The Guilford Press.
22. East M. P., Watts F. N., *op. cit.*
23. Ayoub M., *La Vérité*, Paris, Michel Lafon, 2000.
24. Misky J., *The Eskimos of Greenland, Cooperation and Competition Among Primitive Peoples*, Mead M. éd., New York, Mac Graw Hill, 1937. Cité par East M. P. et Watts F. N.
25. Wright R., *op. cit.*, p. 303.

Chapitre 8

1. Crichton M., *Voyages*, Paris, Rockett, 1998, p. 357.
2. Curtiss G. C., Magee W. J., Eaton W. W. et coll., « Specific fears and phobias. Epidemiology and classification », *British Journal of Psychiatry*, 1998, 173, p. 212-217.
3. *Ibid.*
4. Comte-Sponville A., *Petit Traité des grandes vertus*, Paris, PUF, 1995.
5. Stengers I., Van Neck A., *Histoire d'une grande peur : la masturbation*, Paris, Les Empêcheurs de penser en rond, 1998.
6. Duché J. D., *Histoire de la masturbation*, Paris, PUF, 1994, Que sais-je ?
7. Delumeau J., *La Peur en Occident*, Paris, Fayard, 1978, p. 21.
8. Hagakure, *Le Livre secret des Samouraïs*, Paris, Tredaniel, 1999.
9. Offenstadt N., *Les Fusillés de la Grande Guerre*, Paris, Éditions Odile Jacob, 1999.
10. Belmont N., *Comment on fait peur aux enfants*, Paris, Mercure de France, 1999.
11. Wells A. et coll., « Social phobia : a cognitive approach », *Phobias*, Davey G. C. L. éd., Chichester, Wiley, 1997.
12. Öhman A. et coll., « Unconscious anxiety : phobic response to masked stimuli », *Journal of Abnormal Psychology*, 1994, 103, p. 231-240.
13. Stopa L. et coll., « Social phobia and interpretation of social events », *Behaviour Research and Therapy*, 2000, 38, p. 273-283.

14. Lavy E. et coll., « Selective attention evidence by pictorial and linguistic stroop tasks », *Behavior Therapy*, 24, 1993, p. 645-657.
15. Bear M. F. et coll., *Neuroscience : Exploring the Brain*, New York, Williams and Wilkins, 1996.
16. Demazière A., « Encyclopédie des mots historiques », *Historama*, Paris, 1970.
17. Rachman S., « Fear and courage among military bomb disposal operators », *Advances in Behaviour Resarch and Therapy*, 1983, 6, p. 275-285.
18. Mc Farland D., *Dictionnaire du comportement animal*, Paris, Robert Laffont, 1990.
19. Bertenthal B. I. et coll., « A re-examination of fear and its determinants on the visual cliff », *Psychophysiology*, 1984, 21, p. 413-417.
20. Garber S., *Les Peurs de votre enfant*, Paris, Éditions Odile Jacob, 1997.
21. Seligman M., « Phobias and preparedness », *Behavior Therapy*, 1971, 2, p. 307-320.
22. Cook M. et coll., « Selective associations in the origins of phobics fears and their implications for behavior therapy », *Handbbok of Behavior Therapy and Psychological Science*, Martin P. éd., New York, Pergamon Press, 1991.
23. Kagan J., *La Part de l'inné*, Paris, Bayard Éditions, 1999.
24. Muris P. et coll., « How serious are common chidhood fears ? », *Behaviour Research and Therapy*, 2000, 38, p. 217-228.
25. Brewin C. R. et coll., « Psychopathology and early experience : a reappraisal of retrospective reports », *Psychological Bulletin*, 1993, 113, p. 82-98.
26. Muris P. et coll., « Children's nighttime fears : parent-child ratings of frequency, contents, origins, coping behaviors and severity », *Behaviour Research and Therapy*, 2001, 39, p. 13-28.
27. Émery J.-L., *Surmontez vos peurs. Vaincre le trouble panique et l'agoraphobie*, Paris, Éditions Odile Jacob, 2000.
28. André A., Légeron P., *op. cit.*
29. Lopez G., Sabouraud-Séguin A., *Psychothérapies des victimes*, Paris, Dunod, 1998.
30. Hare R. D., « Psychophysiological studies of psychopathy », *Clinical Applications of Psychophysiology*, New York, Columbia University Press, 1975.
31. André C., *Les Phobies.* Paris, Flammarion, 1999.
32. Hagakure, *op. cit.*
33. Mumby M., Johnson D. W, « Agoraphobia, the long-terme follow up of behavioral treatment », *British Journal of Psychiatry*, 137, 1980, p. 418-427. On trouvera une exposition plus complète de ce débat dans Lelord F., *Les Contes d'un psychiatre ordinaire*, Paris, Poche Odile Jacob, 2000.

Chapitre 9

1. Freud S., *Contribution à la psychologie de la vie amoureuse*, III, 1917, Paris, RFP, 1933, 6, n° 1.
2. Darwin C., *The Expression of the Emotions in Man and Animals, op. cit.* p. 363-398.

3. Bloch S., Orthous P., Santibaniez H. P., « Effector patterns of basic emotions : a psychological method for training actors », *Journal of Social and Biological Structures*, 10, 1987, 1-19.
4. Bloch S., Lemeignan M., Aguilera N. T., « Specific respiratory patterns distinguish among human, Basic Emotions », *International Journal of Psychophysiology*, 11, 141-154.
5. Izard C. E., « Basic emotions, relation among emotions and cognition-emotion relations », *Psychological Review*, 99, 1992, p. 561-565.
6. Robertson J., *A 2 Years Old Goes to Hospital* (film), University Park PA, 1953, Penn State audiovisual Service.
7. Bowlby J., *op. cit.*
8. Karen R., *Becoming Attached*, Oxford, Oxford University Press, 1998.
9. *Ibid.*, p. 172.
10. *Ibid.*, p. 182.
11. Kagan J., *op. cit.*
12. Hazan C., Shaver P., « Romantic love concept as an attachment process », *Journal of Personality and Social Psychology*, 52, 1987, 511-324.
13. Kagan J., *Des idées reçues en psychologie*, Paris, Éditions Odile Jacob, 2000.
14. Zazzo R., *L'Attachement*, Neuchâtel, Paris, Delachaux et Niestlé, 1979.
15. Proust M., *Sodome et Gomorrhe*, Paris, Gallimard, La Pléiade, p. 707.
16. Wright, R., *op. cit.*, ch. 3.
17. Kundera M., *op. cit.*, p. 144.
18. Cohen A., *Belle du Seigneur*, Paris, Gallimard, 1968, Folio, p. 780.
19. *Ibid.*, p. 409.
20. Buss D. M., « Men's long-term mating strategies », *Evolutionary Psychology*, *op. cit.*
21. Buss D. M., Schmitt D. P., « Sexual strategies theory : an evolutionary perspective on human mating », *Psychological Review*, 100, 1993, p. 204-232.
22. Sternberg R. J., « A triangular theory of love », *Psychological Review*, 93, 1986, p. 119-135.
23. Hatfield E., Schmitz E., Cornelius J., Rapson R. L., « Passionate love : how early it begins ? », *Journal of Psychology and Human Sexuality*, 1, 1988, p. 32-35.
24. Hatfield E., Rapson R.L., « Love in children », *Handbook of Emotions*, *op. cit.*, p. 655.
25. Il s'agissait du Capillano Bridge à Vancouver. Dutton D., Aron A., « Some evidence of heightened sexual attraction under conditions of high anxiety », *Journal of Personality and Social Psychology*, 30, 1974, p. 510-517.
26. Ovide, *L'Art d'aimer*, Paris, Gallimard, 1974, Folio, p. 27.
27. Peele S., Brodsky A., *Love and Addiction*, New York, Taplinger, 1975.
28. Hatfield E., Rapson R. L., « The costs of passionate love in love and attachment processes », *Handbook of Emotions*, *op. cit.*
29. Bille-Brahe U., Scmidtke A., « Conduites suicidaires des adolescents : la situation en Europe », *Adolescence et suicide. Des aspects épidémiologiques aux perspectives thérapeutiques*, Paris, Masson, 1995, p. 18-38.
30. Abramovici P., « Les jeux dispendieux de la corruption mondiale », *Le Monde diplomatique*, novembre 2000.
31. Smith and Hoklund, 1988.
32. Rougemont D. de, *L'Amour et l'Occident*, Paris, 10/18, 1979.

33. Mead M., *op. cit.*, p. 492-510.
34. Ovide, *op. cit.*, p. 127.
35. Van Gulik R., *La Vie sexuelle dans la Chine ancienne*, Paris, Gallimard, 1971, Tel, p. 48.
36. Flandrin J.-L., *Le Sexe et l'Occident*, Paris, Le Seuil, 1981.

Chapitre 10

1. Kennedy-Moore E., Watson J. C., « The myth of emotional venting », *Expressing Emotion, op. cit.*
2. Kennedy-Moore E., Watson J. C., « Effects on crying on arousal the myth of emotional venting », *Expressing Emotion, op. cit.*
3. Baumeister R. F., Bushman B. J., Stack A. D., « Catharsis, aggression, and persuasive influence », *Self-Fulfilling or Self-Defeating Prophecie*, vol. 76, n° 3, p. 367-376. Accessible sur Internet www.apa.org/journals/psp/psp763367.html.
4. Accessible sur Internet : www.aap.org/policy/00830.html.
5. Accessible sur Internet : www.psych.org/public.info/media.violence.cfm
6. Anderson, Dill, « Video games and agressive thoughts, feelings and behavior in the laboratory and life », *Journal of Personality and Social Psychology*, 2000, 78, p. 772-790.
7. Glantz S. A., Slade J., *et al.*, *The Cigarette Papers*, Berkeley, Los Angeles, Londre University of California Press, 1996.
8. Glen O. Gabbard, auteur avec son frère Krin du remarquable *Psychiatry and the Cinema*, American Psychiatric Press, 1999.
9. DSM IV, *Critères diagnostiques*, Paris, Masson.
10. Goodal G. , « Vers un modèle psychosocial de la maladie », *Introduction à la psychologie de la santé, op. cit.*
11. O'Donnell M. C, Fisher R., Irvine K., Rickard M., Mcconaghy N., « Emotional suppression : can it predict cancer outcome in women with-suspicious screening mammograms », *Psychological Medicine*, 30, 2000, p. 1079-1088.
12. On trouvera une revue de la littérature sur les facteurs psychologiques et le cancer du sein en français sur le site Gyneweb à www.gyneweb.fr/sources/senologie/newsletter/00-03.htm, en anglais sur le site Internet du National Breast Cancer Center à www.nbcc.org.au/pages/info/resource/nbccpubs/psychrisk/ch3.htm.
13. Williams J. E., Paton C. C., Siegler I. C., Eigenbrodt M. L., Nieto F. J., Tyroler H. A., « Anger proneness predicts coronary heart disease risk : prospective analysis from the atherosclerosis risk in communities (ARIC) study », *Circulation*, 101, 17, 2000, p. 2034-9.
14. Glassman A., Shapiro P. A., « Depression and the course of coronary artery disease », *Am. J. Psychiatry*, 1998, 155, p. 4-11.
15. Schnall et coll., « The relationship between "job strain" workplace diastolic blood pressure and left ventricular mass index », *Jama*, 263, 14, p. 1929-1935.

16. Everson S. A., Kaplan G. A., Goldberg D. E., Salonen J. T., « 30 hypertension incidence is predicted by high levels of hopelessness in Finnish men », *Hypertension*, 35, 2, 2000, p. 561-567.
17. Davidson K., Jonas B. S., Dixon K. E., Markovitz J. H., « Do depression symptoms predict early hypertension incidence in young adults in the CARDIA study ? Coronary artery risk development in young adults », *Arch. Intern. Med.*, 160, 10, 2000, p. 1495-500.
18. Booth R. J., Pennebaker J. W., « Emotions and immunity », *Handbook of emotions*, New York, Guilford., *op. cit.*
19. Calabrese J. R., Kling M. A., Gold P. W, « Alterations in immunocompetence during stress, bereavement, and depression : focus on neuroendocrine regulation », *Am. J. Psychiatry*, 144, 9, 1987, p. 1123-34.
20. Dantzer R., *op. cit.*, p. 139.
21. Theorell T., Blomkvist V., Jonsson H., *et al.*, « Social support and the development of immune function in human immunodeficiency virus infection », *Psychosom. Med.* (United States), Jan.-Feb., 57, 1, p. 32-6.
22. Salovey P., Mayer J. D., « Emotional Intelligence ». *Imagination, Cognition and personality*, 9, 1990, p. 185-211.
23. Goleman D., *L'Intelligence émotionnelle*, Paris, Robert Laffont, 1997.
24. Sifneos P. E., « Alexithymia : past and present », *American Journal of Psychiatry*, 153, 7, 1996.
25. Dans le dernier chapitre de *Comment gérer les personnalités difficiles,* nous donnons un aperçu plus détaillé sur la manière dont les deux approches considèrent le même trouble.
26. Pennebaker J. W., Kiecolt-Glaser J. K., Glaser R., « Disclosure of trauma and immune fonction : health implication for psychotherapy », *Journal of Consulting and Clinical Psychology*, 56, 2, 1988, p. 239-245.
27. Kennedy-Moore E., Watson J. C., *Expressing Emotion, op. cit.*, p. 50-58.
28. Hoffman M. L., « Development of prosocial motivation : empathy and guilt », *The Development of Prosocial Behavior*, Eisenberg ed., New York, Academic Press, 1982.

Bibliographie

Pour les lecteurs souhaitant en savoir plus :

ALBERONI F., *Les Envieux*, Paris, Plon, 1995.
ARISTOTE, *Éthique à Nicomaque*, Paris, Vrin, 1997.
BRACONNIER A., *Le Sexe des émotions*, Paris, Poches Odile Jacob, 2000.
BUSS D. M., *The Dangerous Passion. Why Jalousy is as Necessary as Love and Sex*, New York, The Free Press, 2000.
COSNIER J., *Psychologie des émotions et des sentiments*, Paris, Retz, 1994.
CYRULNIK B., *Les Nourritures affectives*, Paris, Poches Odile Jacob, 2000.
DAMASIO A. R., *L'Erreur de Descartes*, Paris, Poches Odile Jacob, 2001.
DANTZER R., *Les Émotions*, Paris, PUF, 1988, Que-sais-je ?
DANTZER R., *L'Illusion psychosomatique*, Paris, Éditions Odile Jacob, 1989.
DARWIN C., *L'Expression des émotions chez l'homme et les animaux*, Paris, Éditions du CTHS (Comité des travaux historiques et scientifiques), 1998.
DESCARTES R., *Traité des passions de l'âme*, Paris, Garnier-Flammarion, 1996.
FILLIOZAT I., *Au cœur des émotions de l'enfant*, Paris, Lattès, 1999.
FREUD S., *Malaise dans la civilisation*, Paris, PUF, 1995.
FREUD S., *Totem et Tabou*, Paris, Payot, 1965.
GOLEMAN D., *L'Intelligence émotionnelle*, Paris, Robert Laffont, 1997.

Goleman D., *L'Intelligence émotionnelle* (tome 2 : Cultiver ses émotions pour s'épanouir dans son travail), Paris, Robert Laffont, 1999.

Lorenz K., *L'Agression, une histoire naturelle du mal*, Paris, Flammarion, 1969.

Lieberman A., *La Vie émotionnelle du tout-petit*, Paris, Éditions Odile Jacob, 1997.

Ovide, *L'Art d'aimer*, Paris, Gallimard, 1974.

Rimé B., Scherer K. éd., *Les Émotions*, Neuchâtel, Delachaux et Niestlé, 1993.

Van Rillaer, *Les Colères*, Bernet-Danilo, 1999, coll. Essentialis.

Vincent J. D., *Biologie des passions*, Paris, Éditions Odile Jacob, 1986.

Plusieurs articles sur les émotions dans la revue mensuelle *Sciences humaines* (index accessible sur www.scienceshumaines.fr), en particulier le n° 68, dossier « Comprendre les émotions ». Voir également *Psychologies*, n° 173, mars 1999, dossier « Nos émotions : les contrôler ou les exprimer ? », à consulter sur www.psychologies.com et son moteur de recherche en tapant « émotions ».

Sur la psychologie évolutionniste :

Brenot Ph., *Homo sur-naturalis : l'hominisation dénaturante*, *Topique*, Paris, PUF, 2000, n° 7.3.

De Waal F., *De la réconciliation chez les primates*, Paris, Flammarion, 1992.

De Waal F., *Le Bon Singe*, Paris, Bayard Éditions, 1997.

Diamond J., *Le Troisième Chimpanzé*, Paris, Gallimard, 2000.

Gould S. J., *Darwin et les grandes énigmes de la vie*, Paris, Le Seuil, 1997.

Pease A. et B., *Pourquoi les hommes n'écoutent jamais rien et les femmes ne savent pas lire les cartes routières*, Paris, First Édition, 1999.

Wright R., *L'Animal moral*, Paris, Michalon, 1995.

Sur les approches historiques ou culturalistes des émotions :

Briggs J., *Never in Anger*, Cambridge, Harvard University Press, 1970.

Despret V., *Ces émotions qui nous fabriquent*, Paris, Les Empêcheurs de penser en rond, 1999.

Flandrin J.-L., *Le Sexe et l'Occident*, Paris, Le Seuil, 1981.

Lutz C. A., *Unnatural Emotions*, Chicago, The University of Chicago Press, 1988.

Mead M., *Mœurs et sexualité en Océanie*, Paris, Plon, 1963, Terre humaine.

Romans cités :

Aguéev M., *Roman avec cocaïne*, Paris, Belfond, 1983.

Boito C., *Senso, carnet secret de la comtesse Livia*, Arles, Actes Sud, 1988.

Boyd W., *Un Anglais sous les tropiques*, Paris, Le Seuil, 1994.

Boyd W., *Visions fugitives*, Paris, Le Seuil, 2000.

BOYD W., *Les Nouvelles Confessions*, Paris, Le Seuil, 1988.
CHODERLOS DE LACLOS P., *Les Liaisons dangereuses*, Paris, Gallimard, 1972.
COHEN A., *Belle du Seigneur*, Paris, Gallimard, 1968.
CONRAD J., *Lord Jim*, Paris, Gallimard, 1982.
DURELL L., *Mountolive*, Paris, Buchet-Chastel, 1959.
ERNAUX A., *La Honte*, Paris, Gallimard, 1997.
HOUELLEBECQ M., *Les Particules élémentaires*, Paris, Flammarion, 1998.
HUXLEY A., *Le Meilleur des mondes*, Paris, Pocket, 1977.
KAFKA F., *La Métamorphose*, Paris, Gallimard, 1990.
KUNDERA M., *L'Insoutenable Légèreté de l'être*, Paris, Gallimard, 1984.
MORAVIA A., *Le Mépris*, Paris, Flammarion, 1955.
MORAVIA A., *L'Amour conjugal*, Paris, Denoël, 1948.
ORWELL G., *La Ferme des animaux*, Paris, Gallimard, 1994.
PROUST M., *À la recherche du temps perdu*, Paris, Gallimard, 1990.
SCHNITZLER A., *Mademoiselle Else*, Paris, Stock, 1999.
SOLJENITSYNE A. L., *Une journée d'Ivan Denissovitch*, Paris, Pocket, 1988.
TOLSTOÏ L., *Anna Karénine*, Paris, Gallimard, 1952.

Pour les étudiants ou professionnels des sciences humaines ou de médecine :

BOWLBY J., *Attachement et perte*, Paris, PUF, 1984.
BRUCHON-SCHWEITZER M., DANTZER R., *Introduction à la psychologie de la santé*, Paris, PUF, 1994.
BUSS D. M., *Evolutionary Psychology : The New Science of Mind*, Needham Heights, Allyn and Bacon, 1999.
CORNELIUS R. R., *The Science of Emotion*, Upper Saddle River, Prentice Hall, 1996.
DALGLEISH T., POWER M. éd., *Handbook of Cognition and Emotion*, Chichester, Wiley, 1999.
DE BONIS M., *Connaître les émotions humaines*, Bruxelles, Mardaga, 1996.
EKMAN P., DAVIDSON R. J., *The Nature of Emotion. Fundamental Questions*, Oxford, Oxford University Press, 1994.
EKMAN P., DARWIN C., introduction et postface à *The Expression of the Emotions in Man and Animals*, New York, Oxford University Press, 1998.
ELLIS A., *Reason and Emotion in Psychotherapy*, New York, Birch Lane, 1994.
FLACK W. F., LAIRD J. D. éd., *Emotions in Psychopathology*, Oxford, Oxford University Press, 1998.
FREUD S., *Le Moi et les mécanismes de défense*, Paris, PUF, 1996.
GREENBERG L. S., PAIVIO S. C., *Working with Emotions in Psychotherapy*, New York, Guilford Press, 1997.

KAGAN J., *La Part de l'inné*, Paris, Bayard Éditions, 1999.
KAGAN J., *Des idées reçues en psychologie*, Paris, Éditions Odile Jacob, 2000.
KAREN R., *Becoming attached*, Oxford, Oxford University Press, 1998.
KENNEDY-MOORE E., WATSON J. C., *Expressing Emotion*, New York, The Guilford Press, 1999.
LEWIS M., HAVILLAND J. M. éd., *Handbook of Emotions*, New York, Guilford Press, 1993.
VAILLANT G. E., *Ego Mechanism of Defense*, Washington, American Psychiatric Press, 1992.
ZAZZO R., *L'Attachement*, Neuchâtel, Paris, Delachaux et Niestlé, 1979.

Table

Introduction 7

Chapitre 1 — Émotions, émotions 9

    Trop d'émotions 10
    Pas assez d'émotions 12
    Une première définition 14
    Quatre points de vue 15
    La meilleure des théories 23
    Des émotions élémentaires 26

Chapitre 2 — La colère 27

    Le visage de la colère : de Papa au Papou 28
    Le corps en colère 31
    Les deux fonctions de la colère 32
    Les raisons de la colère 36
    La colère et ses variantes socioculturelles 47
    Déceler à temps la colère de l'autre 52
    Les maladies de la colère 56
    Mieux gérer sa colère 58
    Mieux gérer trop de colère : Aristote avec nous ! 59
    Mieux gérer pas assez de colère 71

Chapitre 3 — L'envie 79

    Envie et jalousie : Iago et Othello 82
    Les trois visages de l'envie 83
    Les mécanismes de l'envie 86

Mon semblable, mon frère... 87
Les stratégies de l'envie 90
Envie et sens de la justice 92
Les origines de l'envie 97
À quoi sert l'envie ? 98
Mieux gérer son envie 100

Chapitre 4 — Joie, bonne humeur, bonheur, etc. 109

Le visage de la joie : vrai et faux sourire 113
Pleurer de joie 116
La bonne humeur 121
Les quatre faces du bonheur 126
Bonheur et personnalité : « chacun son truc » 131
Qu'est-ce qui fait le bonheur ? 134
Le bonheur : vérités ou idées reçues ? 137
Circonstances heureuses ou personnalité heureuse ? 141
Quelques pistes de réflexion pour être plus heureux ... 143

Chapitre 5 — La tristesse 147

Ce qui déclenche la tristesse 150
Perte, tristesse et fiction 150
Le visage de la tristesse 152
À quoi sert la tristesse ? 154
Variantes culturelles 165
Tristesse et deuil 169
Tristesse et dépression 172
Tristesse et émotions associées 177
Tristesse et colère 178
Triste pour les autres : sympathie et empathie 180
Comment gérer sa tristesse 181

Chapitre 6 — La honte 187

La honte, émotion cachée 189
Qu'est-ce qui fait honte ? 190
Le visage de la honte 195
À quoi sert la honte ? 199
Les inconvénients de trop de honte 203
Honte et embarras 205
Honte et humiliation 207
La honte des victimes 211
Honte, maladie, handicap 212
Existe-t-il encore des maladies honteuses ? 213
Honte et culpabilité 213
Honte, embarras, culpabilité, et troubles psychiques ... 219

Comment gérer sa honte 221

Chapitre 7 — La jalousie 229

   Les formes de la jalousie 234
   Qu'est-ce qui peut vous rendre le plus jaloux(se) ? 238
   La jalousie rétrospective 241
   À quoi sert la jalousie ? 242
   Pourquoi rendre l'autre jaloux ? 249
   La provocation à la jalousie vue par deux chefs-d'œuvre 250
   Pourquoi les femmes sont-elles infidèles ? 252
   Jalousie et personnalité 254
   Variantes culturelles 257
   Comment gérer sa jalousie 260

Chapitre 8 — La peur 269

   Peur, angoisse et phobie 274
   Les peurs naturelles 275
   Les peurs culturelles 278
   Les peurs des enfants 283
   La science de la peur 285
   L'école des peurs : comment apprend-on à avoir peur ? 288
   Tempéraments vulnérables à la peur 293
   Les maladies de la peur 295
   À la poursuite de la peur... 302
   Comment gérer ses peurs 304

Chapitre 9 — Et l'amour ? 315

   Le visage de l'amour 316
   Cris et suçotements : l'attachement 319
   Amour et désir sexuel 328
   Désir féminin et littérature 329
   Le triangle de l'amour 334
   Les enfants aussi tombent amoureux 337
   L'amour est-il une maladie ? 339
   L'amour est-il une invention culturelle ? 343

Chapitre 10 — Comment vivre avec ses émotions 347

   Exprimer ses émotions :
   le mythe de la « vidange émotionnelle » 348
   Nos émotions et notre santé 354
   Nos émotions et les autres 359

Remerciements 373

Notes 375
Bibliographie 389

CET OUVRAGE A ÉTÉ COMPOSÉ
ET MIS EN PAGE CHEZ NORD COMPO (VILLENEUVE-D'ASCQ)
ET ACHEVÉ D'IMPRIMER
SUR ROTO-PAGE
PAR L'IMPRIMERIE FLOCH (MAYENNE)
EN MARS 2001

N° d'impression : 51012.
N° d'édition : 7381-0954-1.
Dépôt légal : mars 2001.

Imprimé en France